The whisp'ring breeze and playful Muse

to hear past gighs, tune happier lays

That herald loud the joyful news

of life in peace and freedom's ways.

To south there's still the Phoenix Hill;

Here once stood high the famous tow'r,

Where sacred birds did play at will—

But now gone all with ancient pow'r!

Its glories past inspired Li Po

To sing th'immortal lines below:

    "'Bout Phoenix Tow'r the phoenix flew;

    Deserted now's the Tower, while

    E'er silent, swift the River flows.

    The Trident peaks half drop out yon

    Horizon's blue; between Twin Streams

    The White Gull Isle divides the flow."

The Lure of the Yangtze in Memoriam Victoriae by KIUSIC KIM(1945,10,10)

1_심양(선양)의 고궁 • 2_명동의 윤동주 생가 • 3_대경시내의 석유 원료를 뽑아 올리는 채유궤
4_치치할 청진사 3층 누각 • 5_만주리의 몽골, 중국, 러시아 국기가 나란히 있는 러시아 전통인형 박물관
6_경박호 풍경 • 7_백두산 장백폭포 가는 길 • 8_몽골기병의 전통축제인 나담축제
9_자금성의 망루(북경) • 10_만주국때의 위만황궁(창춘)

우사 김규식의 길 따라 가다

2차 행정 2006. 8. 13 ~ 28

만주리

치치하얼

흑룡강성

하얼빈

발해유적지

대경

경박호

울란바토르

길림성

해림

용정

장춘

연길

내몽골자치구

심양

백두산

하북성

요녕성

대련

북경

여순

인천

천진

장가구

연안

영하회족자치구

산서성

산동성

서안

강소성

섬서성

하남성

남경   소주

사천성   상해

안휘성

호북성   소흥

성도   절강성   항주

중경

호남성   강서성

우사 김규식 통일·독립의 길 가다 2

국립중앙도서관 출판시도서목록(CIP)

우사 김규식 통일, 독립의 길 가다. 2 / 우사연
구회 지음. -- 서울 : 논형, 2007
    p. ;   cm

ISBN 978-89-90618-63-4 04900 : ₩19000
ISBN 978-89-90618-60-3(전2권)

340.99-KDC4
324.2092-DDC21   CIP2007002763

우사 김규식
통일·독립의 길 가다 2

몽골 · 장가구 · 연길 · 경박호 · 하얼빈 · 치치하얼 · 만주리 · 장춘 · 대련 · 천진 · 백두산

우사연구회 지음

우사 김규식 통일·독립의 길 가다 2

지은이   우사연구회

초판1쇄 인쇄   2007년 8월 21일
초판1쇄 발행   2007년 8월 28일

펴낸곳   논형
펴낸이   소재두
편 집   최주연, 김현경
디자인   에이디솔루션

등록번호   제2003-000019호
등록일자   2003년 3월 5일
주소   서울시 관악구 봉천2동 7-78 한림토이프라자 5층
전화   02-887-3561   **팩스**   02-887-6690

ISBN   978-89-90618-63-4 04900
        978-89-90618-60-3 (전2권)
가격   19,000원

논형출판사와 한림토이북은 한림토이스의 자회사로 출판과
문화컨텐츠 개발을 통해 향유 문화의 지평을 넓히고자 합니다.

답사 문집을 펴내며

김재철 우사연구회 회장

우사 김규식 연구회가 창립된 지도 어언 18개 성상을 헤아리게 되었다. 지난 1989년 내내 준비하여 연말에서야 고故 송남헌 회장님이 계셔서 우사 김규식 연구회가 발족될 수 있었다. 그러나 그동안 여건이 불비하여 세상에 드러내지 못한 활동이었으나 2000년 8월에 5권을 한 질로 하는《우사 김규식 생애와 사상》이라는 전기를 펴내는 성과를 계기로 삼아 노력을 배가하고자 하던 차에, 연로하신 고 송남헌 회장께서 파란만장했던 일생에 여한이 없으신 듯, 전기 출판의 과업을 이루어냈으니 남은 사업은 살아남은 후대에게 맡기시기로 체념이라도 하셨는지 돌연히 세상을 떠나가셨다(2001년 2월 20일). 지금도 옆에 계셔서 생생하게 말씀 들려주시는 것만 같다.

중심을 잃고 고심하는 나날 가운데, 부족하나마 힘껏 노력하는 정성을 다하여 2003년 3월 초순에 '학술발표회'와 '출판기념회'를 한국언론재단 기자회견장에서 가진 바, 여러분의 성의 있는 협조로 성황을 이루어 잘 치렀다.

항상 관심 있게 돌봐주시는 강만길 교수, 서중석 교수, 심지연 교수께서 흔쾌히 협조해주시는 마음으로 주제발표를 맡아 주셨고, 먼 거리인 목포에서까지 기쁘게 참여해 주신 정병준 교수, 서울나들이가 북경 가기만큼이나 번거롭다고 하는 대전의 김재경 교수, 이완범 교수, 조철행 선생, 김낙중 선생의 배석 토론은 참된 학술회의 모습을 남겼다고 생각하고 있다.

이렇게 잠자다 꿈꾼 듯 일어선 연구회는 고 송남헌 회장님을 대신해서 그 자제 송재웅 선생이 솔선해 앞에 나서서 주선하고 노력하였던 덕분으로 활력을 발휘할 수 있게 된 결실이 아닌가 하는 생각이다. 나는 그 뒤 2003년 9월 18일부터 10월 5일까지 꿈에도 그리던 평양 애국열사 능원의 고 우사 김규식 박사 묘소를 참배할 기회가 있었다.

한국학중앙연구원(전 한국정신문화연구원)을 중심으로 남·북·중국학계가 공동참여해서 그동안 개최하여 오던 국제학술회의를 이번에는 백두산에서 개최하게 되었다. 그 제3차 학술회의 행사 일원으로 참여할 수 있게 되어서 백두산 천지까지 두루 답사하며, 제일 높은 상상봉인 장군봉 위에 올라서서 배달 한겨레의 얼이 솟아 강토에 뻗어내린 기상氣象을 온몸으로 느낄 수 있었다.

현지의 일정관계로 당초 평양에서 개최키로 한 계획을 백두산 베개봉 호텔로 변경하여 시행한 학술회의에서 '우사 김규식의 생애와 사상'을 짧은 시간에 발표하여 참석한 사람 모두의 박수에다 환호를 받아 참으로 흐뭇했다. 남이나 북이나 한겨레의 얼이 살아 있는 생생한 감동을 감수感受했을 때, 참되고 끈기 있는 지조로 한 평생을 나라와 겨레위해 살았던 인물은 과연 몸은 갔어도 생동하는 정신으로 살아 이어진다는 진실을 절실하게 깨달을 수 있었다.

참으로 수려한 성산聖山의 품 안에서 반가운 겨레의 얼을 느껴 알 수 있었던 이 행사는 한참 세월이 흘러 해가 거듭 바뀌어도 오히려 생생한 기억으로 되살아나 내 일상살이를 지탱해 주는 활력이 되고 있다.

북의 학자들도 우사 김규식의 인생을 우러러보며 진실된 그 삶의 역정을 재삼 숙고하고, 통찰하여 우리는 역사의 교훈으로 새겨서 익혀야 마땅하다고 하였다. 각기 처해서 살고 있는 지역은 다르더라도 본시 하나였던 나라와 겨레라는 신심을 명심케 하였다. 반세기 전의 남·북협상 때 우사를 모시고 같이 협상에 참가하였던 고 송남헌 회장도 잊을 수 없는 인물이라고 하는 말을 들었을 때 새삼스럽게 고 송회장님을 다시 생각하게 하는 마음이 애처롭기만 했다.

고 송 회장님께서 생전에 조용히 말씀하시기를, "우사가 미군정의 하지 중장을 그의 사무실에서 만나 말씀하시던 가운데, 당시 우리나라와 겨레가 얼마나 억울하게도 바라지 않은 기막힌 현실의 독립·해방 아닌 군정의 점령 지배를 받게 된 것이 참담하고 절통한 심경인데 독립투쟁 지사의 처우를 생각 아니하는 하지의 군림하는 자세와 언행에 충격을 받은 우사는 갑자기 짚고 다니던 지팡이로 하지의 책상을 내리치면서 '너, 이놈!' 하니, 놀란 하지가 책상 서랍을 열고 권총을 꺼내려다 말고서는 실룩거렸다"는 말씀을 하시면서 그 기개와 정의의 신념에 차서 두려울 것 없는 소신을 드러낸 그 기백은 감히 웬만한 인물로서는 엄두도 못 낼 인격행사였음을 알아두라고 말씀하신 뜻을 이즈음에는 더욱 절실히 생각하게 된다.

평양에서 애국열사 능원에 가 우사 김규식 박사 묘소에, 백두산 베개봉 호텔에서 선물 받은 들쭉술로 헌주를 올리고 꽃 두 묶음을 준비해 헌화하여 성묘하니 그야말로 감개무량하였다.

험난한 전란가운데 뜻하지 않은 북행길로 가시는 우사를 모셔서 수행해 갔던 신상봉 비서와 운명의 영 이별길이 되어 그 안부가 궁금하여 애끓이셨던 고 송남헌 회장님! 신비서의 종적을 알 수 없어서 생과 사의 무상한 인간사를 한탄하셨던 바, 그 신비서가 이 세상 떠나 저 세상에 가 있는 묘소를 재북인사묘역에서 발견하고서, 혹시라도 하늘나라에 모두 모이셔서 오랜 세월의 회포를 푸셨는지 알고 싶었다. 이승에서는 알 수 없어서 안타까운 마음일 뿐, 그저 삼가 고인의 명복을 비는 심사가 애잔하기 이를 데 없었다.

평양 시내 곳곳을 돌아보고 심양으로 나왔다가 대련으로 가서 청일전쟁, 러일전쟁 때 난리 치른 대련항 부두 위를 돌면서 머릿속으로 바다와 항구에서 전쟁하는 그림을 그려보았다. 여순이 지척에 있는데도 사정이 여의치 못하여 다음 기회로 미루고 돌아오자니 서운한 마음이 발걸음을 무겁게 하였다.

작년 추석 무렵에 또 한 번 애국열사능에 우사의 자제인 진세 선생, 우사의 손녀와 손녀사위가 같이 서 참배할 기회를 가지게 되어 우사를 기리는 정감이 더욱 새로웠다.

작년 초여름, 하얼빈 안중근기념관 개관과 동시에 개최하게 된 하얼빈 한국주간 행사에 하얼빈 안중근기념사업회 이사장 김우종 선생의 초청을 받고 그 곳에 가서, 어렵게 활동하여 지금 실현된 성과로 그동안 김우종 선생의 노력이 드러난 기념관을 개관할 수 있었던 내력을 현실로 확인하였다.

내내 생각해 오던 일로서, 뜻있는 회원의 모임을 만들어 중국의 독립투쟁 현지를 돌아보아 우사 김규식의 독립운동 행적을 확인해 보았으면 하는 마음에서 장은기 사무국장과 숙의하던 나날 가운데 그럼 우리의 계획을 세워보자고 하여, 성의 있는 동지의 뜻을 모아보자고 한 일에 고 송남헌 회장의 자제 송재웅 선생이 열성으로 나서서 구체화 하게 된 "우사 김규식의 독립 운동길 따라가다"의 길을 가게 되었다.

한 때 펄벅이 중국에 살면서 집필한 《마른 잎은 굴러도 대지는 살아 있다》는 작품을 통해서 널리 소개하였던 그 넓은 대지 위의 천지사방을 돌아보는 일정이 빡빡해서 여간 고역이 아니었을 것이나 한 번 돌이켜 살펴볼 때 발로 간 길만이 아니라 머릿속으로 간 독립운동길까지를 아울러서 그 땅, 그 하늘 아래에 펼쳤던 사연까지도 밝은 눈으로 통찰했어야 마땅한 답사길이었으니 지난날의 역정을 회상하는 가운데 오늘을 살고 바로 내일로 이어나갈 수 있는 희망하는 길이 되었으리라고 짐작할 수 있겠고, 그렇게 보았을 때, 세상에서 말하는 지배층, 지도자라는 인물들이 쓰고 있는 허상虛像의 종이모자를 벗겨서 지상에 존재하는 생활인의 중국으로 깨어나게 했던 사상가가 목숨을 걸고 활동하여, 알 수 있게 가르쳐 준 생활의 역사를 알게 될 것이다. 그 내력은 옛 것, 다시 말해서 실세들이 행세하는 그 한 때를 그대로 자기세력으로 틀짜서 유지하려는 지배자들과 편하게 자리 잡아 그렇게 정지된 상태의 그 자리에 안주安住하려는 사람들이 저희들 세상으로 살기 바라서 지배받고 사는 대중大衆을 길들여 왔을 뿐이다. 이제 침체되고 뒤처지는 삶의 틀을 깨부숴야 한다. 그늘진 음지에서 얼어살면서 죽음을 노래하던 세상이 아니고 모든 사람들이 다 같이 힘있게 사는 새세상을 노래하게 해야 한다고 가르쳐 주었다. 이와 같은 이치로 참 사람이 살 수 있는 길을 밝혀준 그 역사를 터득하였다면 큰 보람이 되어 사는 힘 솟아나게 하리라고 믿는다.

우사가 일러 깨쳐야 한다는 뜻 있는 말을 하였는데, 그 말은 옛 철인이 "자신을 알라"고 한 말보다도 현실적인 지적으로 "자신을 정복해서 이겨야 한다. 극복해야 한다"는 골수에 사무친 외침으로 세상을 울렸던 그 진실을 알고 오로지 온전한 나라와 겨레의 자주적인 민주주의의 통일, 독립의 조국건설에 매진했던 우사 김규식의 길을 깨달을 수 있었다면 그보다 더한 보람이 없겠다. 나아가 인생은 역사의 한가운데서 나름대로 처신한다는 사실을 명심하여, 이번 역사 탐방길에 참여한 회원 여러분께서 앞으로 서로 합심 협력하는 즐거움을 나눌 수 있기 바라는 마음 간절하다. 또한 여러분의 노력이 있어주어서 우사 연구회가 꾸준히 힘쓰는 조직으로 발전할 수 있으리라는 확신이 없지 않다. 특히 성의 있는 준비로 여행 중 시간이 있을 때마다 피곤한 여행의 편치 못한 차에서 현지의 역사 있는 내력을 강의노트에 의해서 열변을 아끼지 않으신 서중석 교수님을 위시하여 여러 교수님께서 열성으로 말씀해 주심으로서 정말로 뜻 있는 독립운동길을 생각할 수 있게 하였다. 이에 진심으로 감사드리며, 그 생생한 말씀은 두고두고 살아있는 가르침이 되리라고 생각한다.

이제 독립운동의 길을 따라갔던 여러분의 글을 세상살이 견문의 기념이 되게끔 두 권으로 묶어내니 널리 유익하게 읽혀지리라는 기대에서 기쁨을 우리만이 아니라 일반의 독자도 함께 즐길 수 있었으면 한다.

　우리 사회의 출판업계 현실이 여러 가지로 애로 허다함에도 불구하고 귀찮은 여러 사람의 글을 두 권의 좋은 문집으로 묶어내는 출판을 기꺼이 맡아서 애써 펴내신 논형의 소재두 대표 이하 직원 여러분께 진심으로 감사드린다.

　또한, 치밀한 일정계획과 곳곳을 연결한 교통편 마련 등 낭비없이 보람된 여행이 될 수 있게 협조해 준 롯데관광의 여러분께도 감사드린다.

　처음부터 끝까지 행사를 책임지고 선도한 연구회의 장은기 사무국장이 겪은 심신의 피로가 이 출판으로 싹 씻어지기 바라는 마음 간절하다.

　오로지 여러 회원께서 더욱 건승하시기를 빌어마지 않는다.

2007년 4월 26일

김재철

7. 장춘(長春)

중국 지배를 위해 일본이 세운 만주국의 수도,
장춘(신경)에 가다 김갑수

8. 대련(大連) · 여순(旅順)

독립운동 선열의 고혼 떠도는 대련 · 여순과 우사 김규식

9. 천진(天津)
우사 김규식이 간 천진의 민족투혼 장은기

10. 백두산(白頭山)
에필로그ㅣ 민족의 성산에 올라 할아버지를 생각하다 김수진

1

몽골[蒙古] · 장자커우[장가구(張家口)]
Mongolia · Zhangjiakou

서중석 (성균관대 사학과 교수)

우사의 길, 이르쿠츠크 가는길
- 장가구와 고륜(울란바토르)에서

■ 몽골 초원

팔달령 장성을 바라보며

8월 26일, 북경에서 장가구로 떠나던 날은 어두운 새벽부터 서둘렀다. 장가구까지는 5~6시간이 걸린다는데, 갔다가 볼 것을 다 보고 다시 돌아와야 했기 때문이었다.

장가구 가는 길의 상당 부분이 중일전쟁이 개시된 노구교 가는 길과 비슷하지 않을까 생각되었지만, 물어보지는 않았다. 안개가 심한 날이어서 지척을 분간하기 어려웠다. 창밖의 풍경을 바라보려 했지만, 안개가 심해 결국 포기했다.

꼭두새벽에 일어나느라고 잠을 설쳤기 때문에 잠깐 눈을 붙였다. 그때였다. 희뿌옇던 것이 조금씩 걷히면서 오른쪽 차창으로 험한 산길이 나타났다. 문득 얼마나 더 가야 만리장성이 나타날까 궁금했다. 그때 북경 조선족 가이드가 장성이 보인다고 말했다. 정말 장성이 눈앞에 펼쳐지고 있었다.

원래의 계획대로라면 26일 북경에서 자유시간을 가진 다음 저녁 늦게라도 장가구에 도착해 하룻밤 자야 했다. 하지만 서울에서 온 가이드는 대련에서 북경으로 오면서 우리 계획을 듣고는, 그렇게 할 경우 장가구에 너무 늦게 도착하게 되고, 북경과 천진을 보는 일정에도 차질이 생기므로 몽골에 도착한 다음날인 8월 26일은 하루 종일 장가구 관련 여행을 하고 그 다음날 북경에서 자유시간을 가진 다음 천진으로 가자고 했다. 그러면서 자유시간에 팔달령 만리장성을 보기로 했던 계획은 자연히 취소되고, 27일은 북경에서만 자유시간을 가지게 되었다. 팔달령 만리장성은 장가구에 갈때 볼 수 있다고 했는데, 그 팔달령 만리장성이 눈앞에 펼쳐진 것이다.

역시 만리장성은 언제 봐도 일품이었다. 특히 팔달령 일대는 높은 비탈길을 굽이굽이 도는 맛이 더욱 일품인데, 장가구 가는 차창 밖에 보이는 팔달령과 그 일대의 장성도 그런대로 보기가 좋았다.

팔달령 일대의 험한 산지 외에도 몇 차례 오른쪽 차창 쪽으로 나무가 거의 없이 꽤 크고 험한 바위산이 나타났지만, 왼쪽 창가는 물론이고 오른쪽에도 넓은 들판이 펼쳐질 때가 많았다.

그런데 북경 쪽으로 달리는 고속도로의 차선을 보니 짐을 잔뜩 실은 트럭으로 꽉 들어차 있을 뿐만 아니라, 몇 십 km가 막혀서 거의 움직이지 않는 듯했다. 엄청난 규모의 트럭 행렬이었다. 그만큼 경제 활동이 활발하다는 징표겠지만, 저렇게 막혀서 어떻게 하나 하는 걱정도 많이 들었다.

북경 현지 가이드도 장가구는 처음 가본다고 하였다. 장가구 고속도로는 3시간 정도를 달려서야 끝이 보였다. 예상보다 한 시간 이상 빨리 도착한 것이라 한다.

버스가 장가구 시내로 들어가는 길을 돌아 현지인 두 명을 태웠다. 한 사람은 40대쯤 되어 보이는 몸집이 큰 남자였고, 한 사람은 어디서나 볼 수 있는 젊은 여성 가이드였다. 그 여성 가이드가 우리 차를 타자마자 환호성을 지르는 것이 꽤나 인상 깊었다. 우리를 저렇게 열렬히 환영하다니!

그런데 장가구 시내와 그 일대를 설명해주는 사람은 여성 가이드가 아니라 몸집 좋고 걸걸해 보이는 남자였다. 나는 먼저 장가구라는 이름이 신기했기 때문에 그 의미부터 물었다. 그 남자의 대답인즉 이러했다.

장가구는 명이 북으로 도망한 원나라, 곧 북원의 침입을 방비하기 위해 1420년대에 성을 쌓게 되었고, 그때부터 도시가 형성되었다. 생각보다 오래 된 도시가 아니었다. 장가구라는 명칭은 그 뒤 1백년쯤 지나 생겼다. 성에 북문을 내면서 민간인들이 꽤 많이 살게 되었는데, 그 성의 지휘관이 장 씨였고 우연이겠지만 북문 쪽 군인들도 장 씨가 많아 장가들이 드나들고 사는 곳이라는 뜻으로 장가구라는 이름이 생겼다는 것이다.

장가구는 80㎞ 나가면 초원이 나오고 사막은 180㎞ 정도 떨어져 있는, 초원과 사막이 잇닿아 있어 변경 냄새가 물씬 나는 도시였다. 황사도 심해 한번 바람이 불면 20m 앞도 보이지 않고, 겨우 내내 지겨울 정도로 바람이 계속 분다고 한다.

■ 몽골 초원의 양떼

그럼에도 불구하고 중국인이 1905년에 최초로 놓은 철도가 북경에서 장가구에 이르는 지역이었다고 그 남자는 설명했다. 그래서 그 무렵 이곳에서 나귀 타고 미국에 유학한 것이 화제가 되기도 했다고 한다.

뿐만 아니라 몽골-중국인은 내몽골을 염두에 두어 외몽골이라고 부른다-의 울란바토르에 이르는 도로가 1917년에 뚫렸는데, 이것이 중국에서 근대적인 최초의 국제적 상업 교역로였다고 한다.

그리고 보니 내몽골의 변경도시 일런호트는 400㎞밖에 안 되고 울란바토르는 2,000㎞쯤 되는데, 이것이 북경에서 가장 가까운 거리라고 한다. 장가구는 비행기를 제외하고 울란바토르로 가는 가장 가까운 북경 교외 도시였던 것이다. 우사 김규식과 몽양 여운형, 그리고 나용균 등이 장가구를 거쳐 울란바토르로 들어가 그곳에서 이르크츠크로 가려고 한 이유를 알 것 같았다.

우사 일행, 만주행을 포기

우사와 몽양 일행이 이르쿠츠크에서 열릴 예정인 극동노력자勞力者대회(일명 극동인민대회, 몽양은 원동遠東피압박민족대표자대회로 적었다)에 처음부터 장가구를 거쳐 가려고 했던 것은 아니었다. 우사와 몽양 일행이 원래 계획했던 길은 우리가 이미 치치하얼에서 밤기차를 타고 8월 18일 도착한 바 있었던 만주리 쪽이었다.

1921년 11월 초 그들은 천진에 도착해 봉천(지금의 심양)으로 가는 기차를 탔다. 삼등실 한 구석이었다. 그래야 남의 이목을 피할 수 있고 스파이가 따라 붙지 않을 것이라고 판단했기 때문이다.

그러나 천진을 떠난 지 몇 시간도 되지 않아 그들은 불안했다. 중국 옷을 입은 한 조선인이 그들을 유심히 보고 공연히 왔다갔다 하다가 조선말로 수작까지 거는 것이었다. 물론 우사 일행은 중국옷을 입고 있었다. 조금 있으니 다른 찻간에서 양복 입은 사람이 다가와 우사 일행에게 말을 걸던 사람과 무어라고 얘기를 했다. 더 망설일 필요가 없었다. 산해관만 지나면 일본의 세력범위였다. 만주에 들어가면 잡힐 것이 틀림없었다. 당산에서 내렸다.

우사 몽양 일행은 다시 천진에 와서 사흘 후 봉천행 열차를 탔다. 이번에는 일등차였다. 그런데 전에 보았던 이상한 사람이 중국옷을 말쑥하게 입고 들어왔다. 두서너 정거장도 못가 그들은 내렸다. 그 이상한 사람은 정거장을 배회하고 있었다.

독립운동을 한다는 것은 너무나 위험하고 힘든 일이었다. 시베리아는 시베리아대로, 만주는 만주대로, 산해관 안쪽의 중국 관내는 관내대로 어느 곳 하나 마음 편하게 지낼 수 있는 곳이 없었고, 그 지역에 사는 민족이 그들을 환영하는 경우도 드물었다. 풍찬노숙은 다반사였다. 병고病苦에는 방법이 없었다.

그들은 우사나 몽양처럼 대단히 뛰어난 인재였지만, 그들이 가진 재능이나 개성을 마음껏 발휘할 수 있는 여건은 어디에도 없었다. 그러나 그들은 독립운동을 그만둘 수 없었다. 동포가 압박당하고 수탈당하는 것을 어떻게 좌시할 수 있느냐는 마음속으로부터의 외침이 그들을 아무도 가려고 하지 않는 독립운동이라는 고난의 길로 가게 했다.

몽양이 장가구를 거쳐 고비사막을 넘어 이르쿠츠크에 이르는, 그리고 그곳에서 모스크바를 가고 그곳에서 트로츠키의 연설을 듣기까지를 기록한《회상기》의 맨 앞부분에 이러한 구절이 나온다.

그러나 나의 생애의 과거가 이제 나의 상념의 세계로 보내주는 추억과 회상의 흐름은 너무나 황량하고 적막하다. 이 단조하고 우울한 회색의 흐름을 밝게 하여줄 아무런 꽃다운 빛도 찬란한 광채도 없다.

그리하여 마치 황혼의 모색暮色이 그림자를 던지고 있는 쓸쓸한 폐허나 바라보는 듯이 나는 나의 눈앞을 흘러가는 지나간 생활의 기억을 바라본다. 기쁨과 유락遊樂의 자취는 그곳에 없고, 다만 곤란한 사명과 의무에 충실하려는 끊임없는 초조와 우려의 연속을 발견한다.

물론 우사와 몽양은 이르쿠츠크에 갈 때까지도 초조와 우려가 따랐고, 그곳에서 자유시참변과 관련된 재판에 배심원이 되었을 때, 말로 표현할 수 없는 애석의 정과 암담한 우울로 가슴이 내려앉았다. 하지만 이 시기 두 사람에게는 희망이 있었고 혁명적 열의가 넘쳐흘렀다. 이들 혁명가에게 이르쿠츠크, 모스크바는 결코 회색의 암울한 도시가 아니었다.

몽양은 이미 중국 공산주의운동과 관계가 있었고, 우사도 러시아혁명을 주목했는데, 혁명 러시아는 약소민족에게 새로운 희망을 주었다. 볼셰비키혁명이 성공한 직후인 1917년 11월 레닌은 러시아령 내의 모든 주민들에게 민족적 종교적 제약을 가하던 것을 철폐한 러시아인민 권리를 선언했다.

1920년 아제르바이잔의 바쿠에서는 동방민족대회(근동피압박민족대회)가 열렸던바, 이슬람권에서 많이 참여한 세계 최초의 이 피압박민족대회는 혁명 러시아의 지원 아래 피압박 민족끼리 단결하여 과거와는 다른 민족해방운동을 전개할 것을 굳게 다짐했다.

그리고 미국 워싱턴에서 제국주의국가들이 1921년 11월에 회동해 세력권 분할, 군사력 배분 등의 문제를 논의하게 되자 소련은 이르쿠츠크에서 극동지역의 민족들이 중심이 된 국제회의를 구상했다. 여기서 한국 측이 중국이나 인도, 일본, 자바 등지보다도 더 많은 대표를 파견하였는데, 우사와 몽양은 한국 대표들을 이끄는 지도적 위치에 있었다.

워싱턴 회의가 열리기 이전에 이미 우사와 몽양은 제국주의 백인국가들을 신뢰하지 않았다. 몽양은 3·1운동이 있은 지 얼마 안 되어 미 의회의원들이 극동을 방문하였을 때 그것에 희망을 걸었다. 그러나 그들은 한국을 지나면서 동정적인 언사를 몇 마디 했을 뿐 하등 한국의 독립에 성의있는 태도를 보이지 않았다.

우사는 몽양보다도 구미국가들의 속성을 더 잘 알고 있었다. 파리강화회의가 열렸을 때 신한청년당과 상해 대한민국임시정부 대표로 활약하면서, 제국주의국가들이 얼마나 피압박 약소국에 대해 냉정한가를 뼈저리게 느낄 수 있었다. 그 점은 파리에서 미국으로 와 구미위원부 위원장을 맡아 활동할 때도 마찬가지였다.

우사와 몽양 일행은 만주 길이 너무 위험했기 때문에 할 수 없이 장가구를 거쳐 몽골을 지나 이르쿠츠크로 가는 길을 택했다. 그런데 처음에 이 길을 택하지 않고 만주로 가려고 했던 것은 몽골행이 너무 위험했기 때문이었다.

러시아 제정파의 거두이자 피에 굶주렸다는 악명을 들었던 웅겐남작이 이끄는 2만여 명의 백군, 곧 반혁명군이 몽골 일대에서 계속 전투를 벌이다가 전멸했다는 소식을 들었기 때문이었다. 이 때문에 몽골은 치안이 어지럽고 혼란이 극심한 지역으로 알려져 그 지역 여행은 꿈도 꾸어서는 안 되는 것처럼 이야기 되었다. 또 우사 일행이 몽골을 지나게 되면 웅겐남작 부대의 패잔병을 만날 수도 있었다. 그렇지만 만주행이 막힌 이상 다른 길은 생각할 수가 없게 되었다.

우사와 장가구

　　장가구는 우사에게는 중국의 어느 지역보다도 낯익은 도시였다. 그는 이 도시에서 상당 기간 머무른 적이 있었다.

■ 장가구길

　　역사는 어차피 기록이 없으면 알 수 없는데, 우사의 경우도 그가 남긴 자필 이력서가 최근에 발견되지 않았더라면 잘못되거나 몰랐을 기록이 많았을 것이다. 이정식 교수의 뛰어난 연구서인 《김규식의 생애》는 꼼꼼하게 사료 하나하나를 찾아내 쓴 것이지만, 자필 이력서에 나오는 것이 빠진 것도 있고 틀리게 쓴 것도 있는데, 우사가 중국에 망명해서 파리강화회의 대표로 떠날 때까지의 기록 중에 그러한 것이 제일 많다.

이정식 교수의 저서는 왜 우사가 중국으로 떠났는지에 대해서도 불확실하게 기술했다. 일제는 한편으로는 자신을 속박하면서 회유책으로 1913년 봄 그에게 도쿄외국어대학 영어교수직과 함께 도쿄제국대학 동양학과 장학금을 주겠다고 제의하였다. 거절하면 가만있을 리 없었다. 그해 4월 2일 오스트레일리아의 중국화교들에게 조선인삼을 팔러간다는 구실로 여권을 얻어 중국에 갔다.

《김규식의 생애》에는 우사가 중국에 망명해 처음 어떠한 활동을 했는지 기술하지 않았다. 그 부분은 우사를 이해하는데 대단히 중요하다. 왜냐하면 이 교수가 그의 저서에서 그리고 있는 우사의 모습과는 전혀 다른 풍모의 혁명가 우사의 상이 그려질 수 있기 때문이다.

김규식은 중국에 와서 뛰어난 어학실력의 공이 컸겠지만 손문, 천치메이 장군, 탕샤오이, 왕쳉팅 쿠顧維鈞 등 중국의 혁명지도자들과 교분을 쌓았다. 그리고 원세개가 국민당 지도자 송교인을 암살하면서 발생한 국민당 측의 원세개 토벌전쟁인 '제2혁명'이 전개될 때 우사는 냉휼 장군의 군대에 합류해 '제2혁명'을 성공시키기 위한 활동을 했다. 우사가 합류했던 부대는 복벽파인 장훈군대에 패배했고, 풍국장, 장훈 등이 남경을 점령함으로써 '제2혁명'은 실패로 끝났다.

우사는 미국 유학생 출신이었지만 중국에 망명한 어느 누구보다도 앞장서서 혁명전쟁에 뛰어들었다. 그는 국민당이 1927년 북벌전쟁을 벌일 때 다시 몽양과 함께 북벌혁명군에 가담해 그의 불타는 투지와 열정을 보여주었다. 우사는 단순한 학자형 독립운동가나 정치가가 아니었다.

우사는 1916년 장가구에 머물렀다. 자필 이력서에 의하면 그는 그 해에 상해, 천진 및 홍콩의 미국-스칸디나비아계 회사인 앤더슨 마이어 회사의 장가구 부지배인이 되었다. 이때 부인이 아들 진동과 함께 국내에서 찾아와 오랜만에 가족생활을 할 수 있었지만, 부인이 당시 로서는 불치의 병이나 다름없었던 폐병으로 인해 1917년 사거하고 말 았다.

장가구에서 마련한 여행용 장비

1921년 11월 우사와 몽양 일행은 이르쿠츠크에 가기 위해 장가구에 5일 간 머물렀다. 당시 몽골은 밤이 오면 그대로 야외 에서 잠을 자며 여행을 하는 카라반을 제외하고 중국의 관리들이 몽골 에 오는데 이용할 수 있도록 적당한 지점마다 숙사 등을 두는 편의시 설이 있었는데, 우사 일행이 갔을 때에는 그러한 시설이 있을 리 만무 했다. 그래서 카라반처럼 추운 겨울에 노숙을 할 수 있도록 준비를 해 야 했다.

우사 일행이 장가구에서 구입한 물건은 몽양의 회상기에 구체적으 로 기술되어 있다. 은 털내의, 가죽 옷, 내부를 낙타털로 박은 장화, 깃 털이 그대로 붙어 있는 늙은 양가죽으로 만든 방한모자, 털가죽 외투, 털가죽으로 가장자리를 싼 셀룰로이드 안경, 늙은 양의 털가죽으로 만 든 자루이불 등이 이들이 마련한 방한구였다.

풍찬노숙을 하려면 식량도 문제였다. 중국 만두와 서양식 빵을 주식 으로 통째로 삶아 오랜 기간 부패하지 않게 해놓은 닭 서너 마리, 시베리아식 오이지, 비스킷, 초콜릿 등은 부식으로 준비했다. 그 밖에 커피와 차 두서너 수통, 우유 몇 통, 위스키 한 병을 마실 것으로 구입했는데, 위스키는 술을 마시기 위해서가 아니고 약용으로 쓰기 위해서였다.

위험한 지역을 통과해야 했기에 보신용 무기도 필요했다. 피스톨과 기병용 소총, 예리한 비수 등을 마련했고, 양초도 몇 개 구했다.

장가구에서 가장 큰 도움을 준 사람은 몽골상사회사를 경영하던 미국인 콜맨이었다. 콜맨은 우사와 구면이 아니었을까. 우사 일행은 콜맨의 자동차 세 대를 세냈다. 콜맨은 자동차의 각종 부속품과 가솔린도 준비했다.

콜맨이 자동차의 각종 부속품을 준비해주었다는 기록을 보면서 퍼뜩 생각나는 것이 있었다. 역사문제연구소 사람들과 9년 전 울란바토르에서 카라코롬을 갈 때 명색이 아스팔트길인데도 몹시 험했는데, 옆자리에 앉았던, 무척이나 우리말이 서툴렀던 가이드가 이렇게 길이 험하기 때문에 차량이 고장 나면 도로에서 잠을 자야 하기에 식사준비, 차량 부속품 준비를 미리 해야 한다고 귀띔을 해주었다. 실제로 길에 차를 세워놓고 부부가 차를 고치는 모습을 두서너 번 볼 수 있었다.

하기야 초원의 긴 인생에서 – 몽골사람들은 채소를 먹지 않기 때문에 비타민 결핍 등으로 빨리 죽었다. 그렇지만 도시의 하루보다 초원의 하루가 훨씬 길 수 있기 때문에 초원의 40~50년의 인생은 결코 짧은 인생이 아닐 것이다 – 하루를 길에서 보내는 것은 별것이 아닐 것이다.

우사와 몽양 일행은 5일 간이나 체류했던 장가구를 11월 하순 어느 오후에 떠났다. 이미 영하의 추운 날씨가 시작되고 있었다. 콜맨도 함께 떠났다. 일행 중에는 이르쿠츠크까지 가지 않는 사람이 더 많았다.

장가구는 고도古都가 아니라 군사도시

우사 일행이 장가구를 빠져나간 허물어진 성문을 우리 일행도 지났다. 소련–몽골 홍군기념탑을 가기 위해서였다. 성문을 빠져나간 지 한 시간쯤 되어 목적지에 도착한 우리는 놀랐다. 별로 보잘 것 없는 기념탑이 야산에 서 있었기 때문이었다. 중년의 중국인 안내원은 그곳에서 내몽고의 전망을 한 눈에 볼 수 있다고 설명했다.

■ 승전기념탑(소·몽연군 열사기념탑)

소련–몽골 홍군기념탑은 장가구에서 45㎞쯤 떨어진 것에 비해서 그다지 볼 만한 것이 없었을 뿐만 아니라, 중국과 직접 관련이 없는 곳이라서 적잖이 의아스럽기도 했다. 더욱이 그 중국인은 기념탑이 가까워지자 1960년대 말에 중국이 소련의 침공에 대비해서 얼마나 요란한 활동을 벌였는가를 말해주지 않았던가.

나는 부수지 않고 놔둔 것만 해도 다행이라는 생각이 들었다. 그렇지만 생각해 보면 중·소 국경분쟁은 그것대로 중요하고 사회주의자들의 우의는 또한 그것대로 의미가 있을 것이다. 그런 점에서 이 기념탑은 중·소의 우의를 나타내는 상징물로서 의미가 있었다.

이 기념탑이 서게 된 것은 이곳에 주둔했던 일본 관동군과 소련-몽골 연합군이 전투를 해 후자가 승리했기 때문이라는 것이다. 그렇지만 전투는 1945년 8월 15일로부터 4일이 지난 19일에 있었고, 직접적으로는 일본군이 소련군의 말을 안 들었기 때문이었다. 그러다보니까 일본군은 3,000명이나 죽었지만, 소련·몽골의 홍군은 60명밖에 죽지 않았다고 그 중국인은 말했다.

■ 항쟁격전지

관동군은 장가구에 7만 명이나 주둔하고 있었다고 한다. 이렇게 많은 군대가 주둔한 것은 이 지역이 군사적으로 중요했기 때문이었다. 장가구는 북서쪽에서 북경을 쳐들어올 때 관문과 같은, 요지 중의 요지였다.

■ 풍력발전시설(풍차)

팔로군도 초원, 사막 쪽에서 자주 기습해 일본군을 괴롭혔다. 그런데 소련군은 팔로군도 처음에는 일본군으로 알고 이곳에 억류한 적이 있었다고 한다. 팔로군 가운데 러시아말을 할 줄 아는 사람이 없어 '포로'들은 안절부절 못했는데, 한 군인이 동무라는 말을 러시아말로 알고 있

어 그것이 실마리가 되어 소련군은 자신들이 '포로'로 붙잡은 부대가 일본군이 아니라는 것을 알았다는 우스갯소리도 중국인이 해주었다.

장가구는 몽양의 회상기에도 고도라고 적혀 있고, 다른 글에도 그렇게 나오지만, 명나라 때 만들어진 도시로 도시 구획은 제대로 되어 있지 않았으나 오래된 도시는 아니었다. 그렇지만 처음부터 군사도시로서 중요한 역할을 했다.

중국인 안내원의 말로는 이곳에 중국군은 10만 명 정도 머물고 있다고 한다. 아주 많은 군대다. 1967~1972년 국경분쟁 시기에는 소련군이 북경으로 쳐들어올 수 있는 지름길이라고 하여 주민·학생이 3일에 한 번 총동원되어 지하호를 팠다고 한다.

그래서 장가구 일대는 산이 텅텅 비었다고 할 만큼 지하호가 많고, 5천 명이 앉아서 영화를 볼 수 있는 지하광장도 있었다는 것이다. 물론 군사도로도 되어 있었고, 북경을 폭격하면 간부들이 군사 전용의 지하 고속전철을 타고 피신할 수 있게 하였다는 말도 있었다. 그 시기 소련군이 120만 명이나 몽골 국경지대에 있었다고 하지만, 어느 것이나 믿기지 않는다.

나는 두 번째 관광지인 수무궁 일대를 보면서 왜 가이드가 우리를 처음 만났을 때 뛸 듯이 반겼는지 알았다. 장가구는 시내 인구가 100만이나 되는 큰 도시고 중요한 도시임이 틀림없지만, 관광도시는 아니었다.

주위에 200만 년 전의 원시인 유적지 발굴이 있었다는 것은 다른 자료에서도 확인을 했지만, 거리 때문인지 우리를 데려갈 형편은 못되는 것 같았다. 또 황제 헌원 씨나 신농 씨 등과 관련된 곳이어서 중화문명의 발상지라고 자랑하지만, 어째서 이곳이 그렇게 이야기 되는지는 설명해주지 않았다.

장성의 일부가 남아 있기도 하고, 여기저기 성터 등이 있었지만 특별한 것은 없었다. 수무궁은 장가구가 우사가 근무했을 적에도 그랬지만 성황을 이룬 국제상업도시여서 상인들이 많았는데, 그들이 자신의 상업이 잘 되라고 지어놓은 일종의 서낭당이었다.

수무궁 안에는 장개석 집권기에 장가구 지역의 사령관이었던 길홍창 기념관이 있었다. 그는 중국 공산당으로 활동하면서 장개석에 의해 처단되었다. 길홍창은 몸집이 크고 기행이 많은 크리스천 군벌 풍옥상의 부하였는데, 풍옥상 기념관도 있다기에 찾아가니 그저 사진 몇 장 붙어 있는 허름한 곳이었다. 그럴 수밖에 없는 것이 풍옥상은 이곳에 잠깐 들른 정도였지 별연고가 없었다.

■ 길홍창 장군 동상

이처럼 장가구는 도시의 크기에 비해 관광자원이 없다보니 관광객이 많지 않아 현지 여자 가이드가 우리를 그렇게 반겼던 것이다. 그리고 중년의 중국인이 따라온 것도 여자 가이드는 장가구 일대를 설명할 지식이 없었기 때문이었다. 그 남자는 장가구시 문화국 간부였다.

내가 한국인으로서는 우리가 처음이 아니냐고 물었을 때 그는 여러 관광객이 다녀갔다고 대답했는데, 그것은 거짓말로 들렸다. 관동군이 많이 있었기 때문이겠지만, 일본인 관광객이 적지 않다고 말한 것은 사실 같았다.

■ 풍옥상 장군 동상

나는 장가구에 참 잘 왔다고 생각한다. 이번 여행 중에 처음 오는 드문 지역이어서도 그렇지만, 우사 일행이 울란바토르로 갔던 길을 우리도 몇 km, 어쩌면 몇 십 km 따라 갔을 터이니 말이다.

또 하나의 이유가 있다. 나는 중국 여행을 여러 번 했지만, 관광지가 대개 그렇듯이 정말 어렵게 사는 중국 농민의 집을 많이 보지는 못했다. 장가구 일대는 북경에 채소 등을 공급하는 곳인데도 불구하고, 소련-몽골 홍군기념탑에서 돌아오는 길 골짜기에 사는 농민들은 지붕이나 담벼락, 주택의 외관상으로도 너무나 가난해 보였다. 중국농민들은 대개는 저렇게 못사는 것으로 보아야 하지 않을까!

나는 중국의 급속한 자본주의화가 몹시 불안하다. 박 정권과 같은 성장제일주의로 질주하고 있는데, 외화내빈으로 겉모습에 너무 치중되어 있다. 상해 등 대도시가 특히 그렇고 수많은 중·소도시도 그러하다.

나는 6, 7년 전 중국에서 깨끗한 도시 1위로 꼽혔다는 대련에 가서 많은 것을 생각했다. 밤이면 가로등걸이에 열 개도 넘는 전구가 현란하게 거리를 장식했고, 한국과 다르게 아파트의 형태도 저마다 달랐다. 거리도 깨끗했다. 그렇지만 가로등 너머, 아파트 안에 살고 있을 사람들은 최신 가로등이나 맵시 있는 아파트와 달리 낡은 생각을 하고 있지 않을까. 대련의 주민들이 과연 근대적 시민의식을 가지고 이와 같은 청결을 갖추었을까. 이런저런 생각이 끝없이 이어졌다. 겉만 잘 꾸며놓은 것이 어떠한 의미를 가질까.

올 여름 여행만 해도 그렇다. 지난 7월에도 내가 탄 관광버스 기사가 다른 차에 대해 오버액션을 하는 것을 보았는데, 북경 장가구 천진 일대를 책임진 관광버스 기사의 경우 장가구 여행에서도 문제가 있었지만, 북경을 떠나기 전날 천진으로 갈 때 산동에서 온 화물차와 대형사고가 날 수도 있는 횡포를 부려 일정이 두 시간 가까이 지체되었다. 마음 좋고 유능한 운전수지만, 그러한 행동을 보면 가슴속에 쌓인 것이 있거나 인성교육을 받지 못했기 때문이라 여겨진다.

중국은 현재 빈부격차가 너무 심하고, 교육제도도 박 정권처럼 가진 자 중심으로 되어 있다. 인간이 극단적으로 소외되어 있는 근대화의 현장을 일본, 그리고 한국에 이어 중국이 보여주고 있다. 참으로 슬픈 일이다.

사막의 별빛

1921년 11월 하순, 세 대의 자동차에 분승한 우사 일행은 장가구 성문을 지나 황량한 길을 한없이 달렸다. 첫 날이라 상쾌한 기분도 들었다. 이날 일행은 어둠이 사방에서 몰려올 즈음 사막 한 가운데 있는 덴마크인 선교사집을 찾았다.

덴마크인은 네 사람이었다. 그들은 외진 곳에서 영어를 할 줄 아는 사람을 만나니 반가워 쉴 새 없이 질문을 했다. 그들은 5, 60명의 몽골 아동들을 교육시키고 있었다. 유쾌한 밤이었다.

둘째 날은 누런 모래바람을 맞으며 하루 종일 달렸는데, 해가 질 때까지 마을의 그림자도 발견하지 못했다. 노숙할 수밖에 없었다. 꽁꽁 얼어붙은 식품을 데워 먹는 시늉만 하고 갑자기 추워지는 사막의 기온에 적응할 새도 없이 모래 위에 펴놓은 자루이불 속으로 들어갔다.

사막의 밤은 추웠다. 한란계를 보니 영하 20도였다. 몽양은 이불 속으로 퐁당 들어가 있으니 숨이 막혀 견딜 수 없었다. 조금 있으니 하늘을 덮었던 새카만 구름이 걷히고 별이 보이기 시작했다. 몽양은 추위도 잊어버리고 한참동안 한없이 아름답고 거룩한 사막의 하늘을 바라보았다. 그때의 감회를 그는 이렇게 적었다.

> 아! 얼마나 장엄하고 얼마나 신비한 광경이었으랴. 그 광경은 이제 먼 옛날의 아득한 추억 속에 희미해졌으며, 또 나의 마음도 벌써 그때의 새롭고 보도라운 젊은 감수성을 많이 잃었으련만, 그래도 이 밤의 기억만은 언제까지나 나의 마음속에 새롭다. 이 사막을 생활의 무대로 하고 이 밤 하늘을 생활의 배경으로 하는 저 유목민들의 정열과 감각이 어떠한 것인가를 나는 처음으로 아는 듯 싶었다.

나도 고비사막 언저리의 별빛을 영원한 추억으로 간직하고 있다. 또 유목민들의 정열과 감각이 어떠한가를 조금은 느낀 적이 있었다.

■ 몽골 사막길 가는 낙타

9년 전 처음 몽골에 갔을 때 너무나 운 좋게도 나담축제 개시일에 맞추어 울란바토르에 있었다. 울란바토르 한쪽 산기슭에서 천여 필정도 되는 말을 탄 몽골인들이 쏟아져 내려오는 장면은 처음으로 보는, 그리고도 앞으로 아마도 못 볼 장쾌한 역주力走였다.

　몇 백 명인가 씨름 하는 장면도 장관이었다. 그 자리에는 몽골 대통령과 일본 수상이 있었다. 활쏘기에서 여성들이 당차게 활을 당기는 모습은 정말 당당했다.

　하지만 축제기간이라 숙소가 없어 우리는 울란바토르에서는 하루밤에 묵지 못했다. 그리고 고비사막 입구쯤 된다는 바얀고비라는 곳에서 이틀이나 잠을 잤다. 그런데 그게 더 좋았다.

　나담축제는 마을이 있는 곳이면 어느 곳에서나 어우러져 했다. 대몽

■ 말을 타고 달리는 몽골기병의 전통축제인 나담축제 장면(징기스칸 귀항 8백주년 기념)

골제국의 수도였던 카라코롬에 가는 길에도 마을마다 말타기를 볼 수 있었다. 그 중에서도 여성들의 씩씩한 말타기는 볼만했다.

■ 말을 타고 달리는 몽골기병의 전통축제인 나담축제 장면(징기스칸 귀향 8백주년 기념)

몽골은 그 넓은 초원에 인가가 아주 드물었다. 한참 버스가 달리면 군데군데 게르가 보였다. 이런 상황에서는 부부가 평등하지 않을 수 없다고 생각했다. 서로 의지할 사람이 부부밖에 없는데, 어떻게 종속적일 수 있느냐는 판단이었다. 그리고 말타기를 보고 다시금 확인했다.

나는 몽골에 오기 전에 고대사 고고학 전공자들이 몽골제국의 수도 카라코롬과 하라발가쉬인가 하는 거란의 수도를 다녀온 얘기를 들었고, 그 여행 기록을 입수해 가지고 있었다. 그 중 하나가 그 지역이 세계의 오지여서 별빛이 매우 좋다는 것이었다. 우리는 그 코스대로 움직였다.

카라코롬에서 약간 떨어진 바얀고비라는 여행객 전문 게르가 있는 데로 갔을 때에는 저녁이 되어가고 있었다. 그러면서 밤이 왔는데, 대단한 별빛이었다. 주먹만한 별들이 어깨 위에 머리 위에 매달려 있었다. 난생 처음 보는 장관이었다. 이 장관은 다음날에는 볼 수 없었다. 빛의 난사 때문이었을 것이다.

그 뒤 나는 몽골의 별빛을 어디서 다시 볼까 하고 곳곳에서 한밤중에 나오곤 했다. 하지만 티베트의 밤하늘은 매일 구름이 잔뜩 끼었고, 중앙아시아의 초원에도 남미 아마존의 밀림에도, 이란 이스파한이나 시리아 팔미라의 밤에도 그러한 별빛은 볼 수 없었다. 그 점은 아프리카 초원도, 터키 동부 고원지대나 아라랏산에서도 마찬가지였다. 이번 여행 중 태를지에서 머물 때 행여나 해서 한밤 중이라 매우 추웠는데도 지켜보았지만 허사였다. 생떽쥐베리의 어린 왕자는 사하라에서 그 별빛을 보았겠지.

9년 전 신나는 일은 그 다음에도 있었다. 양을 잡아서 뱃속에 돌을 넣고 요리하는 음식은 80달러였다. 그 다음에 춤판이 벌어졌다. 약간 떨어진 마을에 있는 처녀들이 우리가 있다는 것을 알고 떼 지어 온 것이다.

나는 그쯤에서 빠졌다. 그 씩씩한 여성들을 품에 안고서 춤출만한 자신이 없었다. 그 대신 나는 총무 이신철 군이 보관하던 돈을 움켜쥐고 게르에서 잠을 청했다.

■ 초원의 유목민 게르와 가축떼

■ 징기스칸 귀향 8백주년 기념 기마병들의 전투실연

셋째 날 밤도 우사 일행은 노숙을 했다. 전날보다도 더욱 추웠다. 다음날에는 우연히 산양을 잡아 눈을 녹여 물을 만들어 가솔린 통에다 삶아 맛있게 먹었다. 산양국이 없었더라면 그날 밤 노숙은 견디기 어려웠을 것이다. 넷째 날부터 여기저기서 유목민 게르나 가축떼를 발견할 수 있었다.

장가구를 떠난 지 닷새째 되던 날 우사 일행은 드디어 아직 울란바토르('울란-바톨-호트'의 합성어로 붉은 영웅의 도시 또는 적색 거인의 도시라는 뜻, 1924년에 붙여짐)로 이름이 바뀌기 직전의 명칭인 고륜庫倫, 러시아말로 우르가에 도착했다. 사막에 지는 해가 최후의 화려한 색채로 온 하늘을 물들이고 있었다.

달라이라마의 사념思念

2006년 8월 23일 북경에서 아침 비행기를 타고 울란바토르로 가는 길은 유난히 좋았다. 차창 밖으로 구름이 거의 없었고 맑아 시야가 더 없이 좋았다. 나는 여행할 때 버스든 비행기든 창밖을 바라보기를 좋아한다. 똑같은 풍경이 나와도 조금도 질리지 않고 좋다. 대지의 모습, 지구의 모습을 사념 속에 들여다볼 수 있어서다.

비행기로 울란바토르로 가는 길은 우사 일행이 갔던 길과는 많이 달랐다. 팔달령 부근의 험악한 산지가 나오더니 그때부터 황무지가 끝없이 펼쳐졌다. 붉은 땅도 꽤 많았고, 간간히 호수도 있었다. 우사 일행처럼 마을이나 도시도 별로 볼 수 없었다. 도무지 농사를 지을만한 땅이 없는 듯 했다.

우사 일행은 사막 이야기를 많이 나누었는데, 그것도 조금밖에 나오지 않았다. 북경에서 출발한 우리와, 북경의 서북쪽에 있는 장가구에서 떠난 우사 일행의 노선이 달랐기 때문이다. 그런데 조금 있으니 산들이 보이고 녹색의 땅이 나오고, 이어서 나무들이 꽤 많은 숲도 나온다. 웬일인가 싶었는데, 넓은 들판 위에 울란바토르가 시야에 들어왔다. 세 시간 가깝게 걸린다고 들었는데, 두 시간도 안 되어 도착했다.

공항에서 버스를 타고 시내로 들어가는데 햇살이 몹시 따가웠다. 낮에는 상당히 더울 것 같았다. 현지 가이드가 몽골 사람들은 추위는 잘 참는데 더위에는 약하다고 했다. 초원에서는 제왕이지만 큰 물가에서는 겁을 낸다는 이야기와 비슷했다.

공항에서 시내로 가는 길에 달라이라마 사진이 많이 걸려 있어서 안내원에게 이유를 물었다. 놀랍게도 달라이라마가 울란바토르에 와 있

다는 대답이었다. 시내에서 달라이라마를 환영하는 현수막과 사진을
계속 볼 수 있었다. 대단한 환영이었다.

　　몽양의 회상기에는 몽골이 쇠약해진 것은 라마교 때문이라고 쓰여
있다. 청나라 등 강대국이 몽골을 약화시키려 라마교를 믿도록 조장했
다는 기록도 있다. 나도 어릴 적 그렇게 배웠다. 정말 그럴까.

■ 몽골 초원(물이 없어 산에 나무가 살지 못하는 민둥산)

티베트 여행을 할 때 느낀 것이지만, 종교는 엄청난 힘을 가지고 있었는데, 그것은 그 지역의 풍토 때문인 것 같았다. 그 높은 고원지대에 나무 한 그루, 풀 한 포기 자라지 못하는 황량한 땅이 대부분이고 마을도 고립되어 있는 경우가 많은데, 어떻게 라마교 또는 활불을 믿지 않을 수 없을까.

몽골은 티베트와는 다르지만 유목민이 고립된 생활을 하는 점은 같다. 가이드는 라마교 신자가 7할쯤 된다고 하는데 달라이라마를 모시는, 역시 티베트처럼 쏭쿠바가 창시한 황모파가 주류라고 한다. 달라이라마를 열렬히 환영할 만했다. 7번 째로 왔다니 드물게 온 것도 아니다.

이번에 만난 가이드도 9년 전 가이드처럼 한국말을 아주 못했다. 한국에 와서 1년인가 살았다는데 그러한 수준이었다. 9년 전에는 나담축제 기간이라 가이드가 없어서 그렇게 되었다고 변명했는데, 이번에는 칭기즈칸 800주년 축제기간이라 그렇게 되었다고 변명했지만, 실제로 축제는 끝난 것이나 다름없었다.

몽골은 한반도의 7, 8배쯤 되지만 인구가 매우 적다. 9년 전에는 240만 명이라고 했는데, 이번에 물으니 250만 명이라고 한다. 그러고 보면 인구 증가율도 높지 않았다. 울란바토르는 전에 비해 고층 건물이 꽤 많이 들어서고 인구도 늘어났다. 유목민의 경우도 도시화는 어쩔 수 없는 추세인 듯싶다.

인구가 적으니 결국 몽골은 소국이라고 할 수밖에 없다. 산물이 적고 공장도 몇 개 안된다. 예컨대 성냥공장 같은 것을 경영하려고 해도 수요가 제한되어 있어서 중국의 싼 제품을 사 쓰는 것이 편리하다.

어느 정도 실력을 갖춘 가이드가 적은 것도 할 수 없는 것 같다. 그렇

지만 한국어를 어둔하게 하는 것이 유리하기도 하다. 무어라고 얘기하고
는 내가 잘 모르고 그렇게 말했을 것이라고 발뺌하는 경우가 적지 않다.

　몽골 첫날 일정은 태를지 국립공원과 관련된 것이 대부분이었다. 시
내를 빠져나와 3, 40분이나 왔을까 러시아인 묘지가 저 너머로 보였다.
러시아 병사들은 소련이 붕괴될 때 몽골에서 철수했다. 그때 탱크 등은
고철 값도 못 받았고, 보드카 한 박스와 교환하기도 했으며, 버리고 가기
도 했다고 한다.

　몽골 사람들은 9년 전에도 그러했지만 지금도 러시아인을 가장 좋아
한다고 한다. 러시아가 피해를 주지 않은 것도 아니었다. 1939년경에는
라마승들을 대거 죽였고, 1956년에는 당 간부나 박사 등 지식인들을 숙
청하고 러시아로 데려갔다. 그 시기에는 다른 지역에서도 그랬으니까
몽골도 비슷하게 당한 셈이다.

몽골인은 중국인을 매우 싫어한다. 청에 지배를 당한 역사가 있기 때문이다. 청이 신해혁명으로 망했을 때 몽골은 혼란에 빠졌다. 그 와중에서 독립운동이 벌어졌는데 러시아가 지원했다. 그러다가 러시아가 혁명으로 내란의 위기에 빠졌고, 그 점은 몽골도 마찬가지였다. 한때는 웅겐남작의 백군한테 시달림을 받았다. 우사 일행이 도착하기 직전이었다.

우사 일행이 몽골에 도착했을 때 몽골은 러시아 볼셰비키의 지원을 받으며 혁명과 독립운동이 진행되고 있었다. 유목민의 나라가 사회주의를 표방하며 몽골인민공화국을 건립한 것은 우사 일행이 떠난 직후였다.

러시아는 몽골의 독립에 지대한 역할을 했고, 그 뒤에도 중국이 다시 넘보는 것을 막아주었다. 원조도 많이 해주었다. 몽골의 아스팔트 흔적이 있는 도로는 - 많은 아스팔트 도로가 몽골 정부의 관리소홀로 많이 파손되었다 - 러시아가 지원한 것이 대부분이고, 공장도 그러한 경우가 많다. 러시아는 어떻게 해서든지 농업을 발전시켜 보려고 노력했으나, 유목민들의 관심을 모으지 못해 러시아군이 철수하자 곧 황폐해졌다.

우리 일행은 태를지 숙소에서의 말 타기를 매우 좋아했다. 초원을 달리는 기분을 느낄 수 있었다. 한 시간이나 탔다는 것도 대단했다. 나는 한 달 전에 신강지방 천산남로를 다니면서 남산목장 등에서 말을 탔지만, 제대로 말을 다루지 못해 고생을 했다. 그런데 태를지는 달랐다.

저녁에 양 스프와 양고기가 나왔다. 고기가 여러 점 떠 있는 수프였는데 맛있었다. 우사 일행이 산양을 잡아 수프를 맛있게 먹은 것은 그만큼 허기가 졌기 때문이었을 것이다. 가솔린 통에다 끓였으니 가솔린 냄새가 나지 않았을 리 만무했고, 양념이라고는 소금밖에 없었다. 아마 그분들이 그렇게 맛있게 먹은 것에는 영하 30도 이하의 지독한 추위였다는 것이 크게 작용했을 터였다.

우리 일행은 게르에서 두 사람씩 잤는데 시설은 별로였다. 손님을 받은 지 오래된 것도 그러한 느낌을 갖게 했을 것이다. 문짝이 말을 안 들어 관리인이 망치로 두드려서야 간신히 문을 맞추었다. 밤에는 추웠다. 심 교수가 불 관리를 잘 했지만, 그마저 새벽에 꺼져 오들오들 떨면서 날 새기를 기다려야 했다.

태를지에서 울란바토르 시내로 돌아오는 길에 들른 게르는 뜻밖에도 부인이 소프라노 가수였다. 외국에서 공연한 사진도 보여주는 것을 보니 몽골에서 실력 있는 가수인 것 같았다. 마유주를 마시면서 그의 노래를 듣는 것도 괜찮았다.

목장은 대개가 말 20마리, 소 20마리에 양과 염소 200마리를 가지고 있다고 한다. 그런데 소프라노 부인이 사는 목장 이웃에서는 자전거를 타고 양을 지키기도 했다.

난단사원은 우사 일행이 고륜에 왔을 때 가장 큰 건물이 아니었을까. 그들은 석양을 등지고 선 난단사원의 웅장한 고탑에서 몽골의 진수를 느낀 듯했다. 그 사원에서 12시쯤 달라이라마를 볼 수 있다 하여 우리 일행은 11시 20분경부터 줄지어 선 사람들 사이에 끼어서 기다렸다. 그렇게 많은 인파는 아니었다.

12시가 되어도 달라이라마는 나타나지 않았다. 10분을 더 기다려도 보이지 않기에 약속시간을 지키기 위해 허둥지둥 모이라는 지점에 갔으나 아무도 없었다. 30분쯤 지나기 시작하는데, 달라이라마를 봤다는 것이다. 생각보다 호위가 많다는 얘기도 했다.

■ 울란바토르에서 칭기즈칸 유라시아 축제장 가는 중간 초원지대

달라이라마는 무슨 사념에 젖어 있을까. 고령인 그는 1950년대에 탈출했던 라사의 하궁으로 언제쯤 돌아갈까. 나는 그가 태어나서 하궁을 탈출하기까지를 그린 그에 관한 영화를 재미있게 본 적이 있다. 그가 사거하면 국외에 있는 티베트인들은 어떻게 될까.

중국은 그가 살아서 라사에 가는 것은 용납하지 않을 것이다. 중국은 광활한 땅에 살고 있는 소수민족이 문제를 일으키는 것을 절대 용납하지 않겠다는 태도다. 최근 들어 달라이라마는 거듭 온건한 자치를 제시했지만, 수심憀心이 깊을 수밖에 없다.

"칭기즈칸 800년만의 귀환"이라는 이름으로 유라시아축제를 벌인다는 곳은 멀기만 했다. 그렇지만 그곳에 가는 길 주위의 초원은 넓고 아름다웠다. 몽골의 초원은 중앙아시아와 또 다르게 예쁘다. 능선이 그렇고 시야에 들어오는 넓이가 그렇고 풀도 적절히 자랐다.

칭기즈칸에 대한 몽골인들의 존경은 내몽골인을 포함해 언제나 대단했지만, 10여 년 전 몽골인민공화국이 바뀌기 전만 해도 내놓고 발설하기가 쉽지 않았다. 소련도 중국도 싫어했기 때문이었다. 이제 어디서나 몽골인은 칭기즈칸을 기린다. 보드카 이름에도 호텔명에도 없는 곳이 없다.

칭기즈칸과 달라이라마 중 누구를 더 존경할까, 또는 좋아할까. 아마 대답하기 어려울지도 모른다. 모든 몽골인에게 칭기즈칸은 위대함과 긍지로 살아 있다. 그러나 테무진이 칭기즈칸의 지위에 오른 해를 몽골 건국 원년으로 삼는 것은 비약이라고 봐야 하지 않을까.

나중에 알았지만 "칭기즈칸 800년만의 귀향"은 일본이 중심이 되어서 관광객을 끌어들이기 위해 만든 것이었다. 나담축제 때부터 시작된 칭기즈칸 800년제는 8월 15일경에 끝났다고 한다. 일본인 기획의 축제

에도 1천 필 정도 되는 말이 나와 전투장면을 재연했지만, 아무래도 9
년 전에 울란바토르에서 본 것과는 박력에서 비교가 안 되는 것 같다.
어쨌든 몽골초원은 좋다.

이태준 무덤을 찾아

1921년 11월 하순 고륜에 도착해 첫날밤을 몽골상사商事
회사 – 우사가 근무했던 몽골물산회사와 같은 회사일 것이다 – 에 머문
우사 일행은 다음날 소비에트 대표 옥홀라를 만났다. 그는 우사, 몽양
등과 함께 이르쿠츠크대회로 떠날 몽골 현지인들이 몇 사람 더 있다고
알려주었다.

옥홀라는 몽골혁명정부 고문인 에린치노프를 소개했다. 그는 부리
아트 몽골인이었다. 그런데 그의 부인이 유명한 독립운동가 남만춘의
누이인 마루샤남이었다. 그는 블라디보스토크 태생이었다.

고륜 도착 3일째 되는 날에는 옥홀라가 연회를 베풀었다. 그 자리에
마루샤남은 조선 치마저고리를 입고 나왔다. 미술을 연구한 그는 예술
방면에 교양이 깊었는데, 그 자리에서 들려준 애국가와 코사크 노래는
우사 일행을 깊은 감동에 젖어들게 했다.

그 다음날 우사 일행은 옥홀라의 소개로 혁명정부 외교부 최고 고문
이자 외몽골의회 의장인 단싱을 방문했다. 러시아 몽골 국경에 있는 소
도시 트로이카삽스크賣買城까지 가는데 필요한 여권과 역마의 편의를
얻기 위해서였다. 단싱은 유목사회, 신비한 라마교를 믿는 사회를 변화
시키는 것이 얼마나 어려운가를 설명했다.

5일째 되는 날 우사 일행은 이태준의 무덤을 찾았다. 이태준은 우사 보다 2년 아래로 1911년에 세브란스를 제2회로 졸업한 의사였다. 그는 1909년 말 안중근의 이토 히로부미 암살사건 때 체포되었다가 세브란 스병원에 입원한 안창호의 권유로 청년학우회에 가입한 바 있었다.

■ 이태준 묘비(좌), 이태준 기념표지(우)

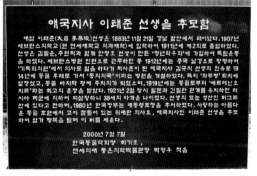

이태준은 우사와 특별한 관계가 있었다. 그는 나중에 우사의 처남이 되는 김필순의 상회에서 일하다가 김필순의 권유로 세브란스에 들어갔다. 김필순은 1908년에 세브란스 제1회로 졸업한 우리나라 최초의 의사 중 한 사람인데, 1911년 105인 사건으로 검거될 것 같자 이태준과 망명을 모의했다. 이태준은 김필순이 망명했다는 소문이 퍼지자 바로 중국으로 망명해 남경에서 의사로 일을 하다가 우사를 만나게 되었다.

1914년 가을 우사는 한말 장교 출신인 유동열 및 이태준, 서왈보 등과 함께 고륜으로 갔다. 독립군 또는 게릴라부대 장교를 양성하기 위한 초보적인 군사훈련학교의 설립을 위해서였다. 그러나 군관학교 설립은 약속된 자금이 오지 않아 구체화되지 못했다.

우사는 고륜에 있는 러시아상업학교에서 영어를 가르치면서 러시아인한테 영어 개인교수를 했다. 고륜에는 미국인과 스칸디나비아 무역상사인 몽골물산회사가 있었는데, 우사는 그곳에서 회계 겸 비서로도 일했다.

우사와 함께 고륜에 머문 이태준은 신의神醫로 알려지게 되었다. 그는 저열한 문화 수준과 위생시설 속에서 생활하는 몽골인들에게 만연한 질병 치료에 전력을 다했다. 특히 화류병 환자가 전 주민의 7, 8할이나 될 정도로 많았는데, 그것을 박멸하기 위해 심혈을 기울였다.

우사는 고륜에 오래 머물지 않았다. 그는 몽골에서 가죽을, 화북에서 성경을, 상해에서 발동기를 팔다가 1916년 장가구로 갔다.

1918년 3월 우사는 앤더슨 마이어회사가 고륜에 개설한 지점 지배인에 임용되어 다시 몽골로 떠났다. 이때는 약 1,000㎞ 길을 50일이나 걸려 갔다. 11일 간은 눈 때문에 갈 수가 없었고, 37일 간은 낙타를 타고 사막을 건넜던 것이다. 어린 아들 진동과 사촌누이인 은식이 함께 갔다. 김은식은 이태준과 결혼했다.

몽양은 회상기에서 이태준이 웅겐남작 패잔병이 고륜에서 노략질할 때 그의 병원도 노략질하였는데, 그때 학살당한 것으로 기록했다. 그렇지만 이태준기념관의 기록이 말하듯 그것은 사실이 아니었다.

패잔병이 병원을 약탈할 때 이태준이 주치의였던 중국군 사령관이 같이 가자고 했지만, 모스크바에서 온 레닌의 독립운동자금 운송과 의열단 단장 김원봉한테 폭탄제조자 마자르를 소개해야 할 임무 때문에 거절했다. 그리고 마자르와 함께 1921년 2월, 4만 루블 상당의 금괴를 지니고 장가구로 가는 길에 러시아 백군과 마주쳤고, 그때 백군 참모였던 일본 군인이 이태준을 불령선인으로 지목해 총살했다. 38세였다. 몽양이 사실을 알았더라도 쓸 수 없는 내용이었다.

우사 일행이 고륜에 머물 때 몽골 '동무'들은 이 꺼우리高麗 의사를 그곳 주민들이 모르는 사람이 없다고 말했다. 그는 신인神人 또는 극락에서 강림한 여래불 대접을 받았는데, 몽골의 마지막 왕인 보그드 칸 8세의 어의도 되어 1919년 에르테닌 오치르라는 높은 등급의 훈장도 받았다.

이태준의 무덤은 몽골인이 성산聖山이라고 부르는 울창한 숲속에 있었다. 몽골에서는 보기 드물게 낮에도 어둠침침한 울창한 숲속을 헤쳐 들어가면 수림 사이에 돌연히 6월 하순에 만개하는, 한대지방에서만 피는 국채색의 화려한 꽃밭이 나왔는데, 그곳에 간소한 무덤이 있었다. 무덤 앞에 선 우사의 심정이 어땠을지 짐작하고도 남는다.

우사와 몽양 일행은 고륜에 온 지 열흘 만에 다시 북쪽으로 긴 여행을 떠났다.

몽골에서 재발견한 우사의 적극적인 항일정신

2006년 8월 25일 몽골에서의 마지막 날은 아침 일찍부터 서둘렀다. 버스가 철길을 지날 때 한 현지 가이드의 설명에 의하면, 이 길을 따라 남쪽으로 가면 북경이 나오고 반대편으로 가면 이르쿠츠크에 이른다고 했다. 내몽골의 일련호트, 산서의 대동, 하북의 장가구를 거쳐 북경까지 가는 데 이틀이 걸린다고 한다. 우사 일행이 자동차로 장가구에서 울란바토르로 갈 때는 험한 길을 거쳤기 때문에 5일이 걸렸던 것이다.

■ 자이승 승전탑

우리 일행의 첫 번째 목표는 러시아군이 일본군을 이긴 것을 기념한 자이승 승전탑이었다. 그곳에 이르니 울란바토르가 한눈에 들어왔다. 그런데 반대 방향에 있는 숲이 성산聖山이라는 말에 퍼뜩 이태준 무덤이 생각났다.

오전 9시 조금 전에 밑으로 내려오니 대통령 출근차가 지난다. 공산당으로 당선되었는데, 앞뒤로 호위하는 차는 몇 대에 불과했다. 흥미 있는 구경거리였다.

대통령차가 지나간 도로 옆에 이태준기념관이 자리 잡았다. 터가 꽤 넓었고, 기념비도 기념관도 아담했다. 연세대 병원 측에서 설립했다고 한다.

연세의료원과 몽골국립의과대학은 1993년에 교류협력협정을 맺었다. 그해 연세대에서 몽골하계의료봉사단을 파견한 이래 해마다 봉사단이 몽골에 왔다.
1994년에는 연세친선병원이 개설되었다.

　이 기념관은 몽골 정부가 성산이 보이는 좋은 터를 2,000평 제공하자
2000년 7월 기념비를 세우면서 구체화되었다. 다음해 7월에는 기념공

■ 이태준 기념관

원 준공식을 가졌다. 다만 안타깝게도 이태준의 무덤은 지금까지 찾아
내지 못했다.

기념관에서 다음 행선지인, 이태준이 주치의였던 보그드 칸 8세의
궁전으로 향했다.

이태준기념관을 나오면서, 왜 몽골에 이태준이 왔는가에 대해 김규
식의 권유로 와서 의사가 되었다고만 간단히 쓰여 있는 것이 못내 걸렸
다. 그 기념관을 처음 세웠을 때에는 김규식 자필이력서가 공개되지 않
아 잘 몰랐을 수 있다. 《김규식의 생애》에 군관학교와 관련해 우사의
언급이 나오지만, 그것이 이태준과 관계되는 사항이라는 점이 불분명
하여 쓰지 못했더라면 몇 년 전이라도 써 넣었어야 하지 않았나 싶다.

김규식 · 유동열 · 이태준 일행이 몽골에 비밀히 군관학교를 세우려
고 한 것은 김규식과 이태준을 이해하는 데 중요한 의미가 있다. 그 점
이 명료히 밝혀져야, 왜 이태준이 지극히 위험한 상태에 처해 있음에도
불구하고 의열단 단장 김원봉한테 연결해 주기 위해 폭탄 제조기술자
마자르를 대동하고 모스크바에서 온 금괴 4만 루블을 운반하다가 일본
군인한테 죽임을 당했는가의 참된 의미가 밝혀지게 된다.

이태준은 몽골인을 위한 헌신적인 의사에 머문 사람이 아니고, 조국
의 해방을 위해 군관학교를 운영하고 의열투쟁을 하려고 한 위대한 독
립투사였다. 몽골인 의사와 적극 항일은 기본적으로 같은 정신에서 우
러나온 것이다. 불굴의 정의감과 뜨거운 휴머니즘이 그것이다.

김규식이 유동열 · 이태준과 함께 몽골에 간 것은 1차 세계대전의 발
발에 발을 맞추어 우리도 일제와 무장투쟁을 해야만 국제사회에서 발
언권을 얻을 수 있다고 판단하고, 그러기 위해서 군관학교를 세워 시급
히 독립군 요원을 양성하기 위해서였다.

유동열은 한말 장교 출신으로 1910년 일제한테 강점당하기 직전 안창호·이갑 등과 함께 청도에서 회의를 가졌을 때(청도회의) 무장투쟁을 위한 군대 양성을 주장해 산업발전을 중시한 안창호와 대립한 바가 있었고, 몽골에서 돌아와 1915년에는 광무제(고종)를 모시고 독립운동을 하려던 신한혁명단(본부장 이상설)에서 교통부장으로 활약한 독립운동 원로였다.

우사와 유동열은 우연히도 한국전쟁 때 환자 상태에서 납북당해 전쟁터를 업혀 다니다가 평안도 희천에서 10월 18일 유동열이 먼저 세상을 떴고, 우사는 그해 12월 10일 압록강 부근 별오동에서 서거했다.

우사는 일찍부터 한국이 독립되기 위해서는 일제가 중국이나 러시아, 미국과 전쟁을 해야 한다고 생각했다. 1차 세계대전에서는 귀추를 알기 어려웠고, 일제가 패전국이 될 수도 있었기 때문에 무장력을 갖추는 것이 시급했다. 그래서 우사는 전쟁이 나자마자 변장을 하고 안동까지 가 압록강을 건너 의주에 잠입했으나, 군자금 모집에 실패하고 만다. 그래서 다음에는 무관학교를 건립하기 위해 몽골로 동지들과 함께 온 것이었다.

여러 학자들이 우사의 소극성을 얘기한다. 그러나 우사처럼 적극적으로 항일투쟁을 한 사람은 드물다. 1913년 중국에 오자마자 제2 혁명군에 가담했고 1차 세계대전이 나자마자 압록강을 건넜으며, 당시로는 멀기만 했던 몽골에 갔다. 중국에 온 열혈 망명지사 중 우사만큼 적극적이고 능동적인 항일투쟁을 한 이는 아주 드물다. 우사는 그러한 열사였다.

우사는 냉철한 통찰력과 깊고 원대한 식견을 지녔을 뿐만 아니라, 적극 항일투쟁한 혁명가였다. 그는 가슴에 뜨거운 열정을 안고 몽양과 함께 1921년 겨울 몽골의 고륜(우르가, 울란바토르)에서 차가운 북국의 하늘로 향했다.

2 옌지[연길(延吉)]
Yanji

정혜순 (정신여중 교장)

독립 투쟁의 중심지,
연길, 연변, 윤동주 생가, 연변대학을 가다

시작하는 말

우사 연구회에서 "우사 김규식의 독립운동길 따라가다"라는 큰 제목 하에 중국으로 탐방을 떠난다는 소식을 듣고 설레는 마음으로 준비를 하였으나 본인은 개인 사정으로 사적지 탐방에 모두 참가하지 못하고 부분적으로밖에 참여할 수 없었음이 매우 아쉬웠다. 동행하신 분들과 우사 연구회에 죄송스런 마음이다. 그리고 여러모로 도와주신 분들께 감사를 드린다. 김규식 박사님은 우리 정신학교와는 밀접한 관계가 있는 독립투사시다. 정신학교의 1회 졸업생으로, 12대 교장을 지내시고 이사장직을 역임하셨던 김필례 선생님의 형부가 되시는 분이시다. 과거에 항상 들어왔던 이야기가 생각난다. 신사참배 거부로 인해 폐교되었던 정신여학교를 해방 이후 김필례 선생님이 재건하실 당시, 교사들의 봉급을 주지 못해 걱정하는 김필례 선생님에게 김규식 박사님은 격려와 후원을 아끼지 않으셨던 정신의 은인이셨다. 그 어려운 때를 잘 넘김으로 오늘의 정신여학교가 존재한다고 해도 과언이 아니다. 김필례 선생 전기 《교육의 길 신앙의 길》 189쪽을 보면 〈김규식 박사의 도움〉이라는 소제목으로 기록되어 있다. "1947년 7월 12일에는 미군정 당국으로부터 재인가가 승인되어 완전히 학교의 면모를 갖추기 시작했다. 그러나 그 당시 입학한 학생 대부분이 이북에서 맨발로 월남한 집안의 자녀들이어서 공납금을 제 때에 낼 수 없는 학생들이 대부분이라 학교의 재정 형편은 말이 아니었다. 교직원 봉급도 제대로 제 때에 지급할 수 없을 만큼 어려웠다. 이것을 안 형부 김규식 박사 내외는 학교의 첫 해 경비를 부담하겠다고 자원했다. 그래서 김필례 선생은 매달 월말이면 삼청동 김 박사댁으로 가 경비를 얻어 왔다. 이렇게 일 년 동안 근근이 돈을 얻어다 정신여학교의 살림살이를 꾸려나갔다."
이같이 김규식 박사는 훌륭한 독립투사일 뿐만 아니라 가족의 어려움
을 함께 나누려는 따뜻한 마음을 갖고 계셨다. 더구나 자신의 생활도
힘겹고 넉넉하지 못한 가운데서도 성심껏 도와주셨음에 더욱 큰 감사
가 넘친다.

연변 - 중국 속의 작은 한국 연변조선족자치주

백두산 천지를 눈으로 확인하지 못한 채 안개 속을 헤
매기만 하다 아쉬움을 남기고 내려왔다. 숙소로 돌아오는 길에 연길 공
항을 지날 때는 날이 어두워 아주 캄캄한 밤이 되었다. 선명하게 한글
로 "연길"이라고 쓴 네온사인을 대하니 감개무량했다. 여기서는 상점
의 간판에도 한글과 중국의 한자를 같이 쓰고 있다. 가로 간판에는 위
쪽에 한글을 쓰고 아래쪽에 한자를, 세로 간판에는 한글을 왼쪽에 한자
를 오른쪽에 쓰고 있다. 간판만 보고 있어도 이 지역의 조선족들이 우
리글을 존중하며 소중히 여기고 있다는 것을 느낄 수 있다. 연길시 도
로에 보이는 삼륜차, 노새 달구지 등은 우리의 60~70년대 거리를 떠올
리게 했다. 조선족들은 태어나면서부터 부모님으로부터 한국말을 배
우고 조선족 풍습을 익힌다고 한다. 조선족 학생들의 학력 수준이 한족
에 비해 뛰어나다는 설명을 들으니 동포에 대한 자부심이 앞선다. 연변
에서는 사람들의 옷차림, 집, 길거리를 둘러봐도 전혀 낯설지 않아 우
리나라에 있는 듯한 느낌을 받았다. 이는 소수민족이 모여 사는 자치주
스스로 그 민족 나름대로의 지역을 가꾸어 나가도록 하는 중국 정부의

■ 연변지도

소수민족우대 정책에 따라 연변자치주 내의 정부기관이나 신문, 광고 등에 조선족 자체의 문자를 우선적으로 쓰고 있기 때문이기도 하다. 그래서 연변의 거의 모든 옥외광고가 한글로 되어 있고, 또한 한글을 공용어로 사용하고 있다.

연변조선족자치주延邊朝鮮族自治州는 길림성 동부에 위치하여 러시아, 한반도와 국경을 접하고 있으며, 면적이 43,547㎢, 인구가 220만 명 정도로 조선족·한족·만족·회족·몽골족·장족·묘족 등 11개의 민족이 거주하고 있는데 그중 40%가 조선족이다. 조선 말기부터 한국인이 이주하여 이곳을 개척하였고 이전에는 북간도라고 불렀다. 연변은 산이 푸르고 물이 맑은 아름다운 고장으로 산간지대, 구릉지대, 분지지대로 되어 있는데 대체적으로 여덟 개 산에 하나의 강으로, 절반은 초지이며 절반은 부침 땅이라고 말할 수 있다. 연변은 어디를 가나 잇닿은 산봉우리와 무성한 수림을 볼 수 있다. 농작물과 과일, 잎담배 등 경제작물들은 대부분 구릉지대에서 난다. 강을 끼고 형성된 분지는 벼농사에 알맞아 농업이 발달되었을 뿐 아니라 교통도 편리하여 인구가 집중되고 경제도 안정된 편이다. 연변은 북반구 중온대에 속하여 기후는 축축한 중온대 계절풍 기후이다. 동으로 동해에 이르렀고 서부와 북부는 높은 산이 병풍처럼 둘러섰기에 위도와 해발높이가 같은, 다른 지역에 비해 겨울이 춥지 않고 여름이 덥지 않다.

조선 말기 우리 민족이 이주하면서부터 연변은 한반도와 역사를 같이 하며 일제 강점기에는 독립운동의 근거지로서 독립운동가들이 활약하여 그 때문에 청산리항일전승지青山里抗日戰勝地 · 봉오동鳳梧洞항일전승지 · 일송정一松亭 등 유적지가 많다.

연변의 민족주의자들은 반일무장단체를 건립하고 부대를 편성하고 군자금을 모집하였다.

주요한 무장단체들로는 간도대한국민회(회장 구춘선, 사령관 안무), 북로군정서(총재 서일, 사령관 김좌진), 훈춘한민회(회장 리명순, 군사부장 황병길, 후에는 최경천), 신민단(단장 김규면, 군사부사령관 양정하), 도독부와 군무도독부(총재 최명록, 참모장 박영), 광복단과 의군부(단장 김성극, 군무국장 리동수), 의민단(단장 방우룡), 라자구의사부(의사부장 김리근), 대한 의군단(단장 홍범도) 등이다. 주요한 단체들 이외에도 연변지구에 조직된 반일 단체가 26개나 되었다 한다. 한국의 숨결이 살아 있는 도시 연길延吉(Yanji, 이엔지)은 2,000년이 넘는 오랜 역사를 지닌 곳이지만 본격적으로 개발된 것은 100여 년 밖에 되지 않는다. 19세기 초에 산동성, 하북성과 조선의 이재민들이 연변으로 왔기에 1878년에 청나라에서는 연길에 기간국을 앉히고 연길을 개발하기 시작했다. 1900년 청나라 광서황제는 연길에다 '연길청'을 세우고 이곳이 길림의 연장이고 상서로운 곳이라는 뜻에서 '연길'이란 친필제사를 썼다. 일본 제국주의가 강점한 후 1934년에 연길을 위만주국 '간도성'의 직할시로 만들었다. 이때부터 연길은 일본 제국주의 침략자들이 우리나라 자원을 약탈하는 기지로 동북을 침략하는 교두보가 되었다. 1945년 8월 15일에 해방된 후 1946년부터 1948년까지 2년 동안 중국공산당 길림성위원회가 연길에서 사업했다. 1952년 9월 3일 연변조선족자치주가 세워진 후 연길은 자치주의 직할시로 되었다.

이곳은 청淸나라 말기에 간무국墾務局이 설치된 뒤 발달하였기 때문에 국자가局子街라고도 불렸다. 연변조선족자치주의 주도州都며 중국 조선족 문화의 중심지로 백두산과 가까워 매년 많은 한국 여행객들이 방문하는 곳이다.

한국어 방송국과 신문사가 있으며, 의과대학·연변대학 등이 있다.

북간도로의 이주

중국에 살고 있는 조선족은 명 말, 청 초부터 조선에서 이주해왔다. 만주족滿州族의 나라인 청나라가 한족漢族의 나라인 명나라를 멸망시키고 중국을 통일한 이래, 청나라 조정은 만주가 '청태조의 발상지'라 해서 만주족 외에 타민족이 만주에 들어감을 금하는 봉금책封禁策을 썼다. 우리나라에서도 만주에 들어가는 것을 '월강죄越江罪'라 하여 사형까지 시키는 막중한 범죄로 다스렸다. 19세기 중엽부터 많은 조선 이재민들이 간도로 이주하였는데 1866년 12월 조선 경원부 아산진의 굶주린 백성 70여 명이 은밀히 월경하여 훈춘에 이주하였으며, 1867년 3월에는 훈춘과 러시아 접경지대에 조선으로부터 온 이주자 천여 명이 자리 잡고 집을 지었다. 1869년 10월에는 조선 경흥부 아오지 군민 수십 호가 월경하였다. 그러나 청나라의 쇠퇴로 1880년대에 청조에서 공식적으로 봉금령을 폐지하여 우리도 '월강죄'를 폐지했다. 윤동주의 증조부인 윤재옥尹在玉, 1844~1906도 1886년 아내 진씨와 4남 1녀의 자녀를 이끌고 북간도 자동으로 이주하였다. 북간도는 지금도 설명하기 어려운 곳으로 민족사의 현장이었으나 끝내 국경 안에 품어지지 못했으니 '삶의 터전으로서의 국가'와 '이념으로서의 국가'가 일치되기 어려운 원죄를 낳았다. 본디 고구려였으나 신라의 삼국통일과 함께 당나라에게 빼앗긴 땅, 발해 이후 내내 방치되어 있다가 청나라 태조의 탄생지가 됨으로써 영영 남의 땅이 되는 것을 막을 수 없었다. 만주족의 성역화로 엄하게 금족령까지 내려졌다. 강을 건너 북간도에 닿는 자는 사형감이었다. 그러나 암암리에 한국인들이 좋아하는 볍씨가 뿌려지고 고추밭이 만들어졌다. 이렇게 형성되기 시작한 조선 난민들의 땅에 1899년의 망명자 집단이 합류해 들어갔다. 구한말의 어지러운 상황에서 그들이 건설하고자 한 것은 하나의 독자적인 이상사회였다. 이주자들은 매우 빠르게 마을의 형태를 갖추었다.

윤동주의 출생

상해 임정은 1919년 12월 23일자로 발표한 내무총장 이동녕李東寧 명의의 '내무부령 제4호'에서는 간도에 대한 일반인들의 호칭 관행을 공식적인 행정상의 지명으로 확정지었고 대한민국 임시의정원 의원 임시 선거 방법에 관한 규정을 제정하여 공포하였다. 이러한 '북간도'에 명동촌이 섰다. 1899년 2월 18일 141명의 이민단이 고향을 떠나 두만강을 건넜다. 종성에서 두민頭民을 지낸 성암省菴 문병규文秉奎 (문익환 고조부) 학자를 위로 한 남평 문씨 가문 40명, 맹자를 만독한 규암圭巖 김약연金躍淵(윤동주의 외삼촌) 학자의 전주 김씨 가문 31명, 김약연의 스승인 남도천(본명은 남종구) 학자 가문 7명, 또한 회령의 소암素巖 김하규金河奎 (문익환의 외조부) 학자의 가문 김해 김씨 63명이 함께 모여 오늘날 명동촌으로 불리는 지대에 자리를 잡았다. 김하규(김신묵 여사의 부친) 학자는 동학에 참가했던 일이 있고 주역을 만독한 분으로 실학사상에 투철한 분이

■ 윤동주 생가 표지(상), 명동의 윤동주 생가(하)

었다고 한다. 자동의 많은 가산을 정리하여 명동에 들어온 윤동주 집안은 명동에서 가장 잘사는 축에 속했다. 당시 명동으로 이주해 들어온 윤씨네 인원은 모두 18명이었다. 이주해 온 지 10년 만에 윤영석이 명동 처녀 김용金龍, 1891~1947과 결혼하여 윤동주를 낳게 되었다. 어머니 김용은 이민단의 주역 중 한 분인 김약연 학자의 이복 누이동생이었다.

민족교육과 항일투쟁

신학문과 기독교를 받아들인 명동마을은 큰 발전을 거듭했다. 명동학교는 1910년대에 이미 브라스밴드가 있었고 테니스 코트도 있었다. 특히 브라스밴드는 교외행사에도 참여하여 1913년 단오절에 국자가 연길교 모래벌판에서 열렸던 연합 대운동회에서 크게 활약하였다. 또한 1919년 3월 13일에 용정에서 대규모 독립만세 운동이 유혈로 처절하게 전개되었을 때도 명동학교의 브라스밴드가 앞장을 섰었다. 명동은 북간도에서 가장 저명한 마을 중 하나가 되었다. 1912년에는 이민 사상 최초로 한인자치기구인 '간민회墾民會'가 결성되었고, 당시 새로 선 중화민국의 실권자인 원세개에게 교섭하여 허락을 받아냈다. 간민회 회장에는 명동학교 교장인 김약연이 선출되어 '동만의 대통령'이란 별호가 따랐다. 그러나 '간민회'는 1914년 일본의 압력에 굴복한 중국 정부에 의해 강제해산 되었다. 명동에 기독교가 들어와서 신분의식 타파로 평등의식과 인간관을 받아들여 가문, 문벌, 연령, 친소 등의 장벽을 부수었다. 한 예로 여성들도 이름을 갖게 되었다. 이런 시기가 20년 간 계속된 후에 공산주의에 침윤된 시기로 넘어갔다. 이

시기 동안 명동은 독립운동의 기지로서 북간도 전역에서 유명한 곳이었다. 1930년대부터 동북의 강산이 일제의 식민지로 전락하자 이 지역에 살고 있던 조선족들은 비참한 처지에 놓였다. 통계에 의하면 1933년부터 1935년 사이에 연길현延吉縣에서만 2만여 명이 일제의 총칼에 목숨을 잃었다 한다. 그러나 일제의 잔혹한 통치에도 조선족들은 결코 굴복하지 않았고, 중공연변구위中共延邊區委와 함께 항일투쟁에 적극적으로 가담했다. 유명한 항일부대인 동북항일연합군 속에서 조선족 지휘관은 상당한 비중을 차지하고 있었으며, 11개의 군급 편제 단위 속에는 모두 조선족 항일지사가 있었다. 그 중에서 제1군과 제7군은 절반 이상이 조선족 항일지사로 편성되어 있었다. 그들은 백두산과 흑룡강 사이에서 일본군을 맞아 생사를 돌보지 않고 용감히 싸웠다. 조선족간사朝鮮族簡史에 의하면 조선족들은 항일전쟁에 물질적으로 최대한의 지원을 했을 뿐만 아니라 인적으로도 막대한 공헌을 했다. 약 10만 명의 조선족들이 어렵고도 힘든 항일전투에 참가하여 약 1만 명이 목숨을 잃었다. 연변조선족자치주만 하더라도 1,713명의 조선족 항일지사가 있었다고 한다.

연변지역은 1919년대와 1920년대 초 민족독립운동의 중심지였다. 1919년 3월 13일 용정을 중심으로 연변 각 지방에서 일어난 거센 항일시위운동 이후 연변 여러 지방에서는 무장항일투쟁을 최고 목표로 한 각종 항일무장단체들이 조직되었다. 이러한 항일투쟁단체 중 홍범도를 위수로 한 항일부대는 1919년 9월부터 조선 국내작전을 벌여 일제의 식민지 통치에 커다란 타격을 주었다. 홍범도의 지휘 아래 진행된 1920년 6월 4일부터 7일까지의 봉오동 전투는 항일투쟁사에 빛나는 업적을 세웠으며, 일군과의 싸움에서 최초로 전개된 독립군 연합작전이었다는 점에서도 의의가 크다. 봉오동 전투의 승리는 적들에게 커다란 타격을 주었고 연변조선족들에게 항일투쟁의 용기를 북돋아 주었다.

청산리 전역의 전투에서 일본군은 작전 목표에 따라 10월 7일부터 연변에 침입하기 시작하여 집결한 부대를 정돈해서 이소바야시 지대가 10월 14일 훈춘하 골짜기의 평야에 출동하기 시작했으며 아즈마 지대가 10월 15일 용정에 도착하여 작전을 시작했고 기무라 지대가 10월 17일 왕청 방면으로 출동하였다. 용정, 국자가연길, 두도구 방면의 토벌을 맡은 아즈마지대는 10월 17일 홍범도 부대와 김좌진 부대가 어랑촌, 청산리 부근에 주둔하고 있다는 보고를 받고 이 독립군 부대들을 포위섬멸하려고 10월 18일에 부대를 나누어 삼도구 청산리 부근에 있는 김좌진 부대와 와룡구 어랑촌 부근에 있는 홍범도 부대를 찾아 출발하였다. 특히 연변의 조선족 여성들은 생명의 위험을 무릅쓰고 전선진지까지 음식을 해 나르는 헌신적인 지원을 했다. 청산리 전역은 1920년대 초 항일투쟁의 최고봉을 이룸으로써 민족의 해방을 쟁취하려는 불타는 민족의 의지를 보여 주었다.

용정-일송정 그리고 해란강

출발 셋째 날 아침 상쾌한 기분으로 숙소를 떠나 버스에 올랐다. 우리 일행을 태운 버스는 연길과 용정 사이로 펼쳐진 서전 들판을 달렸다. 전날 숙소에서 안내인이 각 방마다 과일을 선물로 챙겨 주어서 맛있게 잘 먹었는데 과일 이름을 모르는 것이 있었다. 사과 같기도 하고 배 같기도 한 것(거꾸로 말하면 사과도 아닌 것이, 배도 아닌 것)이 있어서 준비해 준 칼로 열심히 깎아 먹었는데 맛이 아주 좋았다. 껍질이 얇고 달면서도 물이 많아 시원했는데 사과배(사과+돌배)라고 하니 정말 명칭이 딱 맞는다는 생각이 들었다. 바로 이 사과배가 연변의 유명한 특산물이라고 한다. 얼마 지나지 않아 해란강, 선구자라는 단어가 들리더니 차가 어느 주유소 앞에 멈추었다. 내려서 올려다보니 산꼭대기 정상에 소나무처럼 보이는 정자를 가리키며 일송정이라고 한다. 멀리서 아무리 눈을 크게 뜨고 보려고 해도 잘 보이지 않았다. 마침 지나가시던 어르신 한 분을 만나 "저 곳에 소나무가 있습니까?" 하고 여쭈었더니 처음에는 큰 소나무가 한 그루 있었다고 하시며 당신의 외삼촌 이야기를 들려주셨다. 외삼촌이 대성학교 교사셨는데 항일운동에 가담한 훌륭한 졸업생들이 졸업 후 그곳에 모여 훌륭한 선배들의 얼을 기리며 모임을 가졌다고 한다. 그것을 보고 일본인들이 그 소나무를 폭파시켜 그 이후로는 졸업생들도 모이지 못했다는 이야기를 해주시며, 지금은 그 자리에 정자가 있다고 설명해 주셨다. 급히 인사를 드리며 그럼 외삼촌 되시는 분의 함자는 무엇이냐고 했더니 박아무개라고 하셨다. 차에 올라 안내인이 들려주는 내용과 좀 다른 부분이 있어 의문이 생겼지만 주유소에서 만났던 분은 이미 떠난 후이고 안내인의 안내를 듣는 수밖에 없었다. 지금 생각해도 그분을 다시 만날 수 있었으면 하는 마음이다. 우연이었겠지만 아주 좋은 기회였던 것 같다.

길에서 버스를 타고 40분을 달리면 해란강이 흐르는 용정에 닿을 수 있다. 용정시는 연변조선족자치주 남부에 있는데 면적은 3,783.7㎢이고 그 가운데 조선족이 65.8%, 한족이 34.1%를 차지하고 이외에 만족, 회족, 장족, 묘족 등 0.1%를 차지한다. 용정시는 사면이 산으로 둘러싸인 분지형으로 농업경제가 발전했다. 용정시는 상당히 유구한 역사를 가지고 있다. 시내의 조선족 민속관과 용정지명의 기원이 되는 우물에 세운 기념비는 많은 유람객들을 끌고 있다. 용정龍井이란 이름은 전설에서 유래한 것으로 용정에는 원래 물이 없었다고 한다. 한 착한 소년이 마실 물을 해결하기 위해 우물을 파기 시작했는데 너무나 지쳐서 우물가에서 그만 죽고 말았다. 그 후에 우물가에 무지개가 비추고 천둥소리와 함께 용이 하늘로 올라가면서 샘물이 솟았다. 그 후로 이곳에 마을이 생겼고 용정이라 명명했다는 것이 전설의 내용이다. 용정시 용정가와 육도구가 교차되는 길목에 용정지명의 기원이 되는 우물이 있다. 19세기 말엽에 조선 이민인 장인석, 박인언 등이 오늘의 용정가와 육도구가 교차하는 길목에서 동북쪽으로 약 60m 떨어진 곳에서 옛 우물을 하나 발견하였다. 물맛이 좋고 시원하기에 물 긷기 편리하도록 우물에다 두레박을 만들어 놓았다. 후에 육도구의 사람들은 자기네 마을의 이름을 용정촌으로 고쳤다. 오랜 세월이 지난 뒤 1934년에 용정지명의 기원을 기념하기 위해 이기섭 등이 "용정지명기원지정천" 이란 아홉 글자를 새긴 비석을 우물가에 세웠다. 지금은 비록 일송정 큰 솔의 그림자는 없지만 해란강을 보며 선구자를 불러보는 감격을 누릴 수 있다. '일송정 푸른 솔은' 으로 시작되는 노래와 항일독립운동을 그린 동일의 영화가 있다. 연길에서 용정으로 가는 길에 보면 길 오른쪽의 야산 위에 자그마한 정자가 하나 눈에 띄는데 이것이 바로 그 유명한 '일송정一松亭'이다. 전에는 늠름한 자태의 소나무가 한 그루 서 있었다고 하는데 지금은 작은 소나무 한 그루와 정자가 있다. 용정 시민들의 말을 빌리면, 오래 전 이곳에 정자 모양의 소나무 한 그루가 서 있었다. 그리고 이 소나무 밑에서 독립 운동가들이 모여 항일의 의지를 불태우곤 했다고 한다. 이를 미워한 일제가 소나무에 구멍을 뚫고 약품을 넣어 일송정을 고사시켰다고 전해진다. 1980년대 후반 중국 정부당국에서 이곳에 '일송정'이라는 이름의 정자를 건립하여 이를 기념하고 있다고 한다. 또 이곳에서 해란강의 물줄기를 볼 수 있지만 지금은 물줄기가 말라 모습이 미흡하다.

연길에서 용정으로 가는 길은 비교적 잘 정비되어 있었다. 통행료를 징수하는 곳이 군데군데 설치되어 있었다. 일제 강점기의 우리 독립 운

■ 연변의 대성중학교와 윤동주 시비

동가들의 삶의 애환과 독립에 대한 꿈을 일궈 왔던 용정의 대성중학교에 도착했다. 민족시인 윤동주와 문익환 목사는 절친한 친구로 같은 학교를 다녔으며, 함께 겨레의 앞날을 걱정하고 문학의 꿈을 키우던 죽마고우였다. 그들에게 민족의 혼을 가르쳤던 대성중학교는 1946년에 6개 중학교를 합병해 용정중학교가 되었다. 현재는 용정제일중학교龍井第一中學校로 명칭이 바뀌었으며 신관과 구관으로 나누어져 있었는데, 실제로 신관에서는 조선족 학생들이 공부하고 구관은 기념관으로 사용하고 있었다. 구관 앞에는 그의 대표적인 시 〈서시〉가 새겨진 윤동주시비詩碑가 세워져 있으며, 건물 2층에는 기념전시관이 꾸며져 있어 사진, 화보, 책자 등을 전시하고 있었다. 대성중학교 전시관 앞에 있는 윤동주 시비 앞에서 단체 사진 촬영을 한 후 윤동주 생가로 떠났다.

윤동주 - 하늘을 우러러 한 점 부끄럼이 없기를

윤동주는 아기 때 유아세례를 받았고, 1925년 만 8세의 나이로 명동소학교에 입학했다. 동창인 김정우 시인도 1학년을 함께 다녔다. 명동 소학교는 설립 이후 학교 건물을 서양식 벽돌 건물로 지어 1918년 4월 9일 낙성식을 하였고 독립운동계에 많은 인재를 배출하였다. 김약연 교장 자신이 독립운동에 앞장섰던 것이다. 1914년 간민회가 해산된 후 한때 침체되었던 한인사회와 독립운동의 기운은 1차 세계대전의 종전과 함께 다시 불타오르기 시작했다. 학생들은 마치 애국단체처럼 움직였는데, 그 속에는 영화 〈아리랑〉을 만든 나운규도 있었다. 특히 1919년 3월의 만세운동부터 1920년 6월의 봉오동전투, 같은

■ 김약연목사 기념비 : 김약연 목사는 윤동주 시인의 외삼촌이다. 이 기념비는 중국의 문화대혁명시기 홍위병들에 의하여 윗부분이 손실되었다. 그 당시 친척, 친구 분들이 생명의 위험을 무릅쓰고 이 교회 앞마당에 묻어 40년 동안 땅속에 묻혀 있다가 1994년 해외 한민족연구소의 지원을 받아 새로 복원될 때 그 역사적 의의와 유래를 살려 그 모양 그대로 세워진 것이다. 밑 부분에 받쳐있는 것은 성경책을 의미한다.

해 10월의 청산리전투를 거쳐 간도대토벌(경신 대학살)이 있기까지 북간도는 온통 독립군들의 세상이었다. 그런데 우리는 봉오동과 청산리대첩의 성과는 알아도 그것들을 승리로 이끈 힘의 근원에 대해서는 잘 모른다. 배후에 북간도의 교육운동이 있었고 그것을 대변하는 명동학교가 있었다. 명동학교 출신들의 활약은 대대적이었다.

명동학교는 1908년에 창립되어 1917년에 의연금 8백 원을 모아 교실을 신축하였는데 1920년에 일본 군대에 의해 불타고 말았다. 김약연 교장이 중국 관청에 체포되었고(김 교장은 2년여를 감옥에 있었다), 명동학교는 많은 물적 피해를 입고 폐교를 당했다. 1921년에 김약연 씨가 출옥하여 다시 교장이 된 후 일고병자랑日高丙子郎이라는 일인 거물과 만나 교섭했다. 명동학교에서 일본어를 정규과목으로 가르치기로 하고 1922년 일본 정부가 돈을 내어 불탄 교사를 원상 복구해 놓았다.

그리고 1922~1923년 2년 동안에 1만 4천여 원의 금액으로 세 칸짜리 교실을 재건하기도 했다. 그러나 이미 1920년을 고비로 명동학교는 차츰 빛을 잃어갔다. 간도에 와 있던 캐나다 선교부에서 1920년에 교통의 요지인 용정에다 은진중학교, 명신여학교 등 미션스쿨을 세움으로써 전부터 있던 영신학교, 동흥학교, 대성학교 등과 함께 용정이 북간도 교육의 중심지가 된 까닭이다. 전에는 명동으로 오던 외지 유학생들이 용정으로 갔다. 독립운동가의 양성소이다시피 했던 명동학교의 상대적인 몰락은 우선 그곳이 궁벽한 고장인 점에 원인이 있다. 1920년 일본군의 대토벌 이래 북간도 전역에서 독립운동의 기세가 꺾여 당시 많은 독립군들과 독립운동가들이 노령이나 중국 본토로 망명하여 북간도를 비웠던 것이다. 게다가 1924년, 갑자년 가뭄으로 인한 대흉년 때문에 심각한 경영난까지 겹쳤다. 결국 윤동주가 입학하던 1925년에 명동

중학교는 더 이상 운영이 불가능하여 문을 닫고, 소학교만 명동마을 출신의 학생들만으로 명맥을 유지하고 있었다. 윤동주가 명동소학교 4학년이던 해 담임선생이었던 한준명 목사는 윤동주를 재주 있는 아이로 공부도 잘하는 축이었다고 소개하고, 송몽규는 이름을 한범이라 했으며, 인물은 문익환이 제일 훤했다고 말한다. 이 교실에는 14명밖에 안되는 학생들(윤동주, 송몽규, 윤영선, 문익환, 나운규 등)이 있었다. 명동소학교는 운영 주체가 명동교회로, 전형적인 교회경영 형태의 학교였다. 그런데 사회주의자들이 학교를 교회로부터 분리시켜 '인민학교'로 만들려고 공작하여 1929년에는 결국 빼앗아갔다. 1928년 환갑을 맞은 김약연 교장은 다음해 학교를 빼앗기자 곧바로 평양에 가서 평양 장로교 신학교(3년 과정)에 입학했다. 1년 동안 공부한 후 신학교에서 그 학력만으로 그에게 목사 자격을 주었다. 아주 파격적인 경우였다. 1930년 목사가 된 그는 명동교회로 가서 목사로 봉사하기 시작했다. 북간도의 한인 경영 사립학교를 모두 현립縣立학교로 강제 편입시킨 것이다. 중국 측으로서는 일본정부가 한인도 일본제국의 신민이라 하여 '자국민경영의학교' 운운하며 교육에 관여하는 것을 막기 위한 조치였다고 변명했다. 명동 아이들은 이중국적자였고, 조선인들의 교육기관은 실력에 상관없이 졸업자격을 인정받지 못했다. 1931년 3월 25일 졸업식을 마치고 윤동주와 송몽규, 김정우는 모두 명동에서 동쪽으로 10리 떨어진 대립자(화룡현현청소재지)의 중국인 학교로 편입해 갔다. 대립자 중국인 소학교 6학년에 편입하여 1년 간 수학한 후 같은 해 늦은 가을에 윤동주 집은 용정으로 이사하였다. 1932년 4월 용정에 있는 미선계 교육기관인 은진중학교에 윤동주, 송몽규, 문익환이 함께 입학하였다. 1935년 1월 1일 송몽규는 동아일보 신춘문예 콩트 부문에 〈술가락〉이 아명 송한범이라는 이름으로 당선되었고 4월에 학업을 중단하고 중국 낙양 군관학교 한인반 2기생으로 입교하러 중국으로 갔다. 문익환은 평양 숭실중학교 4학년으로 편입 하고, 윤동주는 9월 1일 평양숭실중학교 3학년으로 편입하였다. 1936년 3월 신사참배 항의 표시로 자퇴하여 문익환과 함께 용정으로 돌아와 윤동주는 용정광명학원 중학부 4학년에, 문익환은 5학년에 편입했다. 1938년 2월 17일에 광명중학을 졸업하고, 송몽규와 나란히 서울연희전문학교 문과 입

■ 1930년대 평양 숭실중학시절, 교복을 입은 윤동주(뒷줄 오른쪽)와 문익환(뒷줄 가운데)
출처: 《독립기념관 전시품도록》, 2005

학시험에 응시하여 둘 다 합격했다. 1938년 초봄, 이 해에 북간도 전체에서 연전 문과로 진학한 사람은 이 두 사람밖에 없었다. 연전은 1915년 4월에 문을 열었다. 미국 기독교 북장로교, 남북감리교, 캐나다 장로교 선교부 연합위원회의 관리 아래 기독교 교육의 온상 역할을 했다. 초대교장은 언더우드 1세, 2대 교장은 당시 세브란스 의학 전문학교 교장직을 겸임했던 에비슨 박사, 3대 교장은 언더우드 2세(한국명 원한경, 언더우드 1세 아들로 1890년에 서울에서 나서 1951년 한국전쟁 중 부산에서 별세)였다. 윤동주는 원한경 교장 재직 시, 연전에 입학한 것이다. 윤동주는 연전 입학시험을 치르러 온 것이 첫 서울행이었고, 서울엔 친척도 없어 용정 출신으로 서울감리교신학교 2학년에 재학 중인 라사행에게 미리 편지를 보내어 도움을 청했다. 라사행은 윤동주의 은진 1년 선배로서 1935년에 송몽규와 함께 낙양군관학교에 갔던 인물이다. 1937년 4월에 서울감리교신학교에 시험을 치러 입학했던 것이다. 윤동주가 연전에 입학할 무렵의 시국은 이미 일제 통치 말기적인 징후를 노출하고 있던 상황이었다. 이미 1937년 7월에 중국 본토에서 중일전쟁이 발발하자, 조선총독부는

8월 서울에도 등화관제까지 실시하면서 전시 분위기를 조성해 갔다. 1938년 2월에 한인들을 대상으로 하는 '조선육군지원병령'을 공포하더니, 5월에는 '일본국가총동원법'을 조선에도 적용한다고 하는 등, 한인들을 완전히 전시체제로 몰아넣었다. '수양동우회사건'으로 구속된 안창호가 병보석 중이던 대학병원에서 사망한 것이 이해 3월이었고, 장고봉에서 일본군과 소련이 충돌한 것이 이해 7월의 일이었다. 독일에서 히틀러의 나치가 판을 치면서 오스트리아를 독일에 병합한 것도 이때였다. 입학과 동시에 기숙사에 입사한 윤동주는 송몽규, 강처중과 함께 한방을 썼다. 1939년에는 기숙사를 나와서 하숙을 했고 북아현동에 살고 있던 시인 정지용 씨 댁도 방문했던 것으로 알려졌다. 윤동주의 집은 2학년 2학기에 해당하는 1939년 하반기에 용정의 정안구 제창로 1-20번지의 좀 더 넓은 곳으로 이사를 했다. 1940년에 다시 기숙사로 들어갔고 12월에 〈팔복〉, 〈병원〉, 〈위로〉의 시 세 편을 썼다. 4학년 때는 이사를 많이 다녀 누상동 마루터기 집에서 한 달, 누상동 9번지의 소설가 김송 씨 집으로 옮겼을 때는 주인 김송이 요시찰 인물이라 일본 고등계 형사가 연전 문과생인 윤동주와 정병욱의 서가에서 책이름을 적어가고, 고리짝을 뒤지고, 편지까지 빼앗아 갔다고 한다. 일제의 압력으로 1941년 2월에 연희전문학교 교장이 바뀌었다. 윤동주는 19편의 시를 묶어 시집을 출판하려 했으나 여의치 않았다. 윤동주가 〈서시〉를 쓴 후 18일, 〈간〉을 쓴지 9일 만에 태평양 전쟁이 터졌다. 일본군이 1941년 12월 8일 새벽, 미국 하와이의 진주만을 기습함으로써 미국과 일본의 대전쟁이 벌어진 것이다. 연전의 명예교장으로 남아 있던 원한경 박사와 원일한 교수는 일경에 체포되어 6개월간 갇혀 있다가 1942년 5월 31일에 석방되어 국외로 추방되었다. 1942년 3월에 예정된 졸업식도 시기를 앞당겨 1941년 12월 27일에 문과 21명, 상과 50명, 이과 18명의 졸업생을 배출하였다. 윤동주는 1942년 초 일본에 건너가, 4월 2일에 동경의 입교대학 문학부 영문과(선과)에 입학했다. 송몽규도 경도에 있는 경도제국대학사학과 서양사학 전공(선과)에 입학했다. 윤동주는 여름방학을 맞아 귀향했다가 동북제국대학 편입을 목표로 급히 도일, 그러나 동북제대로 가지 않고 10월 1일에 경도동지사대학 영문학과에 전입학하여 하숙생활을 했다. 1943년 1월 경도에 와서 맞은 첫 겨울방학에 귀성하지 않고 경도에 남아 있었다. 7월 10일 송몽규는 특고경찰에 의하여 경도 하압경찰서에 독립운동 혐의로 검거되고, 7월 14일 윤동주, 고희욱은 '경도 조선인 학생 민족주의 그룹 사건' 즉 조선독립운동 혐의(치안 유지법 제5조)로 검거되었다. 중심 인물은 송몽규이고 윤동주가 동조한 이 사건으로 송몽규, 윤동주, 고희욱 3인이 검사국에 송국되었다. 동경에서 면회간 당숙 윤영춘이 윤동주가 고오로기란 형사와 대좌하여 자신이 쓴 우리말 작품과 글들을 일역日譯하고 있는 것을 목격하였다. 12월 6일 송몽규, 윤동주, 고희욱이 검찰국에 송국되었다. 1944년 1월 19일 고희욱은 기소유예로 석방되었고 윤동주, 송몽규는 기소되었다. 3월 31일 경도지방재판소 제2형사부는 윤동주에게 징역 2년을 선고(출감 예정일 1946년 4월 12일)하였다. 판결 확정 뒤에 복강형무소로 이송되어 매달 일어로 쓴 엽서 한 장씩만 허락받고 복역하였다. 1945년 2월 16일 오전 3시 36분 윤동주는 복강형무소 안에서 외마디 비명을 높이 지르고 운명하였다. 2월 18일 북간도의 고향 집에서 사망 통지서를 전보로 받고, 부친 윤영석과 당숙 윤영춘이 시신을 찾으려 도일하여 형무소에 도착했다. 먼저 송몽규를 면회해서, 그들이 이름모를 주사를 강제로 맞고 있으며 동주가 그래서 죽었다는

■ 2005 독립기념관, 윤동주 장례식(1945. 3. 6 용정자택)
출처: 《문익환평전》(김형수 지음)

증언을 들었다. 3월 6일 북간도 용정 동산의 중앙교회묘지에 윤동주 유해를 안장했다. 봄이 되어 '시인 윤동주지묘詩人尹東柱之墓'란 비석을 세웠다. '죽는 날까지 하늘을 우러러 한 점 부끄럼이 없기를……' 일제강점기의 저항시인으로 〈서시〉, 〈별 헤는 밤〉 등의 숱한 작품을 남긴 민족시인 윤동주! 용정龍井의 조선족 기독교인 공동묘지에는 26세의 꽃다운 나이에 요절한 그의 묘가 있다. 도로가 포장되어 있지 않은 데다가 바닥의 요철이 심해서 일반 승용차는 접근하기 어려우며 지프차로나 겨우 갈 수 있다. 용정에서 연길까지는 약 1시간 정도가 걸린다.

대성중학교에 윤동주의 시비가 서 있으며, 한국에는 모교인 연희전문학교의 후신인 연세대학교 교내에 윤동주 시비가 서 있다.

연변대학교

연변대학교延邊大學校 최문식 교수님과의 약속 시간을 지키기 위해 연변대학교로 향했다. 하마터면 만나지 못할 뻔 했는데 극적으로 교수님을 만나 점심식사를 같이 할 수 있었다. 대학교 건물 하나하나를 다 견학하지는 못했지만 더위가 기승을 부리는 방학 중인데도 연구실에서 애쓰는 학생들을 볼 수 있었다.

연변대학교는 중국 동북東北지방 길림성吉林省 연변조선족자치주 수부 연길시에 있는 조선족 인재양성을 위주로 하는 종합민족 대학으로

■ 연변대학 정문

1949년 3월에 건립되었다. 주덕해朱德海 등에 의해 설립되었으며 문리학, 공학, 의학, 농학의 4개 학부로 출범하였다.

　주덕해1911.3.5~1972.7.3 씨는 중국 조선족을 대표하는 정치가, 교육행정가로 본명은 오기섭吳基涉이며 러시아 연해주에서 출생하여 1918년 부친 오세우吳世寓가 피살되자 고향 함경북도 회령으로 갔다가 1920년 길림성 허룽현(현 연변조선족자치주)으로 이민하여 1925년 허룽현 공립 14소학교를 졸업하였다. 1927년 고려공산주의청년동맹에 가입하고,

1931년 동경성東京城에서 중국공산당에 들어간 후 흑룡강黑龍江의 영안寧安, 밀산密山등지에서 공산당 활동을 하였다. 1934년 주덕해로 이름을 고치고 1937년 모스크바노동대학교에 입학하여 1938년 졸업과 함께 연안延安으로 돌아가 팔로군 359려에서 정치사업을 하였다. 1944년 연안조선청년군정학교 교무처장, 1945년 하얼빈에서 조선의용군 제3지대 정치위원이 되었으며, 1946년 상지尙志현에 8.15광복 후 최초로 조선족 중학교를 세웠다. 1948년 〈민주일보民主日報〉를 창간하고, 1949년 연변대학교延邊大學校를 세워 교장이 되었으며, 이어 중국인민정치협상회의 제1기 전국위원회 제1차 회의에 조선족대표로 참가하였다. 1952년 연변조선족자치주 성립과 함께 제1서기, 자치주장을 맡고 길림성위 상무위원 길림성 부성장도 겸하였다. 1957년 연변예술학교를 세워 조선족 예술인을 양성하는 등 조선족의 권위신장에 노력한 것이 화근이 되어 '지방 민족주의분자'로 낙인 찍혀 문화대혁명기간 중 린뱌오, 강청江靑 등에게 박해를 받았으나 주은래周恩來 총리의 후의로 북경을 거쳐 1969년 호북성湖北省, 1953농장에 피신하였다가 무한武漢에서 61세로 세상을 떠났다. 1978년 명예회복이 되어 연길시민공원에 안치되었다.

연변대학은 1958년 의학부와 농학부가 각각 연변의학원과 연변농학원으로 독립한 후 문리학부를 중심으로 한족 교원 및 간부 양성을 위주로 하는 종합대학으로 발전하였다. 1950년대부터 북한, 소련, 일본 등지에도 유학생을 선발하여 보내기 시작하였다. 1960년부터는 부분적으로 한족漢族과 기타 민족의 학생들도 모집하였다. 1980년에 이르러 조선어문학, 중국문학, 외국어학, 정치학, 역사학, 화학, 물리학, 체육학, 통신학 등 9개 학부와 11개 전업專業(학과)으로 정비하고, 조선문제연

■ 연변대학 민족문화교육원(상), 연변대학 본관(하)

구소를 설치하였다. 중국의 문호개방에 따라 한국의 대학 및 문화기관과 많은 교류, 제휴를 가졌다. 중국내 100개 중점건설 대학교이며 도서관에는 140만 권의 장서가 있고, 재학생 16,600여 명, 외국유학생 420여 명, 교직원 4,100여 명이 생활하고 있다.

조선족의 현실을 살펴보면, 1992년 한중 수교를 계기로 조선족과 우리나라는 무역과 투자, 교육과 문화면에서 많은 교류 실적을 쌓았다. 경제적인 측면에서는 이미 연변 지역에 3백여 개 기업이 진출해 있으며, 요식업, 농업, 숙박업 등에도 많은 합작 기업이 설립되었다. 최근에는 대기업의 진출도 확대되고 있다.

맺는말

윤동주 생가를 방문했을 때는 마침 8월 15일이라 더욱 감회가 뜻깊었다. 제3회 윤동주배 조선족 씨름대회와 명동촌 노인절 축하연에서 주민들이 준비한 춤과 노래 솜씨를 볼 수 있는 기회도 있었다. 중국 땅에서 8·15 광복절을 보내며, 광복을 보지 못하고 1945년 2월 16일에 후쿠오카 형무소에서 옥사한 윤동주 시인의 안타까움을 새삼 느낄 수 있었다. 또한 그 옛날 간도 땅 벌판에서 오직 국가와 민족을 위해 이슬처럼 사라져 간 수많은 독립 운동가들의 숭고한 정신에 새삼 고개가 숙여진다. 지금은 우리민족이면서도 중국 국적으로 살고 있는 조선족 대부분이 오늘의 대한민국이 있기까지 목숨을 바쳐 희생한 항일 운동가들의 후손이라는 사실 또한 우리의 마음을 착잡하게 한다. 근래 우리의 경제력이 좋아지면서 조국 대한민국 드림을 꿈꾸며 정식으

로 또는 불법으로 취업하고 있는 많은 조선족들을 이방인으로 대하였
던 우리의 인식에도 좀 더 긍정적인 사고로 그들을 대할 수 있는 변화
가 필요할 듯싶다. 그것은 어쩌면 오늘을 살아가는 우리 모두가 그들에
게 역사의 빚을 지고 있기 때문이리라. 이번에 다녀온 '우사 김규식의
독립운동길 따라가다' 와 같은 프로그램이 좀 더 활성화되어 청소년들
에게도 기회가 주어진다면 올바른 역사관은 물론, 건강한 국가관 확립
에도 큰 도움이 되지 않을까 한다. 이번 답사는 강대국들의 틈새에서
살아남아야 했던 우리의 어두운 역사와 지리적인 여건을 되돌아보면서
오늘날 우리가 처한 남 · 북 분단을 비롯한 대내외적인 어려운 현실을
어떻게 풀어가야 할 것인가를 되짚어 보고 심사숙고 할 수 있는 값진
기회가 되었다. 다시 한 번 뜻 깊은 기회를 마련해 주신 우사 연구회의
배려에 깊은 감사를 드린다.

참고문헌

이기서(1988),《교육의길 신앙의 길 - 김필례 그 사랑과 실천》, 태광문화사.
80돐 기념문집(1999),《룡정3.13반일운동》, 연변인민출판사.
송우혜(2004),《윤동주 평전》, 푸른역사.
김형수(2004),《문익환 평전》, 실천문학사.
(1992),《연변유람안내(延边旅游指南)》, 연변대학출판사.

3 징보호[경박호(鏡泊湖)]·해림
Chingpo Lake

박지웅 (북한대학원 대학교 석사과정수료)

독립의 역사 길 – 발해 유적지, 경박호, 해림을 가다

발해를 꿈꾸며

연길에 있는 북한식당(류경식당)에서 식사를 하고, 공연을 본 우리 일행은 중국 흑룡강성 영안시에 위치한 발해 유적지를 향해 출발했다. 발해는 고구려에 이어 7세기 말부터 10세기 초에 이르는 기간 동안 북방 지역의 주인이며, 한국 북방사의 핵심적인 국가였다. 즉, 발해는 과거뿐만 아니라 현재의 동아시아를 바라보는 창구와 같다.[1] 그러나 요즘 중국의 역사정리 작업으로 인해 발해의 역사가 중국의 역사로 만들어지고 있다. 1996년부터 2000년까지는 '하상주단대공정夏商周斷大工程'이라 하여 하·상·주의 연대를 확정 짓는 일을 진행한 후, 2002년부터는 '중국고대문명탐원공정中國古代文明探源工程'이라 하여 중국에서의 중화문명의 기원을 끌어올리고, 역사시기도 1,200년가량 더 앞당긴 것이다.[2] 이른바 '동북공정'[3]의 시작이다. 현재는 2002년부터 '동북변강역사여현상계열연구공정東北邊疆歷史與現狀系列研究工程' 사업을 통해 요녕성·길림성·흑룡강성 등 중국 동북 3성 지역에서 일어났던 역사[4]에 대해 새로운 해석을 하고 있다. 이러한 상황에서 일부 한국인 역사학자들이 만주에 산재한 고구려 성곽 유적지를 답사하려다 "고구려·발해 유적에 대한 한국인의 접근금지"라는 중국 당국의 지침에 따라 현지에서 저지되는 사건이 자주 발생하고 있으며, "2002년 여름에는 모 대학원생들이 중국의 고구려·발해 유적지를 답사하는 과정에서 박물관에 비치된 동전을 사진기로

1
고구려연구재단 편, 《중국의 발해사 연구》, 고구려연구재단, 2004, p.6.

2
고구려연구재단 편, 2004, p.3.

3
동북공정은 중국 정부의 승인을 받아 중국사회과학원이 주축이 되어 실행하는 중대 사업으로서 2002년 2월 28일에 정식 발족되었다. 경비는 5년간에 걸쳐 국가 재정부에서 1천만 위안, 중국사회과학원에서 125만 위안, 동북 3성에서 375만 위안을 조달하는 것으로 되어있다. 우리 돈으로 24억원에 달하는 규모이고 그것도 중앙정부에서 지원하고 있다는 것은 그만큼 국가적 관심이 높다는 것을 의미한다. 송기호, 〈중국의 한국고대사 빼앗기 공작〉, 《역사비평》, 2003년 겨울, p.167.

4
고구려연구재단 편, 2004, pp.3~4.

찍다가 중국 당국에 의해 200만 원의 벌금을 부과 받고 간신히 50만 원 선에서 타협"하는 등의 일도 벌어졌다. 게다가 중국 정부는 과거 고구려 수도國內城였던 집안시集安市(중국 길림성 소재)의 고구려 문화유적을 세계 문화유산으로 등록하면서 북한의 고구려 고분 세계문화유산 등록을 방해하였다. 이는 북한 고구려 고분이 세계문화유산으로 등록될 경우 고구려사가 한국사로 공인받게 되므로 이를 막기 위해서라는 것이다.[5] 또한 최근에는 백두산, 광개토왕릉비 등과 같은 곳에서 현수막을 들고는 사진도 찍지 못하게 하고 있다.[6] 이러한 상황들은 중국인들의 민족인식에서 그 원인을 찾을 수 있다. 중국의 민족이론가들은 민족이란 "인간들이 역사적으로 형성시킨 하나의 공동 언어, 공동 지역, 공동 경제생활, 공동 문화를 지닌 공동체"라는 스탈린의 정의를 그대로 받아들여 개별 민족은 모두 자기 민족 특유의 생성·형성·발전·소멸의 역사를 가질 수밖에 없는 것으로 파악한다. 특히 '중화민족'은 "현재 중국 영토 내에 존재하고 있는 한족 및 소수민족 뿐만 아니라 과거 중국 강역 내에 살아왔던 모든 민족집단까지 포함한" 종합적인 개념이다. 이 개념에 따르면 중국민족의 역사는 중국 국경 내로 국한되는 것이 아니라 국경 내 모든 민족역사상의 활동범위 전체로 확대될 수밖에 없다.[7] 특히 개혁개방 이후 계층간, 지역간 빈부격차가 확대되면서 일부 소수 민족지구에서 분리·독립 움직임이 일어나는 가운데, 중국 정부는 "서방의 적대세력이 중국을 서구화 혹은 분화시키기 위해 민족과 종교문제를 이용하려 한다"는 인식을 갖게 되었다. 결국 중국의 역사는 중국

5
윤휘탁, 〈현대 중국의 변강·민족인식과 '동북공정'〉, 《역사비평》, 2003년 겨울, p.184.

6
물론 여기에는 한국 사람들의 무지한 행태도 큰 몫을 했다. 예전에 우리 민족의 주요 거주지였지만, 현재는 엄연히 다른 나라임에도 불구하고, 태극기를 들고 유적들을 돌아다니며 가는 곳곳에서 중국 사람들에게 만주지역이 우리나라의 땅이라고 말하고 다니고, 곳곳에서 프랑카드를 들고 마치 독립투사가 된 듯이 사진을 찍는 모습들 때문에 이러한 문제가 더욱 크게 부각된 측면도 있는 것이다.

7
윤휘탁(2003), p.185.

의 당면현실과 그에 부합된 정치논리가 학문영역을 지배하게 되면서 "중화인민공화국을 구성하고 있는 제민족(즉, 중화민족)이 그 영토 안에서 이루어온 모든 역사"로 간주되고 있는 것이다. 이러한 중국 내 역사현실 인식, 특히 민족관과 역사관은 과거 만주에 거주했던 제민족의 원류源流나 귀속성 등을 해석하는 데도 그대로 투영되고 있는 것이다.[8] 이러한 중국의 움직임에 대비해 우리나라도 북한과 협력해서 우리 역사를 해석하는 데 대한 체계를 잡아나가고 공동학술행사를 통해 근현대사를 제외한 고대사 부분이라도 단일하게 정리하여 중국의 '동북공정'에 대응해야 할 것이다.

발해 유적지를 향하는 버스 안에서 차창 밖으로 펼쳐진 드넓은 만주벌판을 바라보며 우리의 역사 인식 속에 자리하고 있는 발해를 한번 떠올려 보았다. 사실 필자가 교육을 받았던 역사교과서에는 발해와 통일신라가 분리되어 서술되어 있었다. 이는 발해사가 꼭 통일신라의 부록처럼 느껴지게 하는 분류였다.[9] 하지만 최근에는 이 시기에 대한 역사해석이 재정립되어 '남·북국시대'로 바꾸어 부르고 있다. 또한 서태지와 아이들의 노래 〈발해를 꿈꾸며〉와 역사 드라마 〈대조영〉 등 대중매체를 통해 많은 새로운 사실들이 일반 대중에게까지 알려지고 있다.

발해는 고구려가 멸망한 지 30년 뒤인 698년에 건국되어 926년에 멸망당하기까지 230년 가까이 남쪽의 신라와 남·북국南北國을 이루면서 만주 동부지역에 웅거하였다. 국호는 처음에 진국振國(또는 震國)이라 하였으나, 713년 당나라로부터 발해군왕渤海郡王으로 책봉되면서 발해로 고쳐 불렀다. 지금의 길림성, 흑룡강성이 그 당시 발해의 영토에 속하였다. 발해 때의 행정구역은 5경 15부

8
윤휘탁(2003), p.186.

9
발해사 연구가 잘 이루어지지 않은 이유에 대해서는 송기호, 《발해를 다시본다》, 주류성, 1999, pp.23~26 참고.

62주로 이루어졌는데, 발해의 첫 도읍지라고 하는 동모산도 포함하여 5경에서 4경이 이곳 만주지역에 위치하고 있다.[10]

지금의 길림성 돈화 지역이 바로 대조영이 첫 근거지로 삼았던 곳이고, 화룡에는 중경 유적인 서고성이 남아 있으며, 훈춘에는 동경 유적인 팔련성이 남아 있다. 그리고 우리나라 중강진의 맞은편에 있는 임강진에는 서경이 있었으나, 지금은 강물에 의해 토사가 퇴적되어 땅 속에 묻혀버리고 말았다고 한다. 흑룡강성 영안에는 가장 오랫동안 도읍지였던 상경성(동경성이라고도 한다) 유적이 남아 있다. 우리가 향하는 곳이 바로 상경성 유적이다. 이렇게 만주에 있던 4경을 제외한 나머지 하나는 현재 함경남도 북청에 있다고 한다.[11]

발해의 성립과정을 간단하게 살펴보면, 660년대 말엽에 이르러 고구려에 대한 당나라의 끈질기면서도 집요한 침략 책동은 더욱 강화되었다. 당시의 정세는 고구려 국내의 정치적 안정을 보장하면서 당나라의 침략에 강경하게 대응해 나설 것을 요구했다. 그러나 당시 고구려 통치 계급은 내부의 권력싸움으로 국가통치제도를 내부에서부터 뒤흔들어 놓기 시작했다. 이는 고구려가 가진 강한 군사력마저 충분히 발휘할 수 없게 했으며, 연개소문의 사망 이후 이런 갈등이 표면화되기 시작하여 극심한 정치적 혼란기를 맞게 되었다. 결국 고구려는 당나라와 신라의 연합군에게 668년 9월 평양성까지 함락 당하게 된다.[12]

수도가 함락되고 국왕이 잡혀가자 당시 압록강 쪽에 나가 있던 걸걸중상과 대조영이 사람들을 이끌고 목단강 상류의 동모산으로 향했다. 그들은 지리적으로 유리한 조건을 갖추고 있는 동모산을 국가 재건을 위한 거점으로 삼았다. 동모산이 자리 잡고 있는 목단강 상류 유역은 고구려의 깊은 후방지대로, 침략자들의 발길

10
송기호(1999), p.185.

11
송기호(1999), pp.185~186.

12
김혁철, 《대조영과 발해》, 자음과 모음, 2006, pp.21~24.

이 미치지 못하기 때문에 고구려의 정치, 경제적인 토대가 그대로 남아 있었다. 그들은 이곳에 고구려가 계승한 나라인 '후고구려'를 세우고 나라의 위력을 크게 떨쳤다. 결국 684년 동모산에서 고구려를 계승한 진국 창건을 선포하게 된다. '진국'이란 나라의 위력을 사방에 떨치는 큰 나라라는 뜻을 담고 있다. 걸걸중상과 대조영은 동모산을 중심으로 진국을 수립한 후, 옛 고구려 지역 곳곳으로 세력을 급속히 확대해 나갔다. 초창기에는 비록 영토도 작고 그 영향력도 크지 못했으나, 점차 고구려 계승국으로 확고한 국가 체계를 갖추었다. 나아가 진국은 고구려 유민들의 적극적인 지지를 받았으며, 그 투쟁성과도 날로 확대되었다. 그리하여 진국은 690년대 중반에 이르러 사방 2천 리의 넓은 영토를 차지하게 되었으며, 향후 고구려와 같은 대국으로 나아갈 수 있는 튼튼한 토대를 마련했다.[13] 진국의 성립 이후 대조영은 고구려 유민들과 주변 종족들을 흡수하여 국가의 힘을 키워 나갔다. 이 과정에서 당나라의 공격은 당연한 수순이었고, 고구려와 거란인들이 주축이 된 696년 '영주민란'이 일어나게 된다. 거란인들은 서쪽으로 진격을 하고 고구려인들은 안동도호부를 치면서 기세를 올렸으나 북방의 돌궐이 당을 도와 공격을 함으로써 진압 당하게 된다. 하지만 대조영이 이끄는 고구려인들은 698년 천문령에서 당나라의 추격을 격퇴하고 동쪽으로 진군한다. 부대가 동쪽으로 진군하는 과정에 요동지역에 있던 많은 고구려 사람들과 말갈 사람들이 대오에 합세하였고, 동모산에 이르렀을 때 그 수가 40만여 명에 달했다. 고구려군의 총지휘자 대조영은 동모산과 그 주변 일대에 40만여 대군이 집결되자 그 역량을 국가 방위와 국가 관리에 적합하게 재편성했다. 대조영은 장기간에 걸친 각고의 투쟁으로 새로운 국가를 창건할 만한 토대가 마련되자

13
김혁철(2006), pp. 25~32.

서기 698년 '발해渤海국' 창립을 만천하에 선포했으며, 스스로 초대 황제가 되었다. '발해' 란 우리 민족이 오랜 옛날부터 '밝은', '밝' (뜻은 사람, 나라)으로 불리던 관례를 살린 명칭이었다. 발해국의 건립은 비록 698년에 선포되었으나, 고구려 유민들의 고국 회복을 위한 투쟁은 그 이전부터 각지에서 벌어져 684년에 진국이 성립되었다. 진국도 발해 건국 과정에 출현했던 나라였으므로 두 나라를 함께 발해로 부르는 경우도 있다.[14]

발해가 영토를 가장 크게 넓혔던 9세기에는 동쪽으로 러시아 연해주까지, 북쪽으로 송화강 일대를 지나 흑룡강, 즉 흑수 지역까지, 서쪽으로 요동반도까지, 남쪽으로 대동강과 원산만까지 세력이 미쳤다. 이 면적을 환산해 보면 한반도 전체 면적의 2~3배 정도이고, 통일신라의 4~5배, 고구려의 1.5~2배가 된다. 명실상부하게 우리 역사상 가장 넓은 영토를 가졌던 나라인 것이다.[15]

발해는 황제의 나라였다. 문왕의 넷째 딸이었던 정효공주 무덤이 1980년에 발견되었는데, 여기에서 발견된 묘지명에 공주의 아버지를 '황상皇上'이라 불렀다. 그 내용은 공주가 792년 6월 9일에 사망하자 "황상께서 조회를 열지 않고 크게 슬퍼하면서 잠자리에도 들지 않고 음악도 연주하지 못하도록 하였다"고 하였다. 여기서 황상이라는 말은 신하가 직접 황제를 부를 때에 썼던 말이므로, 문왕을 황제로도 불렀던 사실이 드러난다.[16] 또한 이것은 772년에 문왕이 일본에 편지를 보내면서 스스로 '하늘의 자손天孫'이라고 하여 일본의 반발을 샀던 일과도 통한다. 하늘의 자손이란 황제만이 사용할 수 있는 통치 이데올로기다. 중국의 최고 통치자를 천자라 하고, 일본의 최고 통치자를 천황이라 한 것은 모두 이 때문이다. 발해의 이러

14
김혁철(2006), pp.33~54.

15
송기호(1999), p.40.

16
송기호(1999), p.35.

한 천손 의식은 원래 고구려에서 유래되다. 이는 몇 년 전에 북한에서 고구려 왕을 역시 천손이라 부른 기록이 발견됨으로써 밝혀졌다고 한다. '오매리 절골 출토 금동판'에 '천손'이라 표현하고 있다.[17] 뿐만 아니라 발해 왕의 명령을 조(詔)라 하였는데, 이것은 황제의 명령을 의미한다. 조서란 황제의 명령서요, 교서란 왕의 명령서다. 이 당시에 신라는 교서라는 용어를 사용하였던 반면에, 발해는 조서라는 용어를 사용하였다. 이것도 역시 발해왕이 황제급이었음을 보여주는 것이다. 하지만 발해가 대외적으로 항상 황제국가임을 내세웠던 것은 아니다. 때로는 왕국으로서 당나라에 조공을 바치고 책봉을 받았으며, 왕이 사망한 뒤에는 황제 칭호가 아니라 왕 칭호인 문왕, 선왕 등의 이름을 올렸다. 그러므로 때로는 왕국으로, 때로는 황제국으로 행세하는 이중적인 체제를 유지한 나라였던 것이다.[18]

〈표 1〉 발해 시기구분[19]

		건국기(1대 고왕, 698~719)
전기		발전기(2대 무왕 ~ 3대 문왕, 719~793)
		내분기(4대왕 대원의 ~ 9대 간왕, 793~818)
후기		융성기(10대 선왕 ~ 14대왕 대위해, 818~906?)
		멸망기(15대왕 대인선, 906?~926)

17
송기호(1999), pp.35~36.

18
송기호(1999), pp.36~37.

19
송기호(1999), p.64.

발해의 발전 과정을 국왕들을 중심으로 간단히 살펴보자. 1대 고왕 대조영이 나라의 기틀을 짠 뒤에 2대 무왕 대무예가 왕위를 이어 받아 정복활동을 벌여 영토를 크게 넓혔다. 발해 시대의 정복군주였던 것이

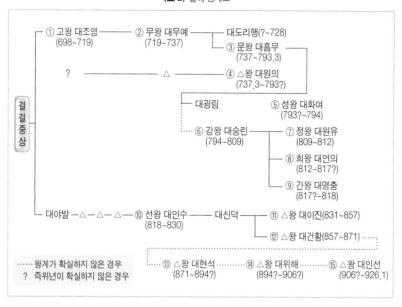

다. 무왕이란 시호도 이래서 붙여졌다. 무왕의 정복에 위기를 느낀 흑수말갈(흑수는 중국의 흑룡강, 러시아의 아무르강)이 당나라에 가서 붙자, 마침내 발해는 당나라와도 틈이 벌어졌다. 이리하여 732년 9월에 군대를 보내서 해로와 육로로 당나라를 공격하였다. 이처럼 능동적으로 외국을 공략한 것은 우리 역사에서 유례를 찾아보기 어렵다. 무왕이 정복전쟁을 벌이면서 사방으로 힘을 뻗쳤다고 한다면, 그의 뒤를 이어 737년에 즉위한 3대 문왕 대흠무는 내부로 힘을 결집시켜 여러 제도를 정비해 나갔다. 문왕이라는 시호도 이러한 그의 업적 때문에 붙여졌다. 그는 57년 간 나라를 다스리면서 당나라 문물제도를 받아들여 통치제도를 마련하였고 유학과 불교도 진작시켰다. 그 결과 국력이 신

20
송기호(1999), p.68.

장되고 왕권이 강화될 수 있었다. 793년에 문왕이 사망한 뒤로는 818년에 10대 선왕이 즉위할 때까지 25년 동안 6명의 왕이 교체되었다. 이 기간에 귀족과 왕족 사이에 내분이 일어나면서 왕이 자주 교체되었다. 그러다가 계보가 다른 선왕이 즉위하면서 다시 왕권이 강화되어 중흥을 이루기 시작하였고, 이로부터 14대 왕까지 융성을 구가하였다. 당나라에서는 이를 가리켜 "바다 동쪽의 융성한 나라"라고 하여 해동성국이라 불렀다.[21]

다음으로 발해의 대외 관계를 알 수 있는 부분에 대해 간단히 설명해보겠다. 발해는 전성기에 사방 오천 리에 이르는 아주 넓은 영토를 유지했다. 우리 한반도의 남·북 거리가 삼천 리라고 하니 그 넓이를 가히 짐작할 수 있을 것이다. 이렇게 넓은 영토를 효율적으로 통치하기 위해서는 도로망이 제대로 갖추어져 있었음이 자명하다.[22] 발해에는 국내 도로망과 함께 5개의 대외 교통로가 존재하고 있었다. 당나라와는 육지의 길과 바다의 길로 통하였다. 육지의 길은 영주를 거쳐 중원으로 들어가는 길로서 바로 대조영이 나라를 세우기 위하여 거쳐 왔던 길이다. 이길이 문헌에 나타나는 '영주도營州道'로서, 초기에 주로 이용되었다. 바다의 길은 발해의 서경에서 압록강을 타고 내려간 뒤 바다를 건너 산동반도에 도착하는 길이다. 이것이 '조공도朝貢道'(다른 문헌에는 압록도)로서 후반기 이후에 이용되었다. 신라로 가는 '신라도'는 동경東京(길림성 팔련성八連城)에서 육지로 함경도를 거쳐 강원도로 남하하는 것이고, 일본으로 가는 '일본도'는 동경에서 소련 연해주 포시에트만을 거쳐 동해 바다를 건너는 것이다. 또 '거란도'는 과거 부여가 있었던 길림 지방을 거쳐 서요하 상류로 향하였다.[23] 수도 상경성에서 출발하는 발해 5도는 거란, 중국, 신라, 일본으로 이어진

21
송기호(1999), pp.64~66.

22
송기호, 《발해를 찾아서》, 솔, 1993, p.25.

23
송기호(1993), pp.26~27.

국제 교역로였다. 이것이 발해가 구축한 아시아 네트워크다. 발해는 이 길을 통해 국제무역을 펼치고 부를 얻었다. 발해의 길, 아시아 네트워크는 발해가 해동성국이 될 수 있는 가장 큰 원천이었다.[24]

중국 영안현寧安縣은 발해의 수도 상경성上京城이 있던 곳이다. 목단강에서 남서쪽으로 60㎞ 떨어진 영안현 발해진渤海鎭이 그 5개 도시 중 하나이자 가장 유명한 상경용천부가 있던 곳으로서 흔히 '동경성東京城'이라는 이름으로 일컬어지는 곳이다. 현재 대규모 재래시장이 들어선 이곳의 지명은 동경성진이다. 발해의 수도 상경성을 한때 동경성이라고 부른 데서 유래된 이름이다. 동경성진에서 외곽으로 빠져나가다 보면 상경성과 만나게 된다. 지금도 외성 벽이 서 있고, 성 입구에 서 있는 비석(발해국상경용천부유지渤海國上京龍泉府遺址)은 이곳이 1,200년 전 해동성국 발해의 수도였음을 말해주고 있다.[25] 상경성의 외성 지역인 발해진을 달리면 멀리 끝없이 이어진 성벽이 보인다. 이것이 상경성의 성벽이다. 상경성은 전체 둘레가 16㎞에 이르는 거대한 성으로, 조선시대의 한성과 같은 크기다. 성 중앙으로 110m에 이르는 주작대로가 지나고, 반듯반듯한 도로는 마치 바둑판처럼 질서정연하게 만나고 있다. 상경성은 잘 설계된 하나의 계획도시다. 주민들이 사는 외성엔 총 81개의 거주지역이 있었다. 한 구역의 크기는 가로 500m, 세로 300m 정도다. 이 크기로 보아 상경성의 인구는 20만 명으로 추정된다.[26] 이 황성에는 모두 5개의 궁전이 있었다. 1궁전, 2궁전은 왕이 국사를 보던 곳이고 4궁전에는 침전이 있었다. 그리고 궁전 동쪽 편에 아름다운 정원이 있다. 2개의 섬과 호수, 정자가 있는 인공 정원은 신라의 안압지와 형태가 비슷하다. 수도 상경성은 내부의 화려한 건축 양식에서도 발해의 위용을 과시하고 있다.[27]

24
KBS역사스페셜, 《역사스페셜 4》, 효형출판, 2002, p.306.

25
KBS역사스페셜(2002), p.286.

26
KBS역사스페셜(2002), pp.327~329.

27
KBS역사스페셜, 《역사스페셜 1》, 효형출판, 2000, pp.25~26.

■ 상경성 오봉루의 성벽

　상경성에서 가장 먼저 눈에 띄는 것은 궁성의 정문인 오봉루다. 현무암으로 견고하게 쌓아올린 오봉루는 상경성의 건물 중에서 형태가 가장 잘 남아있는 유적이다. 5m 높이의 성벽 위에 오르면 동서로 42m, 남북으로 27m에 이르는 넓은 터가 펼쳐지는데 그 위에 주춧돌이 일렬로 늘어서 있다. 주춧돌의 거대한 크기로 보아 이곳에 서 있던 건물의 규모를 짐작해 볼 수 있다. 궁성의 정문 오봉루를 지나면 발해의 황제가 국사를 보고 생활하던 궁성터가 나타난다. 오봉루에서 궁성으로 이어진 주춧돌은 회랑을 세웠던 흔적이다. 가장 먼저 보이는 것이 제1궁전 터다. 약 3m 높이의 기단을 세우고 그 위에 건물을 앉혔다. 궁성의 성벽은 현무암으로 쌓았는데, 돌과 돌 사이에는 회를 발라 마감했다. 지금도 궁성 안에는 당시 사용하던 회의 잔해들이 남아있다. 제1궁전 터의 규모는 가로 56m, 세로 25m로, 웅장한 규모의 주춧돌이 동서로 다섯줄씩 배열되어 있다. 이곳에서 발해의 황제가 국사를 집행했을 것이다.

우리 일행은 시간이 부족하여 제1궁전 터까지만 보고 아쉽게 발길을 옮길 수밖에 없었지만 제1궁전 터 뒤로는 일직선으로 모두 네 개의 궁전 터가 이어져 있다. 나머지 궁전 터 중에서 특기할 만한 것은 황제의 침실에 해당하는 제4궁전 터에서 온돌이 출토되었다는 것이다. 이는 한민족이 가지고 있던 고유한 건축술이다. 지금도 궁성 안에는 가는 곳마다 발해의 기와들이 흩어져 있다. 상경성의 거대한 건물을 덮기 위해서도 엄청난 양의 기와가 필요했을 것이다. 그런데 발해의 기와 중에서 독특한 모양이 눈길을 끈다. 기와에 새겨진 것은 바로 문자다.

문자기와는 발해만의 독창적인 문화의 자취라고 할 수 있다. 또한 궁성 안에는 팔보유리정이라는 왕실 우물이 있다. 입구는 팔각형 모양이고 내부는 원형으로, 고구려의 전형적인 우물 양식을 이어받은 것이다. 또한 궁성에는 인공적으로 조성한 정원 터가 보인다. 1,300년이 지난 지금까지도 연못에 물이 마르지 않는 이 정원은 경주에 있는 신라 안압지와 거의 유사한 형태였다고 한다.[28]

상경용천부 유적을 둘러 본 우리 일행은 발해시대 석등이 남아 있다고 하는 흥륭사興隆寺로 향하였다. 흥륭사는 상경용천부유적 부근에 있는 절로 원래는 '석불사石佛寺'라는 발해시대에 세워진 절이었으나, 발해가 멸망한 후 오랜 세월 기초만 남은 폐사지로 남아있었던 것을 청의 건륭제 시대에 그 기초 위에 전각을 재건한 절이다(제1절터). 특기할 만한 것은 발해시대에 세워진 높이 6m의 석등으로 국내에 남아 있는 석등과는 비교가 되지 않을 정도로 거대한 크기에 기둥돌 아래위로 새겨진 연꽃무늬 받침돌과 여덟 개의 창문이 난 등실의 정교한 조

28
KBS 역사스페셜(2002), pp.327~331.

■ 흥륭사 정문

각이 특징이다. 이는 발해의 예술성을 보여주는 것이라고 할 수 있겠다. 비록 지금은 상륜부 일부가 유실되어 원래 높이 6.4m에서 6m 정도만 남아 있지만 발해 건축물이 거의 남아있지 않은 상황에서 이것은 발해 건축 양식을 엿볼 수 있는 귀중한 자료가 될 것이다.[29] 흥륭사는 현재 발해유물전시관으로 쓰이고 있는데, 이 전시관에는 다양한 유물들이 소장되어 있다. 정혜공주의 무덤에서 발견된 것과 거의 비슷한 형태의 돌사자와 거대한 크기의 치미, 그리고 다양한 종류의 기와 등을 볼 수 있다.[30]

29
송기호(1993), pp.41~42.
30
KBS역사스페셜(2002), p.327.

■ 흥륭사 자붕위 조형물

석등 뒤편의 대웅보전을 비롯한 전각들은 근방에서 출토된 발해유적을 전시하고 있는 박물관으로 사용 중이지만 안타깝게도 우리 일행이 너무 늦은 시간에 도착한 관계로 안에 있는 유물들까지는 다 살펴보지 못하였다. 삼성전三聖殿 한가운데에는 발해 시대의 석불이 남아 있다고 한다. 원래 크기는 훨씬 컸었는데, 지금은 연꽃이 새겨진 대좌까지 합쳐서 4m 정도가 남아 있다고 한다. 머리가 떨어져 다시 붙였기 때문에 지금은 부처의 자비한 미소는 사라지고 청나라 사람 얼굴 모습이 대신 붙어 있는 희극적인 모습이라고 한다.[31] 참으로 안타까운 일이다.

경박호

발해 유적을 돌아보고 안타까운 마음을 떨치지 못한 채 우리 일행은 숙소가 있는 경박호로 향했다. 그 옛날 발해시기부터 우리 선조들이 활동해 왔으며, 일제시기 일본에 대항해 무장투쟁을 벌였던 한민족의 한이 서린 만주 벌판을 지나는 길은 필자에게는 큰 의미로 다가왔다.

늦은 저녁 경박호 곁에 있는 식당에서 저녁 식사를 하고 잠시 호숫가를 거닐어 보았다. 경박호鏡泊湖, Chingpo Lake는 중국에서 제일 큰 언색호堰塞湖[32]며, 흑룡강성黑龍江省 영안寧安 서남쪽 50km 지점에 위치하고 있고, 목단강牡丹江 상류에 위치하고 있다. 화산활동으로 인해 현무암이 넘쳐흘러 목단강물의 흐름을 막아 형성되었으며, 호면湖面은 해발 351m, 크기는 남북 길이가 45km이고, 동서 너비 중 넓은 곳이 6km

31
송기호(1993), p.42.

32
언색호(堰塞湖)란 산사태나 화산 폭발 등으로 냇물이 가로막혀 이루어진 호수를 말한다. 언지호(堰止湖) 또는 폐색호(閉塞湖)라고도 한다. 《브리태니커 백과사전》 http://krdic.daum.net/dickr/search_resul t_total.do?q=%BE%F0%BB%F6%C8%A3.

■ 경박호 풍경

로 전체 면적이 95㎢이다. 물빛은 녹색을 띠고 있었다. 남쪽의 수심은 몇 m에 불과하며 물빛은 황색이다. 호수 북쪽에 출구 2개가 있는데 각기 높이 약 20m와 25m, 너비 40m와 45m 정도의 폭포가 있다. 그중 하나인 조수루弔水樓 폭포의 낙차는 대략 20m로 이곳에는 이미 수력발전소가 세워져 있다.[33] 입장권에 있는 멋진 모습은 1년에 한두 번 정도 볼 수 있다고 가이드분이 알려 주었다. 이 호수에는 어류가 풍부하며, 호수 양쪽 산지에 삼림이 무성하고 호수와 산의 풍경이 잘 어울리는 관광명승지이며, 중국공산당의 간부들이 와서 쉴 수 있는 곳이라는 설명이 덧붙여졌다. 경박호 주변은 발해와도 관련이 있는 곳이지만 항일투쟁의 근거지로도 이름난 곳이다. 일제시기 만주지역 지도를 보면 북호두, 남호두, 영안 등과 같이 독립운동사에 나오는 지명들이 경박호 주변에 있음을 확인할 수 있다.

특히 이 경박호는 발해와 지리상 매우 밀접한 관계를 가질 수밖에 없었을 것이다. 이와 관련하여 1950년대 중후기부터 1966년까지 흑룡강성 고고학자들은 목단강유역(주로 중하류 지구)에 대한 고고조사를 진행하였다. 1960년 경박호지구에 대한 고고조사에서 근 100여좌에 달하는 대주大朱 발해군묘를 발견하였다. 경박호 남부에서는 '강동 24개석' 유적과 건축지 각각 1곳을 조사하였다. 1963년에서 1964년에 걸쳐 흑룡강성은 동경성과 경박호지구에 대하여 대규모 고고조사와 재조사를 진행하였다. 1966년 흑룡강성 박물관은 해림산자자 발해묘장에 대한 조사를 진행하였고, 70년대에는 북한의 학자들이 함께 발굴에 참여하기도 하였다고 한다. 그러나 중국의 역사 해석이 중화민족 중심으로 흘러가면서 지금은 함께 발굴하지 않는다고 한다. 아울러 부분적인 발굴은 지금도 중국 학자들을 중심으로 계속 진행되고 있다.

33
《브리태니커 백과사전》,
http://enc.daum.net/dic100/
viewContents.do?&m=NONE
&articleID=b20j1414a.

경박호의 유래에 대해 현지 조선족 사이에서 전설이 전해지고 있다고 한다. 옛날 이곳에 한 나라가 있었으니 발해왕국이라고 불렸다. 그 마지막 임금이 애왕哀王이었는데, 임금이 된 뒤에는 선왕들이 이룩해놓은 사직을 돌보지 않고 주지육림에 빠져버려 신하들이 간하는 것도 듣지 않았다. 발해가 날로 쇠약해지는 틈을 타 거란이 공격해 들어와 도성을 공략해 들어올 때에도 이 임금은 어화원御花園에서 술판을 벌이고 있었다. 급히 들어온 대신에게 도성이 함락되었다는 말을 듣고서야 임금은 혼비백산하여 도망할 준비를 하였다.

그런데 발해 궁실에는 옛날부터 내려오는 보물로 금으로 만든 보경寶鏡이 있었다. 임금이 신하들과 친척들을 이끌고 갖은 보물과 이 거울을 챙겨 서경西京으로 도망하다가 이 호숫가에 이르러 거란군에게 길이 막히고 말았다. 더 이상 도망갈 곳이 없다는 것을 깨달은 임금은 하늘을 우러러 장탄식을 하고 거울을 껴안고 호수 속으로 뛰어들어 깊은 바닥으로 가라앉고 말았다. 이에 동행했던 사람들도 하나둘씩 뛰어들어 나중에 머리 셋 달리고 눈이 여섯 달린 고기가 되었다고 한다.

물론 이 전설은 역사적 사실과는 맞지 않는다. 하지만 우리 민족의 뇌리 속에 깊이 박힌 발해국의 인상이 아직도 이어지고 있는 증거라고 할 수 있겠다.[34] 현재까지 밝혀진 바로는 발해의 멸망이 지배층간에 정권 쟁탈 싸움에 의한 것으로 알려지고 있다. 거란이 발해를 멸망시킨 뒤 이곳에 동쪽 거란국이라는 의미로 동단국東丹國을 세웠는데, 그 재상이었던 거란인 야율우지耶律羽之는 이를 가리켜 "발해국의 민심이 이반한 틈을 타 싸우지 않고 이겼다"고 기록하였기 때문이다.[35]

경박호는 발해시절에 그 크기 때문에 홀한해忽汗海라 하여 바다라 불렸다고 한다.[36] 1,300여 년 전 발해인들이 바라봤던 곳을 내

34
송기호(1993), pp.34~35.

35
송기호(1993), p.35.

36
송기호(1999), p.175.

가 바라 볼 수 있다는 것은 쉽지 않은 경험일 것이다. 늦은 밤 쏟아지는 별들과 함께 맥주 한잔을 마시며 발해의 꿈을 상상해 보는 것은 현지에서만 맛볼 수 있는 기분일 것이다. 아직 발해의 역사가 많이 밝혀지지 않았기 때문에 만약 발해가 내부의 문제 때문에 멸망하지 않고 좀 더 오랫동안 북방에서 자리하고 있었다면 우리 역사가 어떻게 변했을까를 생각하며, 하루 종일 버스로 이동하느라 피곤한 몸을 이끌고 숙소로 향했다.

다시 김좌진 장군을 생각하며

경박호에서 하룻밤을 보낸 우리 일행은 과거 북만지

■ 해림 김좌진 장군기념관 전시실

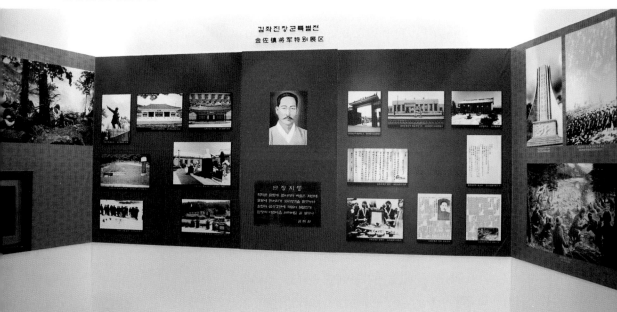

역의 항일운동에서 한때 중심지 역할을 했던 해림을 향해 떠났다. 1929년 당시 김좌진을 중심으로 하는 '신민부'는 해림을 근거지로 하고 있었다. 해림에서 남쪽으로 60리 거리에는 영고탑寧古塔이 있고, 여기서 또 70리 거리에는 발해국의 수도였던 상경성이 있는데, 상경성과 영고탑에서 목단강을 사이에 두고 십리쯤에 있는 황지둔黃地屯은 '고려공산당'의 만주 근거지였다. 해림은 중동선中東線 철도의 종점이며 소련과 만주의 국경 정거장인 보그라니츠나야와 하얼빈과의 중간지점으로 교통상의 요충지였다. 또 독립운동을 하는 입장에서 보면 부근에 교포의 부락이 산재해 있어서 북만주독립운동의 중심지가 된다.[37]

37
이강훈, 〈공산당에 암살당한 김좌진장군의 최후〉, 《북한》 1984년 8월호, p.206.

김좌진에 대해 알아보기 전에 만주 지역의 민족주의운동 전

■ 해림 김좌진 장군기념관 전시실

개 과정과 사회주의운동 전개 과정, 당시 만주 지역의 정세에 대해 먼저 알아봐야 한다. 일본제국주의가 조선을 강점한 후 만주는 조선민족이 일본침략자를 몰아내고 조선의 자주독립을 쟁취하기 위하여 진행한 반일민족독립운동의 활동무대가 되었다.[38] 조선왕조가 망한 이후 많은 수의 의병들이 독립운동을 계속하기 위해,[39] 일제의 수탈을 견디지 못한 사람들이 먹고 살기 위해 만주로 이동하였다. 하지만 거족적인 3·1운동이 일어나자 만주지역의 민족운동은 더욱 활기를 띠기 시작했다. 용정의 3·13만세시위로 대표되는 대중적 시위운동은 한인이 거주하는 모든 곳에서 활발하게 일어났다. 달아오른 한인의 독립 열기는 1919년에만 동만과 남만지방에서 60여 개의 단체가 결성되는 것으로 나타났다. 새로 결성된 단체에는 국내 등지에서 모여든 많은 청년이 가입하였다. 이 청년들은 독립군의 중요한 인적 자원이었다.[40] 이로써 당시의 반일민족해방운동은 1920년대에 들어서면서 커다란 질적 전환을 겪게 된다.[41]

38
유병호, 〈1920년 중기 남만주에서의 '自治'와 '共和政體'〉, 《역사비평》 92년 여름호, p.250.

39
국내에서의 항일활동은 1905년의 '을사조약' 등을 계기로 일제의 지배력이 강화되는 한편, 1909년의 '남한대토벌작전' 등 월등한 군사력을 앞세운 일제의 탄압으로 인해 커다란 곤란에 직면하게 되었다. 이에 따라 항일운동가들은 해외에 독립운동 근거지를 건설하여 장기적이고 안정된 항일무장투쟁 방안을 구상하기 시작했다. 신주백, 《1920~30년대 중국지역 민족운동사》, 선인, 2005, p.267.

40
신주백, 〈1920년 전후 재만한인 민족주의자의 민족 현실에 대한 인식의 변화〉, 《한국사연구》 111호, 2000, pp.178~179.

41
유승렬, 〈1920년대 조선공산당의 조직위상에 대한 비판〉, 《역사비평》 89년 겨울호, p.58.

만주지역은 우리 민족의 발상지로서 장기적인 항일에 대비하여 무장투쟁을 준비하고 결행하는 데 적합한 지역으로 일찍부터 민족운동가들 사이에서 주목을 받아 왔다. 이곳의 민족운동은 3 · 1운동 이후 점차 민족주의운동 계열과 사회주의운동 계열로 분화되어 갔다. 두 계열은 항일투쟁을 효과적으로 전개하기 위한 방안과 주도권을 놓고 서로 연대를 모색하거나 경쟁 · 대립하였다. 만주지역에서 두 계열의 이러한 관계는, 우리 민족의 항일투쟁이 전개된 지역 가운데 가장 오랫동안, 규모 있게 진행되었으며 그 모습 또한 구체적이었다. 때문에 만주지역의 민족운동사에서 민족주의운동 계열과 사회주의운동 계열이 서로 격렬하게 대립하거나 구체적인 내용을 갖고 연대를 모색했던 역사적 경험은 다른 어느 지역과도 비교될 수 없는 우리의 자산이라고 할 수 있다. 특히 1927, 28년 두 계열이 합심하여 민족유일당과 새로운 '자치' 기관을 결성하려고 모색하였던 활동, 1929년부터 서로를 살상하기까지 하는 좌 · 우대립, 그리고 1936년 결성을 선언한 재만조선인조국광복회 在滿朝鮮人祖國光復會의 경험 등은 지금의 시점에서 되짚어 보아도 의미 있는 역사다.[42]

이 시기 북만 지역에서는 무장 독립전쟁을 지향하는 독립군단들이 우후죽순처럼 설립되었다. 그 중 주요한 독립군단으로는 서일 · 김좌진 등이 인솔하는 '대한군정서', 안무가 거느리는 '대한국민회군', 홍범도의 '대한독립군', 최진동의 '군무도독부', 이범윤의 '대한광복단', 방우룡의 '의민단', 김규면의 '대한신민단', 황병길의 '훈춘한민회' 등이 있었다. 이들 독립군단들은 1920년을 전후하여 활발한 국내 진공 작전을 벌였는데, 불완전한 통계에 의하더라도 1920년 1월부터 3월까지 독립군 부대들의 군내 진입 작전이

42
신주백, 《만주지역 한인의 민족운동사(1920~45)》, 아세아문화사, 1999, pp.1~2.

■ 만주의 대한독립군단 유지인
백포자 마을

무려 24회에 달했다고 한다.[43] 이들은 대체로 독립전쟁론에 입각하여
활동을 했다. 주지하듯이 독립전쟁론이란 우리 민족이 일제로부터 독
립하기 위해 독립군을 양성하는 한편, 정치 · 경제적인 실력을 양성하
여 충분히 독립할 실력을 갖추었다가 미 · 일, 중 · 일, 러 · 일 간에 전
쟁이 일어나면, 이를 호기로 삼아 일제를 상대로 '자력으로 독립전쟁
을 일으켜 독립을 쟁취한다' 는 전략방침이다. 일제를 투쟁대상으로 한
독립전쟁론은 전략단위의 문제로서 무장력武裝力과 교육진흥教育
振興 · 식산흥업殖産興業으로 압축되는 실력양성實力養成이란 두 축
으로 이루어져 있다.[44]

　이 시기 독립운동가들은 독립전쟁의 적기가 도래한 것으로
판단하고 대규모 독립전쟁에 대처할 준비에 모든 노력을 기울였

43
김춘선, 〈간도지역이 왜 독립
운동 기지가 되었는가〉, 《내
일을 여는 역사》 8권, 2002,
pp. 148~149.

44
신주백(2005), p.47.

다. 우선 독립군 부대들은 전투력 향상에 필요한 무기 구입에 박차를 가했다. 그리하여 1920년 5월까지 '간도국민회'에서 모금한 군자금 17만 엔을 비롯하여 '대한군정서'에서 13만 엔, '대한군무도독부'에서 13만 엔(도독부 6만 엔과 의군단 7만 엔), '대한신민단'에서 3만 엔, '대한광복단'이 4만 엔으로 도합 50만 엔이라는 거액의 군자금을 한인들에게 징수했다. 그리고 러시아로부터 소총, 탄환, 권총, 수류탄, 기관총 등 여러 가지 무기를 구입함으로써 독립군단의 전투력은 대폭 보강되었다. 그 결과 1920년 6월 7일 홍범도가 이끄는 '대한북로독군부'는 신민단 대원 60여 명과 연합하여 화룡현 봉오동에서 야스가와 소좌가 이끄는 '월강추격대대' 240여 명과 치열한 격전을 벌여 '독립 전쟁의 개전' 또는 '독립 전쟁의 제1회 회전'이라 불리는 봉오동전투의 대승을 거두어 일제의 간담을 서늘하게 했다.

그 후 봉오동전투에 참여한 '대한북로독군부'의 부대와 의군단·의민단·신민단·한민회 등 독립군단들이 연합으로 '동도군정서'를 설립했으며, 산하 별동 부대로 '동도독군부'를 조직했다. 홍범도를 사령관으로 한 '동도독군부'는 산하에 4개 대대 1,600여 명을 둔 강력한 독립군단으로 발전했다. 한편 서일을 총재로 하고 김좌진을 사령관으로 한 '대한군정서'는 왕청현 춘명향 서대파에 본영을 두고 북간도 각지에 5개 분단과 70여 지단을 설치하여 군자금 모집과 무기 구입에 주력하고 있었다. 청산리 대첩 직전인 1920년 8월 '대한군정서'의 병력은 독립군 약 1,200명에 소총 1,200정, 탄환 24만 발, 권총 150정, 수류탄 780개, 기관총 7문 등 여러 가지 무기를 보유한, 유력한 독립군단으로 성장했다.

그리고 이들 독립군단들은 일본군의 '토벌'에 대처하기 위하여 1920

년 8월부터 근거지를 국내와 가까운 화룡현 이도구와 삼도구 서북 지방의 밀림 지대로 옮겨 새로운 독립운동 기지를 창설하고자 했다. 그리하여 청산리대첩 직전 이곳에 집결한 독립군단의 병력은 '대한군정서' 약 600명, '대한독립군' 약 300명, '대한국민회군' 약 250명, '의군부' 약 150명, '한민회' 약 200명, '광복단' 약 200명, '의민단' 약 100명, '신민단' 약 200명으로 도합 2,000여 명에 달했다. 한편 봉오동전투 직후인 1920년 8월 일제는 북간도 지역 독립운동 단체를 소멸하고 독립운동기지를 초토화하기 위한 '간도지방 불령선인 초토계획'을 작성했다. 그리고 동년 10월 2일에는 이른바 '훈춘 사건'[45]을 조작하여 2만5천 명에 달하는 정규군을 북간도 지역에 침입시켰다. 이러한 상황에서 1920년 10월 13일 이도구 일대에 집결한 대한독립군, 대한군민회군, 신민단, 의민단, 한민회 등의 부대는 홍범도를 총지휘자로 한 연합부대를 편성하고 대한군정서군과 협동작전을 모색하였다. 이에 따라 1920년 10월 21일부터 26일까지 김좌진이 이끄는 대한군정서군과 홍범도가 거느린 연합 부대는 화룡현 삼도구의 청산리와 이도구의 완루구·어랑촌·천수평·봉밀구·고동하 등에서 일본군과 크고 작게 10여 차례에 걸친 청산리 전투를 전개했다. 그 결과 독립군은 일본군 아즈마지대의 5,000명을 상대로 멋들어진 매복전, 기습전, 전면전을 전개하여 1,000여 명의 일본군을 살상함으로써 한민족의 독립전쟁 사상 가장 빛나는 청산리대첩의 쾌거를 거두었던 것이다. 청산리대첩 후 독립군단은 일제의 집요한 포위, 추격을 따돌리고 북만주 밀산 일대에 집결한 후 그곳에서 대한독립군단을 결성하여 새로운 독립운동 기지인 연해주로 이동하는 데 성공했다.[46]

45
훈춘 사건에 관해서는 조동걸, 〈1920년 간도참변의 실상〉,《역사비평》1998년 겨울호; 박창욱, 〈훈춘사건과 '장강호' 마적단〉,《역사비평》2000년 여름호 참조.

46
김춘선(2002), pp. 149~151.

이렇게 봉오동전투와 청산리전투를 필두로 한 당시 항일투쟁의 영향력은 일제의 통계를 통해서도 볼 수 있는데, 1920년 1,651건에 4,643명의 독립군이 국내[47]에까지 침입을 하는 결과로 나타났다. 이를 좌시할 수 없었던 일본은 1920년 10월 경신참변庚申慘變을 일으켰으며, 이때 만주지역의 많은 한인 무장대는 역량을 보존하기 위해 대부분 북만지방과 러시아로 이동해 갔다. 이듬해 4월경에 일본군 잔여부대가 동만지방에서 철수하자 다시 만주로 돌아와 북만과 남만지방에 정착하였다. 이때부터 재만한인 민족주의운동의 주된 활동공간은 남만과 북만지방으로 옮겨졌으며, 동만지방의 한인 사회에는 당분간 지도력의 공백이 생겼다.[48] 하지만 이때는 이미 3·1운동 직후와 정세가 달라졌다. 1922년 워싱턴회의는 기대했던 것과 달리 한국문제를 철저히 외면했으며, 이를 직접 목도한 운동가들은 일제로부터 자립적으로 독립을 획득해야 한다고 느끼게 되었기 때문이다. 뿐만 아니라 무장대에 대한 지원이 오히려 생활의 부담으로 작용하게 되자 만주지역의 한인 대중들도 이전처럼 아낌없이 지원하지 않았다.

이에 민족주의 단체에서는 '혁명(독립)'과 '자치'를 병행하는 새로운 모색을 시도해야 했다. 즉, 1922년 들어 남만지방에서부터 각 단체의 통합운동이 일어나 8월에 '대한통의부大韓統義府'가 결성되었다. '대한통의부'의 일부 세력은 1923년 2월 왕조王朝의 복구를 내세워 이탈했으며, 상해 임시정부의 산하 조직임을 내세우는[49] 젊은 무장군인은 무장투쟁 우선주의를 표방하며 '참의부參議府'를 결성했다. 다수의 통의부 잔류 세력은 임시정부에 비판적인 태도를 취하며 1924년 길림에서 '정의부正義府'를 결성해서 '자치'를 표방했다. 북만지방에서는 1922년 대한독립군단大韓獨立軍團이 결성되었고,

47
신주백(1999), p.55.

48
신주백(1999), pp.55~56.

49
신주백(2005), pp.269~270.

대한독립군단과 북로군정서 등이 연합하여 1925년 '신민부新民府'를 조직했다.

참의부·정의부·신민부, 즉 3부의 성립은 만주지역의 한인민족주의운동 계열에서 민주공화주의 정치이념이 보편적인 정치이념이 된 것을 의미한다. 3부는 삼권분립에 입각하여 단체를 운영하고 세금을 거두거나 교육 및 식산흥업을 위한 활동을 전개하면서 자신들의 활동구역 내에 거주하는 한인들을 통치하는 '준準국가'적인 성격의 단체였다. '자치'란 특정 지역에서 자신들의 특수성에 근거하여 자치법을 제정하고 재정·교육·문화에 대한 자주적인 관리권도 있어야 한다. 그런데 중국의 군벌정부는 이에 대해 아무런 권리도 인정하지 않았다. 더욱이 일제를 만주에서 몰아내기 이전에 민족자치권을 획득한다는 것은 '지상공담紙上空談'에 불과할 뿐만 아니라 공화정체共和政體식의 조직운영도 중국 군벌정부의 반감과 진압을 초래했으며, 영토가 없기 때문에 '주권'을 운운할 여지도 없는 현실을 무시한 완전히 잘못된 방략이었다.[50]

다른 한편으로 북만과 동만지방을 중심으로 새로운 사상인 사회주의 사상도 유입되었다. 그 이유는 한인 이주자 대부분이 소작인이었기 때문에 반제·반봉건을 주장하며 피지배층의 이해를 대변한다는 사회주의사상이 호소력을 가지고 있었으며, 민족주의운동 계열이 추진한 무장투쟁론의 이면에는 독립이라는 이름으로 농민들의 일방적인 희생을 요구하는 측면이 강했기 때문에 이주 농민들의 입장에서는 그리 달갑지 않았던 것이다. 또한 코민테른이 '제1회 동양제민족대회東洋諸民族大會'에서 피압박 민족의 저항운동을 지지한 것이 재만한인에게는 국제적인 지원세력을 얻는 것이었으며, 여기에 외지에 있던 선진적인 한인들에 의해 사회주의사상이 전파되기 시작하였던 것이

50
유병호(1992), 254~260쪽; 신주백(2005), pp.271~272.

다. 마지막으로 근대적인 교육을 받은 새로운 지식인층이 항일운동 차원에서 사회주의사상을 적극 수용한 것도 그 이유 중 하나다.[51] 이러한 사회주의 사상의 확대는 무력투쟁만의 항일운동의 한계를 보여주고 있는 것이다. 사회주의자들은 1926년 5월 조선공산당만주총국을 조직하게 된다. 이렇듯 1925, 26년 무렵에 이르러 재만한인 민족운동은 민족주의운동과 사회주의운동 계열로 정립되게 된 것이다.[52]

1927, 28년은 국내외 민족운동이 광범위한 항일 역량을 결집시키기 위해 활동한 시기였다고 말해도 지나치지 않다. 민족유일당과 자치기관을 결성하기 위한 활동은 이 시기 민족운동의 특징적인 흐름을 압축하고 있다.[53] 1927년 들어 만주지역에서는 지역과 이념을 초월하여 항일에 동조하는 모든 역량을 결집시킨 민족유일당을 결성하기 위한 운동이 일어났다. 그 배경은 장개석의 중국 국민혁명군이 북경北京정권을 무너뜨리기 위해 1926년부터 시작한 북벌北伐에 호응하여 만주의 군벌인 장작림張作霖정권을 몰락시키고 항일운동에 유리한 조건을 조성하려고 한 것이다.[54] 하지만 민족유일당을 결성하기 위한 활동은 1928년 5월 '전민족유일당 조직촉성회'에서 3부를 해체하고 민족유일당에 개인적으로 가입하자

51
신주백(1999), pp.63~66.

52
신주백(2005), p.272.

53
신주백(1999), p.157.

54
당시 한인의 활동에 커다란 영향을 끼친 중국의 대표적인 정치상황은, 제1차 국공합작, 반제와 반군벌을 내세운 장개석의 북벌, 그리고 봉천군벌의 한인에 대한 압박과 구축정책이다. 이 세 가지 정치 상황은 재만한인 사회주의운동 계열의 군사운동(또는 의병운동), 민족유일당 결성운동, 자치운동, 그리고 농민·청년단체에 많은 영향을 주었다. 신주백(1999), p.149. 또한 시사연구회를 중심으로 민족유일당을 결성하기 위한 협의가 초보적으로 논의되던 1927년에, 봉천군벌은 재만한인을 압박하고 구축하는 정책을 적극적으로 실행하였다. 그 직접적인 계기는 1927년 5월의 임강영사관사건이었다. 임강영사관사건이란 일제가 재만한인을 보호한다는 형식적인 명분을 내세우며 동변도지방의 민족운동세력을 탄압하고, 이 일대에서 정치적 영향력을 행사하고자 임강에 영사관을 설치하려고 시도한 사건을 말한다. 이에 봉천군벌과 동변도지방 주민은 강력히 반발하며 일제의 의도를 저지하였다. 그런데 문제는 그 다음이었다. 봉천군벌은 한인이 만주에 거주하면 신민(臣民)보호, 곧 재만한인의 보호라는 명분을 내세우는 일제에게 침략의 구실을 줄 수 있다고 보았다. 이에 따라 봉천군벌은 일제를 견제하기보다 재만한인을 압박하고 구축하기 위한 정책을 적극적으로 추진하였다. 예를 들어 1925년부터 1928년 사이에 한인을 압박하고 구축하기 위해 모두 60건의 법규와 훈령을 제정해 발표했다. 특히 그 가운데 매달 평균 2건씩 모두 50건이 1927, 28년에 제정되었다. 실제 한인에 대한 봉천군벌의 압박과 구축행위는 1927년 9월부터 12월 사이에 최고조에 달하였고, 1928년부터 흑룡강성으로까지 확대되었다. 신주백(1999), p.180.

는 주장과 기존의 단체를 존속시키면서 모두 '재만운동단체협의회'에 망라하고 그 가운데 정예분자를 선발하여 민족유일당을 결성하자는 주장 간에 첨예한 대립이 일어났다. 이후 전자의 입장을 지지하는 세력은 1928년 12월에 혁신의회革新議會를, 후자의 입장을 지지하는 세력은 1929년 4월 국민부를 각각 결성했다. 다만 이전과 달리 '혁명(독립)'과 '자치'의 임무를 분리하여 앞으로 결성될 민족유일당과 자치기관에서 두 가지 임무를 각각 담당해야 한다고 주장한 점에서는 두 입장 모두 일치했다.[55]

민족유일당을 결성하기 위한 활동이 실패하면서 민족주의운동과 사회주의운동 세력은 더욱 첨예하게 대립했다. 양측은 1929년 중반경에 이르면 거의 완전히 분립하여 서로를 '적'처럼 상대했다. 한족총연합회[56]와 한국독립당의 지도자들은 대부분 대종교 신자였으며 양반과 지주 출신이었다. 이러한 출신배경은 반봉건투쟁을 실천하고 있던 사회주의운동 세력과 첨예하게 대립하는 중요한 배경으로 작용했다.

민족주의운동 단체에서는 혁명(독립)과 자치를 분리하고 '이당치국以黨治國'의 원리에 입각하여 '정부'와 군대를 지도했다. 대토지 소유를 몰수하자는 국민부의 주장에서도 알 수 있듯이 그들이 주장한 것은 순수한 형태의 자본주의가 아니었다. 이를 "소자산계급 평균주의"라고 규정하는 견해도 있지만, 더욱 구체적인 내용을 밝혀내고 명확하게 규정할 필요가 있다. 만주지역의 한인 민족주의운동이 국내와 중국 관내지역의 민족주의운동 세력과 다른 내용을 갖고 있음을 나타내는 것만은 분명하다.[57]

55
신주백(2005), pp.272~273.

56
1929년 7월 혁신의회에 속했던 민족주의운동 세력과 아나키즘 세력이 결합하여 조직. 1930년 1월 김좌진이 암살당한 이후 활동력을 상실했다. 한족총연합회는 민족의 생활안정과 혁명적인 훈련을 통해 역량을 축적하고, 독립과 '민족의 철저한 해방'을 도모하고자 결성된 단체로서 한인의 자치에만 활동의 비중을 두었다.

57
신주백(2005), pp.273~275.

북만지방에서는 중국의 관내나 국내지역과는 달리 아나키스트[58]들이 민족주의운동 계열과 연합하는 모습을 보였다. 이는 좌·우대칭이 첨예화되고, 사회주의운동 계열의 대중적인 영향력이 확대되고 있는 상황에서 북만지방 민족주의운동 세력이 이들에 대항할 이론을 필요로 했기 때문이며, 그렇기 때문에 반공과 자치를 내세우는 아나키즘에 주목했을 것이다. 더구나 청산리전투의 주역 가운데 한 사람인 김좌진이란 상징적인 인물이 민족주의운동 계열, 그 가운데 특히 배타적인 대종교 세력과 아나키즘의 결합을 추진했던 것도 중요한 요인이었을 것이다.[59]

이같은 지방별 동향을 정치적 태도(입장)의 변화에 따라 다시 정리해 보면, 항일과 합법자치의 실현이 활동의 전부였던 이전과 달리, 1929년의 민족주의운동 계열은 친중·반공과 합법자치를 기본으로 했다. 이후 민족주의자들은 합법적 자치(한족총연합회, 연변자치촉진회)와 비합법적 자치(국민부)를 지향하는 세력으로 구분되었고, 다시 비합법적 자치를 지향했던 세력은 민족주의적 사회주의(국민부 우파), 사회주의적 민족주의(국민부 좌파)로 재분화되었다. 사회주의적 민족주의자들은 조선혁명을 달성한 이후에 한인의 합법적 자치를 획득하려고 하였다.

민족주의운동 계열의 재분화의 의미를 1924~1928년 시기의 삼부와 비교해 고찰해 보면, 1929년 이전 시기에 민족주의자 사이의 핵심적인 갈등요인이었던 자치(민중) 우선이냐, 무장투쟁 우선이냐의 문제는, 1929년이 되면서 부각되지 않고 점차 자치 우선으로 정착되었다. 다만 문제는 자치 전술의 운영이었다. 어쨌든 이러한 정착과정은 자치조직과 혁명(독립) 조직의 분리가 제도적으로 확립되는 과정이기도 하였다. 또한 1920년대 중반 무렵부터

58
이붕해, 박관해 등이다. 신주백(1999), p.204.

59
신주백(1999), pp.204~205.

형성되기 시작한 사회주의적 민족주의 세력이 1929년 들어 재만한인 민족주의운동 세력 사이에서 주도적인 위치에 서게 되는 과정이기도 하였다. 그런데 1929년 이전 시기와 달리 사회주의적 민족주의 세력이 민족주의운동 계열 내에서 주도권을 장악하는 과정에서 사회주의사상의 영향은 커다란 갈등요인이었다. 그것은 강령상의 문제, 곧 전략 차원의 갈등이라는 점에서 이전과 달랐다.[60]

이제는 70여 년이 지나 옛 모습을 찾을 수 없는 만주벌판을 지나 해림에 도착했다. 해림은 전형적인 중국 시골 소도시의 모습이었다. 해림 시내를 지나 김좌진 기념관에 도착했다. 먼저 김좌진金佐鎭, 1889~1930의 일대기를 간략하게 살펴보면, 만주지역에서 활동한 독립운동가이며 북로군정서·대한군정서를 이끌었으며, 1920년 청산리전투에 참가했다. 부유한 명문 출신으로 15세 때 대대로 내려오던 집안의 노비를 해방하고 토지를 소작인에게 분배했다. 일부 자료에는 이때, 1905년 서울에 올라와 육군무관학교에 입학했다고 주장하고 있으나 이는 사실이 아니다.[61] 1907년 고향으로 돌아와서 호명학교湖明學校를 세우고, 대한협회 지부를 조직하는 등 계몽운동을 전개했다. 기호흥학회에 참여하는 한편 1909년 한성순보 이사를 역임하고, 안창호安昌浩·이갑李甲 등과 서북학회를 조직했다. 서북학회 산하교육기관으로 오성학교五星學校를 설립하여 교감을 역임했으며, 청년학우회 설립에도 협력했다. 1911년 군자금 모금혐의로 일제 경찰에 체포되어 2년 6개월 간 서대문형무소에 투옥되었다. 출옥 후에는 대한광복회에 가입해 활동하다가 만주로 망명하였다.[62]

김좌진이 만주에서 활동한 역사를 좀 더 자세히 살

60
신주백(1999), pp. 207~208.

61
이 부분은 이성우, 〈백야 김좌진의 국내민족운동〉, 《호서사학》 제44집을 참조.

62
《브리태니커 백과사전》,
http://enc.daum.net/dic100/viewContents.do?&m=NONE&articleID=b03g1946b.

펴보면 크게 다섯 시기로 나눌 수 있다. 제1시기는 1919년에서 1920년 말까지로, 이 시기 동안 그는 북로군정서의 반일무장대오를 확대·강화시켰고, 1920년 10월에는 청산리전투에서 일본침략군과 용감하게 싸워 국내외에 그의 위력을 과시하고 조선인민들의 항일투지를 크게 고무하였으며, 일제침략자들의 두 차례 '토벌'에서 "간도의 홍범도·김좌진 등이 지휘하는 불령단을 근절"하겠다는 계획을 파탄시켰다. 제2시기는 1921년에서 1925년의 기간으로서, 김좌진은 노령에 넘어갔다가 자유시정변에는 참가하지 않고 중령으로 도로 넘어와서 서일, 현천묵, 이범윤 등과 함께 흩어진 반일무장대오를 수습하여 1922년에 대한독립군단을 재조직하는 데 힘썼다. 비록 이 과정에서 목릉의 독립군단이 중국군경들에게 무장해제 당하고 김좌진 등도 단속대상이 되었으나, 해림·목단강·영안 등지로 나돌면서 무장대를 재조직하여 세력을 회복하였고, 드디어 1925년 3월에는 북만지구의 반일단체들을 통합하여 '신민부'를 건립하였다. 제3시기는 1925년에서 1928년 말까지로 '신민부' 시기다. 그는 김혁 등과 함께 중동철도 동부연선과 돈화·액목 그리고 밀산과 안도일대에 세력을 확대하면서 '신민부'의 반일기지를 확대, 공고히 하는 데 힘썼다. 그는 무장대를 동원하여 '신민부' 세력권 내에 있는 일제세력을 물리치는 데도 힘썼다. 예컨대 해림의 친일기구 조선거류민회 회장 배두산을 처단하는 등 각지의 친일세력을 척결하였으며, 또 대낮에 하얼빈시에 들어가 조선민회를 습격하였다. 그리고 조선총독 사이토를 암살하기 위하여 감모를 파견하거나, 모연금募捐金을 걷기 위해 경상·함경·강원도 등지에 인원을 파견하곤 하였고, 목릉현 소추풍에 성동학교를 건립하고 2기의 사관속성생을 훈련시켰다. 또 5백여 명의 군인을 모집하여 둔전제도 실시하였다. 비록 이런 군사활동이 군량과 경비곤란으로 실패하기는 했으나 반일민족독립운동을 위해서 군사역량을 육성, 강화하는 데 힘썼던 것만은 사실이다. 1927년 2월 김혁, 유정식 등 '신민부' 의 중진들이 일제에 체포되어 '신민부' 는 큰 타격을 받았는데, 이에 분격한 김좌진을 위수로 하는 군정파들은 무장역량으로 일제군경 또는 친일주구들에 대한 습격투쟁을 더욱 강화할 것을 주장하였다. 이로 인하여 '신민부' 내의 산업교육을 진흥시키고 민중생활의 향상을 돌보자는 민정파와 분열되었다.[63] 제4시기는 1928년 12월에서 1929년 6월까지의 시기로서, 1927년 후반기부터 만주전역에서 제기된 좌 · 우익을 포괄하는 민족유일당촉성운동에서 김좌진은 '정의부' 의 김동삼, 공산주의계열의 김웅섭, '참의부' 의 김승학 등과 함께 촉성회파에 가입하여 각파조직의 해산과 참신한 정당의 건립을 주장하여 '신민부' 의 해산을 선포하고 혁신의회에 가입하였다. 혁신의회는 1년 내에 만주 전체에 통일적인 군정부 건립을 목표로 하였으나 김동삼, 김리대 등이 일제에 체포되는 바람에 실패하였다. 제5시기는 1929년 7월에서 1930년 1월까지의 시기로서, 혁신의회가 해산된 이후 김좌진은 한동안 소침해졌다. 이즈음 그가 종전에 주장하던 단순한 군사유일주의 노선의 실패로 인하여 '신민부' 는 분열의 운명에 처하였다. 민정파는 남만의 '정의부' 다수파와 결탁하여 국민부를 건립하였으며, 공산주의자들의 영향 하에 많은 수의 사람들이 '신민부' 를 탈퇴하여 농민동맹 또는 반일동맹을 조직하고 반일 · 반봉건투쟁에 나서기 시작하였다. 그리하여 군중과 단절되고 고독감을 느낀 김좌진은 갈피를 잡지 못하고 방황하였다.

이런 상황에서 그는 무정부주의를 수용하고 김종진, 남대관, 전매관, 이붕해 등과 제휴하여 자유연합조직체인 한족총연합회

63
이강훈, 《항일독립운동사》,
정음사, 1984, p.118, 127.

를 결성하고, 북만한인들의 자치제 확립과 경제진흥에 힘쓰려 하였다. 지난날 개인테러를 위주로 하는 군사유일주의를 지양하고 산업을 진흥하고 민중의 생활향상을 목표로 했던 경제노선으로 전환한 것이다. 김좌진은 석하일대의 광활한 황무지를 한족지주에게서 빌려 산시역에 본부를 설치한 다음, 한인농민들을 모집, 집단부락을 만들어 농지의 공동경작, 공동판매를 도모하였을 뿐 아니라, 석산조합, 정미송 등을 건립하여 중간착취를 없애고자 하였다. 또한 그는 교육을 발전시켜 인재 양성에도 노력하다가 1930년 1월 24일 영안현寧安縣 산시역山市驛에 있는 자택 앞 정미소에서 박상실朴尙實에게 암살당했다.

이상과 같이 김좌진의 중국 동북에서의 모든 활동을 고찰해 볼 때, 일부에서 주장하는 것처럼 일제에 변절한 흔적은 찾아보기 힘들다.[64] 오히려 그는 일제에 반대하여 싸운 민족독립운동가였다. 일제경찰들은 그를 눈엣가시처럼 여겨 취체하려고 안간힘을 썼다. 이런 점에서 그는 반일민족독립운동가로서 마땅히 인정받아야 한다고 본다. 그의 일생은 반공산주의적인 민족주의자였다.[65] 그러나 김좌진과 '신민부', 한족총연합회는 반일세력을 단합하여 함께 반일에 힘쓴 것이 아니라 도리어 자파의 세력지반을 확대하기 위하여 동족상쟁을 아끼지 않았다. 신민부 말기 그와 그의 무장대는 군사유일주의와 군벌주의적인 작풍으로 인해 민중을 협박하고 탄압하며 의무금을 강징하는 등의 부정행위를 저질러 민중의 원한과 비방을 받았다.[66] 총괄적으로 보자면 '신민부'나 한족총연합회는 동포들이 "피땀 어린 돈으로 모은 역량을 동족끼리 자상잔답하는 데 소모하는 경향"과 "지방적 편파성 또는 사상적 대립으로 말미암아 내부가 분열되고 불상사가 속출"하

64
일제에 변절했다는 주장에 대해서는 박창욱, 〈김좌진 장군의 신화를 깬다〉, 《역사비평》 1994년 봄호, pp.172~181 참조.

65
박창욱(1994), pp.179~181.

66
박창욱(1994), p.179.

는 형편에 있었던 것이다. 당시 만주 지역의 한인농민들은 지방정부에 국세로 지조地租, 성축세性畜稅, 지방세로 경찰비, 자치비, 차량비, 부호비副戶費 등을 납부하여야 했고 이외에도 연료, 식량 등의 물자를 징발당할 뿐만 아니라 노동력까지 제공해야 하는 처지였다. 재만한인들이 부담하여야 했던 군벌정부의 수탈과 봉건지주의 착취는 그 자체만으로도 감당하기 어려운 것이었다. 설상가상으로 각 부의 군자금 징수가 한인농민을 경제곤궁에 빠뜨렸다. 당시 대부분의 한인농민의 생활은 기본생계를 유지하기 어려웠다. 토지소유권이 없으므로 한족지주로부터 1호 평균 1.8 정보 내외의 경지를 빌어 농사를 짓고 40~60%의 소작료를 지불해야 했으므로 흉년에는 생계유지가 불가능했으며 고리대의 착취도 당하여야 했다.[67] 이러한 상황을 제대로 인식하지 못하고 대의에만 매달려서 농민들에게 이해해 달라고 하는 것은 김좌진이 잘못 판단한 것이고, 이런 기본착오는 '신민부'나 한족총연합회에 공통되는 약점인 동시에 '신민부'의 상징적 인물인 김좌진의 정치식견 부족, 이론의 빈곤으로 인하여 당시 풍미해 오는 세계 사조에 대처하여 민족독립운동을 이끌어갈 능력이 부족하였다는 것을 설명해 준다.[68]

상술한 김좌진에 대한 평가는 중국의 조선족 학자들과 남한의 학자들 간의 토론을 통해 어느 정도 정리된 내용이다. 김좌진에 대해 아주 호의적인 평가를 내렸던 남쪽과 달리, 조선족 사회와 북쪽에서의 평가는 아주 다르다. 남쪽에서의 호의적인 평가는 1920~30년대 민족주의 독립운동세력이 약화되고, 동북항일연군을 중심으로 한 사회주의 계열의 독립투쟁이 40년대까지 이어져 온 데 기인했다고 볼 수 있다. 그렇다고 해서 우리 역사의 일부분을 왜곡하거나 편

67
유병호(1992), p.257.

68
박창욱(1994), p.189.

향된 시각으로 해석하려 한다면, 이는 우리 후대에게 더 큰 문제를 안겨 줄 수 있다는 점에서 문제가 될 수 있다. 역사를 해석하는 것은 현재이지만, 현재는 또 다시 역사가 되기 때문이다.

하얼빈으로 향하며

사실 발해 유적지를 직접 돌아보기 전에는 발해에 대한 관심이 큰 것은 아니었다. 우리 일행의 답사 목적이 우사 김규식 선생의 항일투쟁 길을 따라가는 것이기에 예상하지 못한 곳이었기 때문이다. 하지만 유적지를 둘러보면서 그 규모와 아름다움에서 우리 민족의 위대성이 더욱 크게 다가왔다. 하지만 이 글을 준비하면서 많은 자료를 찾아봤지만 아직도 발해 연구가 잘 진행되고 있다고 말하기는 어렵다. 특히 자료의 문제는 중국의 '동북공정' [69]과 맞물려 더욱 접근하기 어려워졌다. 하지만 남과 북의 학자들이 자료를 더욱 수집하고, 중국 이외의 학자들과 국제학술대회를 통해 서로의 의견을 합치시켜 나가야 할 것이다. 이런 작업들이 모일 때 비로소 발해가 우리 역사로 제대로 자리 매김 할 수 있을 것이다.

김좌진 기념관을 돌아보며 이 멀리 해림까지 우리 애국지사의 기념관이 세워져 있다는 사실에 크게 놀랐다. 또한 기념관 외부는 좀 관리가 안 되고 있었지만 내부의 사료들과 분위기는 근처를 지나는 관광객 뿐만 아니라, 전문적으로 만주지역의 역사를 연구하는 사람들도 한번은 꼭 들러야 할 정도였다. 규모는 여느 기념관보다 작은 편이지만 세세하게 기록한 자

[69]
중국은 2008년 발해 유적의 유네스코 세계유산등록을 위해 현재 유적 보수 작업을 진행하고 있다고 한다. 〈세계일보〉 2006년 11월 1일자.

료들은 역사적 흐름을 찾고 있는 우리에게 충분한 기쁨을 주었다. 하지만 한편으로 안타까운 점은 김좌진에 대한 평가조차 제대로 이루어지지 않는 우리의 현실이었다. 많이 좋아지기는 했지만 여전히 역사 해석의 문제에 있어서 사상적인 부분이 걸리는 상황은 하루 빨리 해결해야 할 우리의 과제인 것이다.

참고문헌

1. 단행본
　　KBS역사스페셜(2000), 《역사스페셜 1》, 효형출판.
　　KBS역사스페셜(2002), 《역사스페셜 4》, 효형출판.
　　KBS역사스페셜(2003), 《역사스페셜 6》, 효형출판.
　　고구려연구재단 편(2004), 《중국의 발해사 연구》, 고구려연구재단.
　　김혁철(2006), 《대조영과 발해》, 자음과 모음.
　　송기호(1993), 《발해를 찾아서》, 솔.
　　송기호(1999), 《발해를 다시본다》, 주류성.
　　신주백(1999), 《만주지역 한인의 민족운동사(1920~45)》, 아세아문화사.
　　신주백(2005), 《1920~30년대 중국지역 민족운동사》, 선인.
　　이강훈(1984), 《항일독립운동사》, 정음사.

2. 논문자료
　　김춘선(2002), 〈간도지역이 왜 독립운동 기지가 되었는가〉, 《내일을 여는 역사》 8권.
　　박창욱(1994), 〈김좌진 장군의 신화를 깬다〉, 《역사비평》 봄호.
　　박창욱(2000), 〈훈춘사건과 '장강호' 마적단〉, 《역사비평》 여름호.
　　송기호(2003), 〈중국의 한국고대사 빼앗기 공작〉, 《역사비평》 겨울호.
　　신주백(2000), 〈1920년 전후 재만한인 민족주의자의 민족 현실에 대한 인식의 변화〉,
　　　　《한국사연구》 111호.

유병호(1992), 〈1920년 중기 남만주에서의 '자치(自治)' 와 '공화정체(共和政體)' 〉,《역사
　　　비평》여름호.

유승렬(1989), 〈1920년대 조선공산당의 조직위상에 대한 비판〉,《역사비평》겨울호.

윤휘탁(2003), 〈현대 중국의 변강 · 민족인식과 '동북공정' 〉,《역사비평》겨울호.

이강훈(1984), 〈공산당에 암살당한 김좌진장군의 최후〉,《북한》8월호.

이성우(2006), 〈백야 김좌진의 국내민족운동〉,《호서사학》제44집.

장세윤(1993), 〈홍범도 - 초기 항일무장투쟁의 명장〉,《역사비평》봄호.

조동걸(1998), 〈1920년 간도참변의 실상〉,《역사비평》겨울호.

3. 기타

《브리태니커 백과사전》

《세계일보》

4 하얼빈[합이빈(哈爾濱)]
Harbin

박찬숙 (북한대학교 대학원 석사과정)

독립정신을 깨우는 하얼빈

하얼빈을 기억하며

중국 흑룡강성黑龍江省의 성도省都이며, 동북평원의 중앙, 흑룡강 최대 지류인 송화강松花江 연변에 위치한 하얼빈은 '동방의 작은 파리', '동방의 모스크바' 라고 잘 알려져 있다. 일찍이 서양식 문화에 개방하여 가장 국제화 되었으며 러시아인들이 중동철도를 건설한 후 많은 외국인 거주자들이 생겨나게 되었는데, 이때부터 경제적, 문화적 번성을 누리게 되었다. 덕분에 현재까지 중앙대가를 중심으로 펼쳐진 시가지에서 러시아풍이나 유럽풍의 건축물들을 볼 수 있다. 하얼빈은 러시아 점령 시대를 거쳐 1932년부터 2차 세계대전이 끝날 때까지 일본의 점령지였다. 역사적으로 우리 민족과 한과 설움을 함께 한 도시인 것이다. 하얼빈은 우리에게는 특히나 익숙하고 친숙하게 다가오는 도시인데, 이는 우리 선조들이 하얼빈을 거점으로 독립투쟁을 벌이고 하얼빈 역에서 이토 히로부미를 저격한 안중근 의사의 얼이 깃든 곳이기 때문일 것이다. 최근 안중근 의사 순국 97주기를 앞두고 안중근 의사의 독립에 대한 열망이 가득한 후손의 뜨겁고 열정적인 혈류를 느끼며 이토 히로부미 사살에 그 공을 세운 권총이 공개되었다. 이와 함께 대전의 최정민 씨

■ 안중근 의사

가 진본으로 추정되는 안중근 의사의 사진을 공개하면서, 쇠사슬에 묶인 채로도 의연하고 당당한 모습이 그에 대한 관심을 더욱 가중시키고 있다. 이렇게 이슈로 떠오르는 안중근 의사에 대한 기사들이 하얼빈에 대한 기억을 더욱 생동감 있게 만들어 준다. 우사 김규식 선생이 거쳐 간 독립운동지라는 사실은 알 수 없지만 선생과 뜻을 함께 한 많은 독립운동가들이 거쳐 간 곳이기에 하얼빈은 분명 우리 답사일행 모두에게 뜻 깊은 곳이었다.

역사 속 중국과 한반도가 공존하는 조린공원

조린兆麟공원은 원래 명칭이 도리道里공원으로 1900년에 조성되어 하얼빈 최초의 공원이 되었다. 당시 사람들은 중국 공산당 혁명군으로 항일 영웅이었던 이조린李兆麟 장군을 기념하기 위하여 그 유해를 이곳에 안장하고 공원 내에서 장례와 안장의식을 치렀으며, 1946년 정식으로 조린공원으로 명칭을 바꾸었다. 공원은 인공호수와 독특한 형태의 작은 다리들, 놀이터와 노천극장 등으로 꾸며져 있다. 우리 일행이 하얼빈을 방문한 것이 여름이기 때문에 빙등제를 보지는 못했으나 조린공원은 겨울 빙등제 때 마다 동화세계 같은 빙등 예술의 아름다움으로도 유명하다. 우리 일행이 조린공원에 들른 이유는 안중근 의사가 쓴 붓글씨 "연지硯池"와 특유의 '단지斷指 손도장'이 새겨져 있고, "연지硯池"가 새겨진 반대편에 "청초당靑草塘"이란 글이 새겨진 기념비를 보기 위해서였기 때문에 공원을 전체적으로 여유롭게 둘러보지는 못해서 아쉬웠다. 그러나 중국의 항일 영웅을 기리는 공원 안에서

■ 안중근 의사의 태극기
출처: 《안중근과 할빈(安重根和哈尔滨)》, 흑룡
강조선민족출판사 p.63

■ 안중근 의사의 손가락이 잘린 손

우리의 항일 영웅 안중근 의사의 뜻이 깃든 기념비를 직접 보고 느꼈다는 것에 감동받았다. 작은 연못 위의 작은 다리를 지나 풀밭 중앙에 자리 잡고 있던 안중근 의사의 기념비를 여러 번 빙빙 둘러보았다. 그리고 일행과 함께 기념비 위에 빨갛게 새겨진 안중근 의사의 손도장에 손을 대보며 당시 안중근 의사가 태극기를 펼쳐놓고 왼손 무명지를 자른 뒤 생동하는 선혈로 태극기 앞면에 '대한독립' 이라고 넉자를 크게 쓰고 대한민국 만세를 세 번 부른 장면을 머릿속에 그려보았다. 안중근 의사가 김기룡, 강기순, 박봉석 등 결사동지 11명과 손가락을 자른 것은 1909년 2월 7일이었다. 그들은 "나라를 위해 몸을 바칠 것을 오늘 우리 모두 손가락을 끊어 맹서하자" 며 일제히 손가락을 끊었다. 지금까지 우리 민족의 가슴을 뜨겁게 울리는 그 잘린 손가락은 어디에 있을까 궁금해졌다. 또한 안중근 의사가 한국이 독립되기 전에는 본인의 유골을 조린공원에 묻어 달라고 유언했다는데 그의 유골조차 여전히 행방이 묘연하다. 조린공원 안의 안중근 의사 기념비는 여전히 찾지 못한 유골 대신 세워져 그의 넋을 기리고 있는 것이 아닌가 한다. 안중근 의사가 하얼빈 역에서의 거사 며칠 전에 하얼빈에 도착하여 조린공원에 들른 것은 단 하루뿐이라고 하는데 하얼빈 역에서 가까운 거리에 위치한 이 공원이 그에게 크게 다가온 것은 무엇 때문일까. 당시 10월의 쌀쌀한 가을바람과 쓸쓸히 흩날리는 낙엽들이 그의 머릿속에 꽉 차 있는 이토 히로부미 저격에 대한 생각에 더욱 냉철한 이성을 더했을까. 작은 연못들이 대한독립에 대한

동포에게 고함

내가 한국 독립을 회복하고
동양 평화를 유지하기 위하여
삼년 동안을 해외에서 풍찬
노숙 하다가 마침내 그 목적을
도달치 못하고 이곳에서 죽노니
우리들 이천만 형제 자매는
각각 스스로 분발하여 학문을
힘쓰고 실업을 진흥하며 나의
끼친 뜻을 이어 자유독립을
회복하면 죽는 자 유한이
없겠노라.

告同胞言

我为恢复韩国独立，维持东洋和
平，三年在海外风餐露宿，竟未能达到
目的，死在此地。我两千万兄弟姐妹各
自奋发，勉励学问，振兴实业，若能继
承我的遗志，恢复自由独立，我死面无
憾也。

■ 안중근은 1910년 3월 10일, 두 동생과 홍신부를 만난 자리에서 《동포에게 고함》과 《최후의 유언》을 남겼다. 안중근이 순국하기 전날인 1910년 3월 25일 〈대한매일신보〉에 이글이 실렸다.

출처:《안중근과 할빈(安重根和哈尔濱)》, 흑룡강조선민족출판사 p.115

최후의 유언

내가 죽은 뒤에 나의 뼈를 하르빈
공원 곁에 묻어 두었다가 우리 국권이
회복 되거든 고국으로 반장해 다오.
나는 천국에 가서도 또한 마땅히
우리 나라의 회복을 위해 힘쓸 것이다.
너희들은 돌아가서 동포들에게 각각
모두 나라의 책임을 지고 국민된 의무를
다하며 마음을 같이 하고 힘을 합하여
공로를 세우고 업을 이루도록 일러다고.
대한독립의 소리가 천국에 들려 오면
나는 마땅히 춤추며 만세를 부를
것이다.

最后的遗言

我死之后，希望把我的遗骨埋在哈尔滨公
园旁，等我们恢复主权后返葬到故国。
我到天国后，仍为国家独立面努力，你们回
去后，告诉同胞，每人都应负起国家重任，尽国
民的义务，合心合力创下功劳，实现独立大业。
当大韩独立的消息传到天国时，我一定会欢呼，
高唱万岁。

열망의 끓는 피로 꽉 차 있는 가슴 속 염원의 깊이를 더해주었을까. 조린공원은 중국 항일 영웅 이조린과 한국 항일 영웅 안중근 의사의 넋이 공존함으로 써 우리에게는 의미가 배가되는 곳이었기에 더욱 인상 깊었다.

송화강 유역 스탈린공원의 방홍기념탑에서 엿본 민족의 기상

스탈린공원은 송화강을 따라 길게 조성된 공원으로 공원 중앙에는 방홍기념탑防洪紀念塔이 눈에 띄게 서 있다. 이 탑은 홍수방지기념탑 또는 방공승리기념탑으로 불리기도 하는, 1957년 송화강의 홍수를 막아 낸 기념으로 세워진 것이다. 흑룡강성 최대의 강으로 하얼빈시 시민의 젖줄인 송화강이 하얼빈 시민들의 생활과 얼마나 밀접하게 관련되어 있었는지 보여주는 것이다. 이 방홍기념탑은 하얼빈시의 자랑이고 상징으로써 존재하고 있다. 사료에 의하면 하얼빈에는 1932년, 1957년, 1998년에 걸쳐 대홍수가 세 번이나 발생하였다. 1932년 대홍수는 큰 재난을 빚어냈다. 송화강 수위는 무려 119.72m나 되었다. 오랫동안 제대로 보수하지 못한 제방은 삽시간에 터져 도시 전체를 물에 잠기게 했다. 중앙대가에는 강물이 밀려들어와 수심이 깊어 거리에서 배를 타고 다닐 정도였다고 한다. 1957년에 하얼빈에는 또 대홍수가 일어났다. 당시 송화강 수위는 120.3m로 1932년 수위보다 더 높았다. 홍수는 한 달이나 계속되었고 그 피해를 지켜보고 있을 수만은 없던 하얼빈시 인민들은 국가와 전국인민들의 지원 하에 한마음으로 단결하여 홍수방지투쟁에 나서서 강철의 장성을 이루어 끝내 홍수방지의 대승리를 거두었다. 당시 하얼빈시의 조선족들도 동원되어 함께 홍수와 싸웠다. 하얼빈시의 인민들은 홍수와의 결전에서 승리를 거두었고 스스로 하얼빈시의 안전을 확보하였다. 이 승리를 경축하기 위해 홍수방지승리기념탑을 세울 것을 결정하고 1978년에 기념탑을 완공하였다. 기념탑의 전체 높이는 22.5m이고 탑의 기초는 괴석으로 쌓아 제방이 튼튼함을 의미한다. 탑 앞쪽의 분수는 하얼빈시 인민들이 용감하고 지혜롭게 홍수를 굴복시켜 강물이 서서히 흘러감을 의미한다. 탑 아래의 계단은 두층으로 나뉘어 있는데 아래층은 1932년도 수위 119.72m를 표시하고 위층은 1957년도 대홍수의 최고수위 120.3m를 표시한 것이다. 탑 중부에는 홍수와 투쟁하는 영웅적 기개를 표현한 26명의 인물들이 부각되어있다. 그중 머리를 땋고 치마저고리

■ 하얼빈 송화강의 '방홍기념탑'

를 입은 조선족 여성이 조각되어 있는데 그 형상은 저고리 소매가 살에 찰싹 달라붙었고 신발을 벗고 폭풍우를 맞아가면서 흙 가마니를 들어 남성에게 메어주느라 힘을 다하는 모습이다. 탑두에는 홍수방지 영웅들의 입체상이 있다. 탑 뒷면에는 35m의 길이에 반원형으로 20개 원주

■ 일곱용사 조각상
'한복에 고무신의 동포여성'

가 쭉 늘어서 회랑을 이루고 있다. 이는 20세기 하얼빈시 인민들의 힘
은 반석같이 굳다는 것을 상징한다. 이 회랑의 양쪽 끝에 하얼빈시의
각 민족 각 계층의 군중들이 홍수방지투쟁의 승리를 경축하는 장면이
나타난다. 서쪽 끝 부각의 화면은 붉은 기가 휘날리고 비둘기가 천공으
로 날아오르는 형상과 '모주석(모택동)만세' 다섯 글자가 가로 새겨있다.
그 아래 여러 사람들의 모습이 나타나는데 맨 앞줄에 6명이 1.50m의
높이로 돌출하게 부각되어있다. 이 맨 앞줄 6명 속에 조선족 여성이 치
마저고리를 입고 코신을 신고 왼손에 꽃다발을 안고 힘 있게 앞으로 걸
어가는 형상이 부각되어 있어 깊은 인상을 준다. 탑에 대해 열심히 설
명해 주던 우리 가이드는 이 기념탑에 조선족 여성이 두 군데나 조각되
어 있는 이유는 소수민족을 대표하는 조선족 여성을 넣어 조선족의 공
헌을 기리고자 한 것이라고 설명하며 이는 하얼빈시 조선족의 자랑이

라고 했다. 중국 역사 속에서 과거에서 현재까지 우리 민족의 기상을 엿볼 수 있는 기념탑을 보며 뿌듯함을 느꼈다. 또한 중국 동북지방에 널리 퍼져 있는 소수민족 조선족들이 여전히 민족이라는 가치를 잊지 않고 과거와 현재 속에서 중국인들과 어울려 살고 있는 모습을 짐작케 하는 곳이었다.

중앙대가와 모던호텔에서의 또 다른 하얼빈

하얼빈에 도착해 조린공원을 거쳐 송화강변을 둘러본 우리 일행은 저녁시간 즈음 호텔로 향하였다. 가이드는 우리가 머물 숙소가 하얼빈 중심가인 중앙대가에 있는 약 100년의 역사를 가진 '모던호텔Modem Hotel'이라고 설명했다. 중앙대가中央大街는 총 길이가 1,400m에 불과한 짧은 거리이나 하얼빈의 분위기를 집약적으로 보여주는 하얼빈 최대의 중심가이다. 이 거리가 조성된 것은 19세기 말, 청나라로부터 중국 동북지방의 중동철도부설권을 획득한 러시아가 하얼빈을 철도 기지로 사용하면서 조성하였다. 그래서 중앙대가에는 지금도 러시아풍 건물이 압도적으로 많이 들어서 있다. 중앙대가는 원래 러시아에서 송화강 나루터를 통해 화물선의 짐을 실어 나르기 위해 마차가 지나갈 수 있도록 닦아 놓은 길이었다. 거리는 러시아인들의 주거지와 상점들로 가득 찬 상가로 조성되었는데, 이때의 영향으로 지금도 중앙대가 양쪽에 늘어선 건물들은 주로 상점과 호텔로 사용되고 있다. 하얼빈 시 정부는 중앙대가의 특성을 살려 1997년 5월 차량을 통제, 보행자 거리로 지정하였다. 당시 화강암을 길쭉하게 깎아 땅속으로 깊이 0.5m정도

박아 견고하게 만들었다는 보도는 현재에도 전혀 훼손되지 않고 그 모습을 그대로 간직하고 있다. 중앙대가에서 또 하나 주목할 것은 1900년대 지어져 현재까지 그대로 사용되는 건물들이다. 관광객들은 이 건물들을 잘 구분할 수가 없는데 새롭게 들어선 건물들도 거리의 분위기에 맞춰 러시아 풍으로 지어졌기 때문이다. 다만 보호건축물이라는 표시가 현관에 부착되어 있어 신축건물과 구분되고 있으며, 실내시설 면에서도 차이가 난다. 우리 일행은 일정이 중반쯤에 들어선 당시 피곤한 심신을 달래기 위해 중국 안의 이국풍 거리에서 맥주 한잔을 즐겨보자는 기대를 안고 우선 모던호텔에 짐을 풀기로 했다. 도착하자마자 호텔 식당에서 식사를 한 뒤 호텔방에 짐을 풀었다. 모던호텔은 100년 된 건물과 신축건물 둘로 나누어져 있었는데 우리가 묵게 될 방은 신축건물이었다. 시간을 내어 100년 된 건물을 둘러보았는데 어두운 갈색 목재로 만들어 놓은 유럽식 건물 안의 모습은 이국적인 정취를 물씬 느끼게 해 주었다. 기회가 되어 방안으로 들어가게 된 나는 들어서자마자 코를 찌르는 듯 오래된 목재 냄새를 느꼈는데, 이것이 높은 천장과 길쭉한 문들과 아담한 방안의 유럽식 느낌과 매치되어 마치 내가 오래된 흑백 영화 속의 인물이 된 듯한 느낌을 받았다. 다음 기회에는 하얼빈에서 100년 된 이 방에서 100년 전 상업도시인 하얼빈을 방문한 유럽인 중 한명이라는 느낌으로 머물고 싶다는 또 다른 기대감을 가지고 중앙대가로 나왔다. 중앙대가는 밤이 되면 더욱 활기를 띤다. 거리의 분위기에 맞춰 제작한 고풍스러운 가로등 아래 많은 사람들이 북적거렸다. 중앙대가를 걷다보니 이방인들은 물론이고 이국적인 정취를 풍기는 화려한 건물들과 세계유명 브랜드들이 속속 들어선 것을 볼 수 있었는데, 과거나 현재나 하얼빈이 중국 어느 도시보다 개방된 곳임을 알 수 있었다. 일행들과 중앙대가의 골목마다 펼쳐져 있는 맥주 광장 중 모던호텔 근처에 자리 잡아 맥주 한잔과 이름 모를 여러 종류의 꼬치들을 맛보며 하얼빈의 분위기에 한껏 취해보았다. 다음날부터 진행될 오랜 일정 뒤에 또 다시 찾게 될 하얼빈을 잊지 않으려는 듯 피곤한 심신에도 불구하고 하얼빈 중심지의 정취를 한껏 느끼며 늦은 시간까지 담소를 나누었다.

안중근 의사의 얼이 깃든 하얼빈 역의 과거 역사 속으로

우리 일행이 만주리에서 하얼빈 역에 도착해서 내리자마자 이동하지 않고 일제히 찾은 것은 안중근 의사의 이토 히로부미 저격 장소이다. 당시의 하얼빈 역도 역사 속으로 사라지고 1965년에 완전히 새로 만들어졌기 때문에 지금은 규모도 더 커지고 현대화되어 당시 저격 장소 또한 정확치는 않다고 하지만 추측지점이 바닥에 표시되어 있었다. 우리 일행 두 선생님 중 한 분은 안중근 의사 역을 맡아 긴 지팡이를 총으로 삼아 다른 한 편을 겨누고 또 다른 한 선생님은 이토 히로부미 역을 맡아 몇 발짝 떨어진 곳에서 그 당시의 역사적 사건을 재현하고 계셨다. 나머지 일행들은 안중근 의사의 거사 장면을 지켜보는 수많은 군중인 듯 주위를 빙 돌아 그 모습을 지켜보았다. 그리고 다시 발걸음을 옮기며 모두들 안중근 의사의 이토 히로부미 저격 지점에 멈추어 안중근 의사와 함께 "코레아 우라!"라는 고함소리를 마음속으로 외치며 하얼빈 역을 빠져나왔다. 지금 역 바닥에 표시되어 있는 과거 두 주인공의 역사적 표시점은 만주국 시기와 달라졌다고 한다. 그

■ 안중근 의사 이등박문 저격 당시의 하얼빈 역
출처: 《안중근과 할빈》, 흑룡강조선민족출판사 p.115

당시에는 이토 히로부미가 총에 맞아 피 흘린 자리의 땅을 1m쯤 파고 다시 땅 위 1m 높이로 유리집을 지어놓고 그 안에 전등을 켜놓는 것으로 표적을 대신했다고 한다. 그러나 동북 광복의 포성이 울리자 유리집이 견딜 수 없고 이 표적마저 사라지고 팠던 땅도 역사의 빗물에 쓸려 점차 흔적도 없이 사라졌다고 한다. "만주의 평화는 극동의 평화와 밀접한 관계가 있다"는 이토 히로부미의 연설 속에서 볼 수 있는 이토 히로부미의 평화론과 안중근 의사가 생각하던 평화론은 상반된 것이었다. 안중근 의사는 한국, 중국, 일본이 서로 협력하고 도울 때, 극동에 평화가 온다고 믿었다. 서로 상반된 이 평화론이 맞부딪혀 하얼빈에서 생사를 달리 했던 것이다. 연추하리 외딴 시골에 왼손 무명지를 두고 굳은 결심으로 하얼빈에 온 안중근 의사는 많은 사람의 환영을 받으며 기차에서 내린 하얀 백발의 이토 히로부미를 향해 네 발의 총알을 쏘았다. 그리고 주위 일본인들을 향해 세 발의 총성을 울렸다. 안중근 의사는 사실 이토 히로부미가 누구인지 확실히 알지 못했다고 한다. 그렇기 때문에 세 발의 총알을 주위 일본인들에게 겨냥한 것이었다. 안중근 의사의 브라우닝 권총의 총알에 대해 알고 보니 명중하면 관통하지 않고 인체에 박혀서 탄체 내의 납을 분출하는 특성이 비인도적이라 하여 1907년 만국평화회의에서 사용을 금지시킨 탄알이라고 한다. 고종의 밀서를 묵살했던 헤이그 만국평화회의의 금지품으로 이토 히로부미의 심장을 겨냥한 것이다. 안중근은 일곱 발의 총알을 쏜 후 총을 버리고 "코레아 우라!"를 세 번 외치다가 러시아 헌병에게 체포되었다. 일곱 발 외에 남아 있던 약실의 한 발의 총알. 누군가는 이 총알을 여전히 끝나지 않은 전쟁으로, 안중근 의사의 죽음을 또 다른 수많은 안중근 의사를 낳는 것으로 해석했다. 안중근 의사 또한 하얼빈 역에서의 사건으로 끝난 것이 아니었다. 그는 하얼빈 주재 일본총영사관 지하실에 감금되고 다시 여순감옥으로 이송되어 결국 교수형으로 순국하였다. 안중근 의사가 법정에서 충분한 근거를 들어 기세 높이 의거의 원인과 목적을 천명하고 이토 히로부미가 한국을 침략하고 동양평화를 파괴한 15조 죄행을 폭로해 세계 각국을 감동시켰다는 것은 널리 알려진 사실이다. 또한 안중근 의사가 여순 감옥에 갇혀 있었을 때 일본 관원들, 감옥장과 검사관들이 안중근 의사를 무척 챙겨주었다고 한다. 안중근 의사의 의거가 만국 만인을 이해시키고 공감을 갖기에 충분한 타당성이 있다는 것이다. 기차에서 내려 아주 짧은 시간동안 안중근 의사를 통해 과거 역사 속의 한 장면을 상상해 보는 긴 시간을 갖게 한 하얼빈 역이었다.

731부대에서의 갈증, 지울 수도 참을 수도 없는 역사의 한 장면

하얼빈 시에서 차로 40분 정도 거리에 일본군 731부대가 있던 곳으로 유명한 전시관이 있었다. 당시의 잔해와 증거자료를 모아 놓은 곳으로 일제 강점기의 만행을 중국에서 직접적으로 느낄 수 있는 곳이다. 아마 하얼빈을 방문하는 우리 민족이라면 누구나 빠짐없이 역사적 상처로 남은 일제 강점기의 참상을 위로하려 731부대를 다녀갈

■ 이 건물 현관 오른쪽에 731부대의 만행을 알리는 전시실이 있다.

것이다. 731부대유지는 중국과 일본의 전쟁이 한창일 때인 1939년 이시이 시로가 창설한 일본의 생화학 실험기지로 세균연구반이 페스트균 증식 실험을 한 것으로 알려져 있다. 731부대는 동물이 아닌 사람을 대상으로 35종류의 생체실험을 하였는데 일명 마루타라고 불린 이들은 대다수가 한국을 포함한 중국인, 러시아, 몽고인, 영국인 포로들이다. 이곳에서 처참하게 실험 대상으로 죽어간 사람들의 수만 해도 약 4천여 명에 이른다. 우리나라의 민족시인 윤동주도 731부대의 희생양이 된 것은 잘 알려진 사실이다. 일본 정부는 많은 증거물과 증인들이 있

음에도 불구하고 아직도 731부대의 존재를 부정하고 있는데, 731부대의 잔인한 만행을 세상에 알린 것은 1980년 일본인 기자에 의해서였다. 1980년 이전까지 731부대의 존재는 의학 실험 자료를 건네받은 대가로 이시이 시로의 만행을 눈감아 준 미국만이 알고 있는 극비사항이었다. 그 이후로 일부 양심에 가책을 느낀 731부대 관련자들과 731부대에서 살아남은 사람들, 목격자들의 증언을 통해 731부대의 만행이 증명되고 있으나, 아직도 많은 증거자료들이 발표되지 못하고 있는 실정이라고 한다. 1945년 구소련이 이곳을 점령하자 일본은 731부대의 흔적을 남기지 않기 위해 건물을 폭발시키고 증거자료를 모두 불태웠다. 그로 인해 731부대의 실험기지와 증거자료들이 많이 소실

되어 우리가 볼 수 있는 유적은 화장터와 전시관에 전시된 물품과 증거 자료, 본관건물, 폐허가 된 731부대의 자리뿐이다. 731부대는 중국과 일본, 한국 3국의 외교문제가 얽힌 뜨거운 감자로 중국정부는 희생 당사자임에도 불구하고 731부대 문제를 확대시키지 못하고 있는 형편이다. 그러나 일부 지식인 사이에서는 731부대의 잔혹한 만행에 대하여 계속적인 연구가 이뤄지고 있다고 한다. 731부대 진열관은 제1전시실과 제2전시실로 나누어져 있다. 제1전시실에는 731부대 관련사진과 생체실험기구들이 전시되어 있으며, 제2전시실에는 마루타로 희생된 독립투사들의 사진과 유골들이 세균실험 장면 증거 사진과 함께 진열되어 있다. 731부대 본부와 각 실험실이 있던 장소는 진열관에서 좀 떨어져 곳곳에 흩어져 있다. 그 외에 화장터와 남문유적, 지하세균배양실, 실험쥐 사육장 유적이 파괴된 채로 남아 있다. 전시관을 둘러보는 내내 건물 안에서 나는 쾌쾌한 냄새가 마치 당시 실험실의 피비린내 나는 상상으로 거부감에 코를 움켜잡고 있었다. 731부대의 전시관을 둘러 본후 건물 뒤쪽으로 나와 정문을 향해 걸어 나오면서 얼굴에 뚜렷하게 드러난 기분 나쁜 감정들을 감출 수가 없었다. 한여름의 뜨거운 햇빛 아래 더위와 땀 때문에 손수건으로 얼굴을 닦으면서 땀이 아닌 역겨운 만행들의 추악함을 닦아 내고 싶다는 생각이 들었다. 황량하게 펼쳐져 있는 731부대 전시관 주위의 빈 땅들은 과거의 역사 속에 사라진 많은 희생자들의 모습을 상상하며 울컥하게 만들었다. 쨍쨍 내리쬐는 햇볕 아래 아무 말도 하지 못하고 그저 뜨거움을 견딜 수밖에 없는 그 황량한 땅! 731부대 앞에서 일행들과 단체 사진을 찍으면서도 마음이 편치 않았으나 안중근기념관으로 향하면서 731부대의 희생자들을 위로해 줄 안중근 의사를 생각하며 마음을 다스렸다.

안중근기념관에서의 갈등 해소

731부대에서 차로 안중근기념관으로 이동했다. 어느 길가에 버스를 주차해 놓고 맞은편의 신축 건물 안으로 들어갔다. 이 건물은 6층 규모로 조선족 예술관이라는 이름으로 자리잡고 있었고 건물 1층에는 안중근 의사를 기념하는 공간이 마련되어 있었다. 건평 450㎡ 규모의 안중근기념관에는 안중근 의사가 1909년 10월 26일 하얼빈역 구내에서 일본의 이토 히로부미를 사살했던 현장을 재현한 모형과 사진들이 300여점의 작품으로 전시되어 있다. 전시물 중에서 개인적으로 눈길이 가던 것은 김일성 주석과 관련해 안중근의 일화가 사진과 함께 소개되어 있는 것이었다. 어린 김일성이 안중근과 같은 유명한 열사는 못되어도 나라의 독립을 위해 목숨을 아끼지 않는 애국자가 되겠다고 한 글귀였다. 북한에는 〈안중근, 이등박문을 쏘다〉라는 영화도 제작되었는데 이처럼 안중근 의사는 한반도 전체는 물론이고 우리 민족들 가슴 깊이 남아 있는 인물이라는 것을 실감할 수 있었다. 시간이 많지 않아 급히 전시관을 둘러보며 인상 깊은 곳에서 사진을 찍는 것으로 마무리 지었다. 특히 기념관 입구에는 흑룡강 대학 조각과 교수가 제작한 안중근 의사 흉상이 자리하고 있었는데 일행들은 가장 인상 깊은 이 흉상 앞에서 그와 함께 사진을 찍었다. 전시관 정문 앞에서 조선족들이 파는 안중근 의사 관련 책 한권을 사서 나오면서 하얼빈 역에서의 감회를 또 다시 떠올렸다. 그리고 안중근기념관에서 안중근을 기리는 것으로 731부대에서의 갈등을 해소할 수 있었다. 안중근 의사는 앞에서도 언급했듯이 1910년 사행집행 직전 가족들에게 조국이 해방되기 전까지 조린공원에 묻어달라는 유언을 남기기도 했다. 이를 추모하기 위해 세워진 조린공원의 기념비나 안중근 기념관처럼 안중근 의사에 대한 각종 기념 유적이 잇따라 생긴 것은 전 흑룡강성 당사연구소장이었으며 본직을 연로해서 퇴직한 뒤 흑룡강성 안중근 의사 기념사업회를 만들고 이사장을 맡으신 김우종 선생의 신념에 찬 노력이 힘을 얻게되어 한국과의 친선을 도모하려는 하얼빈시 정부와 중국 중앙정부의 각별한 관심과 배려가 있었기 때문이라고 한다. 중국 당국은 그동안 안중근 의사를 기념하려는 여러 움직임에 대해 일본을 의식해 완강하게 반대해왔다. 과거에 안중근 의사 숭모회와 개인 사업가 이모 씨가 하얼빈 도심에 있는 중앙대로 광장공원에서 4.5m 높이의 안중근 의사 동상 제막식을 가졌으나 중국 중앙정부가 '외국인의 동상 건립은 안된다' 는 이

■ 안중근 의사 기념관 전시실

유로 10일 만에 철거된 바 있다. 당시 세워지지 못하고 흰 비닐에 칭칭 감겨 있는 안중근 의사 동상의 사진을 인터넷에서 보면서 안타까워했던 적이 있다. 다행히 지금은 정식허가를 받았다고 한다. 이렇게 안중근 의사를 기념하는 유적들이 곳곳에 생겨남에 따라 추모의 발길이 한층 늘어나게 되었다.

하얼빈 답사에 대한 단상

하얼빈은 단순한 여행지로도 매력적인 도시임에 틀림없지만 내력 있는 곳의 역사를 되새기는 답사지로는 진지하게 더듬어 볼 필요가 있는 도시이다. 우리 일행의 답사는 짧은 일정이었음에도 불구하고 참 의의가 있는 답사였다고 생각한다. 적어도 나에게는 역사와 민족에 대한 몇 가지 진중한 생각을 하게 되었기에 만족하는 뜻 깊게 남았다. 첫째로 우사 김규식을 제외하고 생각할 수 없는 독립운동에 대한 역사를 안중근 의사를 통해 다시금 짚어 볼 수 있었다는 점이다. 교과서나 책을 통한 간접적 역사경험이 아닌 역사의 현장을 직접 밟아보고 돌아보며 직접 느낀 것처럼 의미 있는 역사체험은 없을 것이다. 둘째, 하얼빈에서 안중근 의사의 거사지인 하얼빈 역, 안중근기념관 등지에서 안타까이 가슴 깊이 파고든 것은 우리 역사에 대한 관심 부족이었다. 하얼빈뿐 아니라 중국 곳곳에 남아 있는 우리의 역사를 기리기 위한 작업이 너무나 미비하다. 답사를 통해 보다 역사에 관심을 갖자는 생각의 진전을 갖게 되었다. 셋째로는 중국 곳곳에 퍼져있는 우리 민족에 대해 보다 많은 관심을 가짐으로써 민족의 위상을 더욱 굳건히 만들어야겠다는 생각을 하게 되었다. 역사적 현장 속에 있는 그들이 우리 민족의 역사를 가까이에서 지킬 수 있지 않을까 한다.

한반도 위에서든 세계 어느 곳을 다니든 우리의 역사에 대한 무지와 무관심은 항상 우리를 뒤돌아보게 한다. 중국은 우리와 인접해 있는 나라이며 역사적으로도 함께한 기간이 많은 곳이므로 우리의 역사가 널리 뻗쳐 있다. 그러나 역사 속의 현장을 가보면 우리의 관심 어린 보존의 노력을 찾아 볼 수 없다. 뿐만 아니라 역사에 대한 연구 부족으로 우리의 역사적 성취를 다른 나라에 빼앗기거나 역사적 유물을 빼앗기고도 되찾지 못하는 안타까운 현실을 중국을 비롯한 세계 곳곳에서 볼 수 있다. 역사는 현재 뿐만 아니라 과거와 미래, 모두를 볼 수 있는 우리의 거울과 같은 것인데 이에 대한 관심이 부족하여 먼지만 쌓이게 하면서 거울 속의 우리가 누구인지도 모르게 되어 가고 있는 것은 아닌가 하는 착잡한 마음을 지울 수 없다. 우리 일행들의 답사가 거울에 낀 먼지를 닦아내는 일꾼의 수고가 되었기를 바라며 하얼빈에서의 기억을 끝맺는다.

■ 하얼빈에서 장춘으로 가는 중간의 농가 마을

5 다칭[대경(大慶)]·치치하얼[齊齊哈爾]
Daqing·Qiqihar

신양선 (정신여자고등학교 도서관장)

조선인 이상촌 치치하얼의 김필순을 그리며
우사 김규식의 길 가다

시작하면서

필자가 정신여중 재학 시절, 교장 선생님이셨던 김필
례 선생님은 우리에게 존경의 대상이었다. 김필례 선생님 가문의 독립
운동 이야기들과 그분 고향에 있던 한국 최초의 솔내교회 역사는 경이
로움을 주었다. 이번 "우사 김규식의 독립운동길 따라가다"의 답사 예
정 소식을 들으며 내 가슴은 뛰었다. 김규식 박사를 생각함은 물론이거
니와 답사 일정 가운데 김필순의 이상촌인 '치치하얼' 방문도 들어있
다는 말에 마음이 설레고 두근거렸기 때문이다. 출발 날짜가 다가오자
장준하가 6천 리 7개월의 오랜 행군 끝에 임시정부 청사에 다다른 순간
의 감격을 적은 《돌베개》의 내용이 떠올랐다. "한 발자국 한 발자국을
옮길 때마다 그 얼마나 갈망했는가. 지금의 이 순간을. 걸어온 중국의
벌판과 산길과 눈길 속에 뿌린 우리들의 땀과 한숨과 갈망이 들꽃으로
가득히 대륙에 피어나고, 그 들꽃에서 일제히 합창의 환영곡이 들려오
는 듯하다"고 묘사한 글귀이다.

이제 여행을 시작하며 낯선 구릉과 거리를 버스로 달리자, 조국의 독
립을 염원하다 간 선열의 이름들을 하나 하나 불러보고 싶어진다. 독립
운동사에서 잊혀졌거나 잃어버린 이름, 또는 잘못 알려지거나 좌익 또
는 우익이라는 이유로 삭제된 이름. 역사의 깊은 골짜기에 묻혀있던 이
들의 이름에 생기를 불어넣어 피가 흐르고 살이 돋게 하고 싶은 마음
간절하다.

독립운동가들과 정신여학교

　　　　　　김규식 · 안창호 · 김필순 · 서병호 등의 독립운동가들은 언더우드와 아펜젤러 선교사와의 인연으로 경신학당, 배재학당에서 신교육을 받으며 새문안교회를 다니고 신앙생활을 한다. 그리고 이들은 국민계몽교육활동과 독립운동을 하면서 신교육을 받은 기독교 신자들과 결혼하게 된다. 여성 독립운동가들 중에는 정신여학교 졸업생들이 많다. 김마리아를 비롯해 애국부인회 회원들 대부분이 여기에 속한다. 독립운동가인 김규식 · 안창호 · 서병호 · 이갑성의 부인들은 모두 정신여학교 출신이다.[1]

　김규식이 1906년 결혼한 첫 번째 부인은 정신여학교 졸업생 조은애趙恩愛다. 두 사람은 언더우드가 세운 새문안교회에서 결혼하였으나, 1917년 중국 장가구에서 부인이 폐병으로 작고한다. 그 후 1919년 1월 19일 결혼한 부인 김순애도 정신여학교 출신으로 김필순의 누이동생이 된다. 안창호는 여자도 공부해야 된다며 조부가 고향에서 정해준 약혼녀 이혜련과 동생 신호를 데리고 상경하여 1896년 정신여학교에 입학시켰다. 그래서 이혜련은 15세 때 입학하여 17세가 될 때까지 2년 간 수학하고 결혼하였다.

　김필순의 집안사람들은 한국 근 · 현대사에 지대한 영향을 끼친 사회 · 문화적 선각자들이고 구국운동의 선봉자들이다.

　그의 집안 가계도를 보면 '이 가족사가 곧 한국의 독립운동사' 라고 할 만큼 많은 대표적 독

1
정신여학교는 1887년 미국 북장로교 선교사 애니 엘리스에 의하여 정동의 제중원 사택에서 정동여학당으로 설립되었다. 1895년 연지동으로 이사하면서 연동여학당으로, 1907년 정신여학교로 바뀌어 1907년에 제1회 졸업생을 배출하였다. 이 때 1회로 김필례가 졸업한다. 당시 정신여학교에서 가르친 학과목은 성경 · 국어 · 한문 외에 산술 · 역사와 지리 · 습자와 도화 · 음악 · 가사와 침공 · 생물과 위생 등 다양하였다. 학생들은 제중원에 가서 의학생들과 같이 실험하며 배웠고 서양사와 천문은 선교사 게일(J. S. Gale; 奇一) 박사로부터 직접 배웠다. 4년제였던 정신여학교는 1912년에 사범과 2년제를 추가로 설치하였으나 1938년에는 신사참배 거부로 폐교하였다. 그 후 1947년 미군정으로부터 재인가되어 2007년 현재 개교 120주년을 맞는다.

김필순 가계도

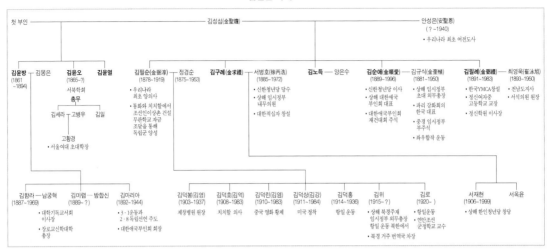

※ 출처:《상하이올드데이스》 p.50에서 수록 및 보완

립운동가들이 배출되었다. 예를 들면, 김마리아·김필순·김순애·김규식·서병호 등이다. 이 집안에서 정신여학교에 다닌 사람들은 김필순의 동생인 구례·순애·필례, 조카인 함라·미렴·마리아·세라 등이다. 당시는 정신여학교에서 학생들에게 학비를 받지 않던 시절인데, 김필순은 학생들이 무료로 교육과 숙식을 제공받는 것이 부당하다면서 동생의 등록금인 학비를 보냈다는 일화가 전해온다.

일제시대 신사참배를 거부하기 위해 1938년 자진 폐교한 정신여학교는 해방 후인 1947년 7월 12일 미군정으로부터 복교 허가를 받는다. 그러나 학교를 재건하는 데 많은 어려움이 따랐고, 그 중 시급한 것은 학교에 울타리를 치는 일이었다. 그것은 거액의 예산이 소요되는 큰 공사로 엄두도 못 낼 형편이었지만, 그중 1/3을 김순애가 희사하여 일이 시작되었다. 당시 정신여학교 교장으로 있던 김순애의 동생 필례가 학교 재정을 걱정하자 형부인 김규식이 선뜻 첫해의 교직원 월급을 부담하겠다고 하였다. 김 교장은 생활이 어려운 형부에게 급료를 지원받는 것이 미안하였지만 월말이면 도움을 받아야 했다. 그해 12월 눈이 유난히 많이 오던 날, 김 교장은 차라리 눈길에 미끄러져 죽고 싶은 심정으로 형부가 거처하던 삼청장으로 갔다. 김규식은 백지장 같은 얼굴로 들어오는 필례 교장을 보고 버선발로 뛰어나오며 "처제 울지 마시오, 여깄소, 여깄소, 돈 여깄소, 걱정 마시오"하며 미리 준비해 두었던 돈을 주었다고 한다. 이와 같이 정신여학교는 학교건립에서 재건에 이르기까지 김 씨 집안과 깊은 인연을 맺으며 발전하여 왔다.

대경을 지나며

무더위가 기승을 부리던 1차 답사와는 달리, 2차 때에는 북만주로 올라가면서 더위가 제법 누그러졌다. 답사를 시작한 지 5일째 되는 8월 17일 목요일 아침 8시 20분 버스가 하얼빈에서 대경大慶을 향하여 출발하였다. 그 전날 화산호수 경박호에 다다를 때까지 벌판에 무수히 보이던 해바라기 꽃들이 뜸해지기 시작한다. 노랗게 펼쳐져 끝도 없이 이어지던 해바라기 꽃들을 바라보며, 러시아 혁명을 배경으로 한 데이비드 린 감독의 〈닥터 지바고〉가 생각났다. 여주인공 라라의 얼굴 뒤로 해바라기 꽃이 비추이고, 다시 만날 기약 없는 연인을 보내고 돌아서는 지바고의 뒷모습 사이로 어둠 속의 해바라기가 화면 가득히 덮이던 장면……. 그 해바라기들이 하얼빈에서부터는 제법 모습을 감추고 작렬하는 정오의 햇빛이 옥수수밭에 눈부시다. 이곳에서 재배되는 주요

작물은 옥수수, 콩, 담배 등이란다. 잠시 버스에서 내려 1개에 1.5위엔 하는 찐 옥수수를 사서 먹으니 우리나라 강원도 찰옥수수같이 맛있다.

대경을 향하여 한참 동안 속도를 내며 달려가자 풀과 야생화가 핀 벌판이 나타난다. 그리고 대경시로 들어서니 도로 양편으로 싱그러운 가로수가 울창한 그늘을 만들고 깨끗하고 단아한 아파트 건물들이 늘어서 있다.

하얼빈을 떠난 지 3시간 반 만인 오전 11시 50분이다. '구저□猪'라는 식당에 들려 족편, 돼지 간, 옥수수와 호박을 말린 음식으로 점심식사를 하고 '대경석유기술박물관大慶石油技術博物館'을 관람하였다.

■ 대경시 석유기술박물관 정면

대경은 원래 초원이란 뜻의 살도薩図라고 불리던 작은 마을이었다. 그러다가 1959년 9월 26일 석유가 나오자 주은래 총리가 큰 경사라는 뜻으로 '대경' 이라고 이름 지었다. 이때부터 개발되기 시작한 대경 유전은 중국 최대 규모의 육지원유 생산지가 된다. 현재는 지하 심층 암석층을 뚫는 기술이 개발되어 이미 20여 개의 새로운 천연가스전을 탐사해내는 데 성공하였다. 그리하여 원유 및 천연가스 등의 지하자원을 개발한 연간 채유량이 4,300만 톤이나 된다. 그만큼 도시경제 수준도 자연히 높아져 학교 시설 등이 꽤 좋아 보인다. 대경시 양호로구讓胡路区에 1995년 9월 16일 개관한 이 박물관은 건물 총면적이 7,166㎡, 전시실이 1,330㎡로

■ 대경시내의 석유 원료를 뽑아 올리는 채유궤

37개의 전동電動 모형과 1,280개의 다양한 샘플 등이 전시되어 있다. 길거리 양쪽으로는 원유채굴 기구인 채유궤采油机가 곳곳에 보인다.

관광객을 위한 상징물로 채유궤를 세운 것이려니 하고 가까이 가서보니, 직접 채굴하는 현장이다. 조지 스티븐스 감독의 영화 〈자이언트〉에서 제임스 딘이 터져나오는 석유를 얼굴에 뒤집어쓰고 소리 지르며 좋아하던 장면이 떠오른다. 석유가 처음 나오던 그 시절 이곳 중국 사람들도 그처럼 좋아했겠지!

석유로 현대중국 경제발전의 원동력이 된 도시 대경을 돌아보자니 지하자원 하나 변변치 못한 내 나라 땅 생각에 마음이 씁쓸하다. 백 년전 끝도 안보이는 고통의 터널을 지나며 살 길 찾아가던 땅, 일제의 압정이 미치지 못할 이상향을 꿈꾸며 가던 터, 김필순의 치치하얼. 우리는 그 곳을 향하여 오후 2시 20분 다시 버스에 올랐다.

■ 대경에서 치치하얼까지의 늪지대

꿈의 이상촌 치치하얼에 이르니

김필순[2]

    '치치하얼齊齊哈爾' 하면 먼저 떠오르는 인물은 의사 김
필순金弼淳이다. 그는 우리나라 최초의 교회가 세워진 황해도 소래마을
에서 태어나 14세인 1891년 11월경에 결혼하고 1894년에 기독교 교인
으로서 세례를 받는다. 소래마을에 다니러 온 선교사 언더우드의 권유
로 17세에 서울로 올라와 배제학당을 마치고 세브란스의학교(제중원의 후
신)를 1회로 졸업한다. 월간지 *The Korea Mission
Field* 1911년 1월호에는 표지 사진으로 그가 실리고,
김규식의 글이 게재되어 있다. 김필순은 의사가 되
기 위해 Drug Clerk, 간호부 혹은 외래 및 병원보조원
으로서 거의 15년 간을 노력하며 일한다. 때로 그는
목표에 절대 도달할 수 없다고 상심하기도 했지만
오랫동안의 힘든 의학과정을 거쳐 마침내 한국 최초
로 면허받은 양의사가 된다.

    그 때 그는 앞날에 대해 어떤 꿈을 가지고 있었을
까? 당시 세브란스의학교 에비슨 교수는 한 졸업생
이 스승의 수고를 생각하여 모교에 남기로 해서 감
동했다고 한다. 아마도 이 학생은 세브란스에서 경
력으로나 실력으로나 경영 후계자로서 최적의 인물
로 지목되던 김필순일 것으로 보인다. 그는 대학 재
학 중에 세브란스 의과대 학생으로, 에비슨 교수의

2
김필순에 대한 내용 중, 세브란스의학교 생활
에 대해서는 박형우(1998)의 〈大醫 김필순〉,
《의사학》 13호, 치치하얼에서의 생활에 대해
서는 박규원(2003)의 《상하이 올드데이스》,
민음사를 많이 참고하였음을 밝혀둔다.

김필순 연보
1878년 6월 25일 황해도 소래마을에서 탄생.
1891년 11월경 정경순과 결혼.
1894년 세례(언더우드로부터).
1895년 언더우드의 권유로 상경하여 배제학
    당 수학(4년간).
1908년 6월 3일 세브란스의학교 정규 1회 졸업
    (病棟과 외과의 副醫師, 의학교 교수).
1908년~1909년 세브란스 간호원 양성소 교수.
1910년 의학교 책임자(현 교무부장), 해부학
    과 생물학 강의.
1911년 1월 *The Korea Mission Field*(월간) 커
    버 사진 게재 (글: 김규식).
1911년 세브란스 외래 책임자.
1911년 6월 2일 부의장(associate chairman)
    자격으로 졸업식 참석.
1911년 12월 31일 서간도 통화로 망명.
1916년 몽골 근처의 북만주 치치하얼로 이주.
1919년 윤7월7일 치치하얼에서 서거.
1997년 독립유공자로 건국훈장 애족장 추서.

■ ① 1917년 졸업앨범에 실린 2회 졸업생 사진. 홍석후(아래줄 왼쪽 첫번째), 박서양(아래줄 왼쪽 두번째), 김필순(아래줄 오른쪽 끝)이 교수진으로 참여하였다.

② THE KOREA MISSION FIELD 1911년 1월호 표지에 실린 1회 졸업생 김필순. 그는 에비슨을 도와 의학교과서를 번역하는 등 주요한 조력자로 활동하였다.

③ 1908년 세브란스의학교 1회 졸업생이 배출되었다. 가운데 있는 허스트 교수를 중심으로 7명의 졸업생 김필순, 김희영, 박서양, 신창희, 주현칙, 홍석후, 홍종은이 기념촬영을 하였다.

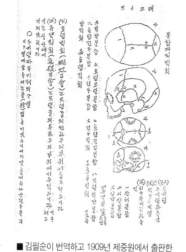

■ 김필순이 번역하고 1909년 제중원에서 출판한 《신편 화학교과서》　　■ 김필순이 번역하고 1909년 제중원에서 출판한 《해부학》　　■ 김필순이 번역하고 1910년 세브란스병원에서 출판한 《외과총론》

조교로, 저학년의 강의 담당자로, 병원 경영 보조자로, 의학 서적 번역자로 일했다. 그는 의학교수이면서 선교사였던 에비슨을 도와 강의에 쓰일 교과서를 다수 번역하였다. 즉 《내과》·《외과총론》·《해부학 권1》·《신편 화학교과서. 무기질》·《신편 화학교과서. 유기질》·《해부생리학》 등을 번역·출판하며 교수로서의 자질을 닦았다. 또한 그는 의학연구와 임상에 뛰어나서, 특히 외과와 산부인과에서 좋은 평판을 얻었다. 1911년 초에는 시약소 책임자이자 세브란스 의학교의 과장직을 맡고, 세브란스를 새로 건축하기 위해 설계사 고든의 통역을 맡았다. 뿐만 아니라 난방과 배관공사 작업에도 참여하였고, 병원급식 문제도 해결하는 등 병원 책임자로서의 소양도 닦았다.

　그렇지만 이와 같이 전도유망하던 그가 앞날을 예측할 수 없는 몸으로 망명해야 하는 시간이 다가오고 있었다. 1907년 8월 대한제국 군대가 일본군에 의해 강제해산 당하는 과정에서 군인들이 많이 다치자, 세브란스 병원은 밀려드는 환자들로 아비규환을 이루었다. 이에 김필순은 그의 누이인 필례, 조카인 함라·미렴·마리아 등을 병원으로 불러들여 부상병들을 여러 날 간호하게 하였다. 안창호도 함께 도와 그 자리에서 밤새도록 부상병을 간호했다.[3] 당시 김필순은 안창호·양기탁·신채호 등이 조직한 신민회에 가입하여 독립운동에 적극 참여하고 있었다. 그는 자신이 경영하던 '김형제 상회' 위층을 안창호에게 접빈실로 제공하여 회합 장소로 활용하게 하였다. 신민회 회원들은 세브란스병원에 있는 김필순의 집에서 회의를 열기도 하였다.

그러나 1910년의 한일합방을 전후한 시기는 더 이상 국내에서 민족독립운동을 계속할 수 없는 상황이었다. 대한제국 군대가 강제해산을 당하자 신민회는 1909년 봄, 국외 독립운동 기지 건설, 무관학교 설립, 서·북간도와 연해주에 한민족의 집단이주 등에 관한 문제를 본격적으로 논의하게 되었다. 그러다가 1911년 9월 총독부가 신민회를 중심으로 항일지식인 7백여 명을 검거하는 105인 사건을 일으키자, 김필순은 조국을 떠나야 할 위기에 처하게 되었다. 그래서 일경에 쫓겨 "신의주에 난산을 겪고 있는 임산부가 있어 내게 전보로 왕진을 요청하는 까닭에 외출한다"는 쪽지를 남겨놓고 황급히 떠나게 된다. 이 날이 1911년 12월 31일로 그의 나이 33세 때다. 서간도 통화로 떠나는 김필순은 세브란스 2회 졸업생인 이태준의 배웅을 받으며 열차에 올랐다. 김필순이 먼저 망명하고 이태준은 사태의 추이를 지켜본 다음 뒤따르기

3
김필순은 안창호(1878~1938)와 의형제같은 사이였다. 김필순이 배재학당을 다닐 때 배재협성회의 활동을 통해 안창호와 친교를 맺기 시작한 것으로 추측된다. 1902년 안창호가 구리개 제중원 구내에서 결혼식을 올릴 때 김필순이 초청인으로 되어있고 결혼비용도 담당했다. 안창호는 결혼 후 잠시 동안 김필순의 집에서 신혼살림을 하다가 미국으로 유학을 떠나고, 귀국해 서울에서 신민회 활동을 할 때 김필순 집에서 숙식하였다. 안창호가 안중근의 이토 히로부미 저격 사건 배후 인물로 지목되어 일본군 헌병대에 체포되어 모진 신문을 받고 1910년 2월 20일경 석방된 후 세브란스에 입원하였을 때 의사 김필순의 도움을 받았다. 이 때 이태준이 안창호의 권면으로 신민회의 자매단체인 청년학우회에 가입하게 된다.

■ 김필순이 중국으로 건너가기 전인 1910년경
서울에서 부인, 장남 김영과 함께.

로 하였다. 하지만 이미 병원 안에 두 사람이 망명할 것이라는 소문이
퍼진 것을 알고 이태준도 서둘러 1912년 중국의 남경으로 향한다. 김규
식도 그 다음해인 1913년 상해로 망명한다.

김필순의 첫 정착지, 통화

통화通化지구는 길림성 남부, 압록강 위쪽에 자리한 지
역으로, 조선인들은 1875년 전후 이곳에 이주하기 시작하였다. 그리고
1906년 4월경부터 연길현 용정촌에 이상설·이동녕·이회영 등이 서
전서숙을 설립하고, 1908년 명동촌에 명동학교가 설립되는 등 조선독
립군 기지와 조선인촌이 형성되었다. 이회영은 삼원보에 밭을 사 경작
하며 1911년에 경학사를 만들고 류하현 내에만 26개의 학교를 세웠다.
또한 후에 신흥무관학교가 되는 신흥무관강습소를 세웠다. 1914년에
는 백서농장을 세우고 수전농을 보급하였다. 이 농장에서는 무려 385명

이나 되는 학생이 생산자급과 군사훈련을 함께 하였다. 1909년 이승희는 봉밀산 밑 한흥동에 100여 가구를 이주시키고, 1914년에 이동휘는 왕정현 나자구에 대전학교를 세워 군사와 민족교육을 실시하였다. 이같은 1910년대의 독립군기지 개척운동은 1920년대의 봉오동·청산리 전투 등으로 이어진다. 그리고 더 나아가 1920~30년대에는 항일무장투쟁이 전개되는 바탕이 된다.

1910년을 전후로 망명자들이 간도로 떠나가던 시절 국내에서는 간도에 대한 온갖 말들이 다 돌았다. 심지어 거기는 땅이 기름지고 좋아서 구덩이만 크게 파놓으면 팔뚝만한 서속(기장과 조)이 절로 자란다는 과장된 소문이 돌기도 했다. 1911년 1월 이상룡 등 50여 식솔들이 서간도로 망명을 떠나던 때의 불안하던 상황을 허은(이상룡 손부)여사는《아직도 내 귀엔 서간도 바람소리가》에서 회고하고 있다. 신의주행 기차를 탔는데 독립운동가를 잡아내려는 일본 수색원들이 한 의자에 두 사람씩만 앉게 하고 칸마다 수시로 오가면서 감시를 했다는 것이다.

이러한 때에 김필순도 경의선 기차를 타고 신의주에 도착해 압록강을 건너 단동에서 마차로 서간도 통화에 도착하였을 것이다. 통화로 올 때 그는 망명의 목적을 분명히 정하고 왔다. 일제의 탄압은 극도에 달하고 1911년 10월 중국에서 신해혁명이 일어나자, 그 혁명전선에 위생대로 종사할 생각으로 중국행을 결심한 것이다. 그러한 내용이 미국에 있는 안창호에게 보낸 편지에 잘 나타난다. 그런데 막상 김필순이 도착해보니 형편은 막막하기만 하였다. 망명해오는 동포들의 참상이 극심하고 독립운동가들의 물적·인적 자원의 부족이 심각하였다. 그래서 동지들의 요청에 따라 동포들이 정착할 수 있게 이곳에 병원을 세우고 의료봉사를 하기로 마음을 정한다. 당시 독립운동가들에게 있어 서·북간도 지역은 운동기지로서 중요시되었다. 왜냐하면 항일 지식인에 대한 일제의 무자비한 검거 열풍이 직접 미치지 않는 거리에 있으면서 우리나라와 가깝다는 점, 과거 우리민족의 활동 무대였던 점, 상당수 한인들이 이미 정착하고 있다는 점 등의 이유 때문이다. 김필순이 이곳을 정착지로 선정한 이유는 또 있다. 조선인들이 살지만 병원이나 의사가 하나도 없다는 점, 병원에서 번 돈으로 신흥무관학교를 지원할 수 있다는 점, 그곳을 중심으로 조선인만의 새로운 이상촌을 개척할 수 있다는 점 등이다.

통화는 약 800호 정도에 1만 6천 명 정도가 사는 작은 마을이지만 도시 외곽에는 주인 없는 빈 땅이 아주 많았다. 그래서 김필순은 일본에 유학중인 동생 필례에게 서간도로 들어오라는 전갈을 인편에 보낸다. 어느 날 새벽에 필례의 기숙사로 찾아온 손님이 감추어 온 것을 건네주었다. 그것은 종이로 꼰 새끼였고 풀어보니 종이조각마다 순서를 적어 넣은 편지였다. 편지 내용은 자신이 국내의 일로 일경에게 쫓기는 몸이 되어 서간도로 왔는데, 그곳에서 인생을 개척할 생각이며 지금까지 꿈꾸어 오던 이상촌을 세우겠다는 것이다. 그리고 그곳에서 독립군을 양성하여 우리나라 독립의 기틀을 닦으려 하니, 그곳으로 와 그동안 배운 지식으로 교육을 맡아주기 바란다는 것이다. 그러므로 편지를 전해 준 분을 따라 귀국하는 즉시 가족들을 데리고 서간도로 오라는 내용이다. 이 편지를 보면 김필순이 망명지에서 세운 계획이 얼마나 구체적인지 알 수 있다. 첫째, 자신은 이미 죽은 몸이 다시 새롭게 사는 인생으로 둘째, 계획해오던 이상촌을 건설하고 셋째, 독립군을 양성하는데 넷째, 독립국으로서의 기틀을 다지기 위한 목적으로 다섯째, 장기적으로 추진하겠다는 것이다. 그래서 그는 연동여학교(정신여학교의 전신)에서 교사

생활을 하다가 동경여자학원에 유학중이던 동생의 도움을 구한 것이다. 그러나 모친은 필례가 공부를 중단하는 것을 완강히 반대하여 김필순의 모친, 부인, 네 명의 아들, 그리고 누이동생인 순애(후에 김규식의 부인이 되는)만이 통화로 들어간다.

한편 김필순은 안창호에게도 통화의 사정을 편지로 전하면서 의료사업에 필요한 약품과 간단한 의료기구들을 급히 보내 달라고 요청하였다. 안창호는 이미 1910년 북만주에 농장과 무관학교를 창설하기 위해 이갑 등과 함께 미국에서 상해를 거쳐 블라디보스토크를 다녀간 적이 있다. 그러므로 이곳 실정을 아는 안창호와 망명촌에 대한 구체적인 이야기를 나누었을 것으로 생각된다. 한편 이태준이 1912년 7월 16일자 편지에서 미국에 있는 안창호에게 김필순의 연락처를 물은 것으로 보아 이태준의 망명지 결정은 김필순과 무관한 듯하다. 하지만 안창호로부터 답신을 받은 이태준이 김필순과 서로의 근황을 교환하였을 것이다.

1914년 김규식은 이태준·유동열과 함께 군사훈련 학교를 세울 목적으로 몽골의 고륜(현재의 울란바토르)에 간다. 거기서 김규식은 변장하고 압록강을 건너 의주까지 가 자금을 모집하게 되는데 이때 통화에 있던 김필순으로부터 자금지원을 받은 것이 틀림없을 것이다. 그러나 김규식은 군사훈련학교 건립의 뜻을 이루지 못하고, 이태준은 고륜에서 의료활동을 하면서 독립운동을 전개한다. 한편 1913년에 신흥무관학교와 서간도 각지를 순방하던 여운형도 김필순과 자연스럽게 연결되었을 것이다. 1914년 7월 1차 세계대전이 일어나자 독립운동가들은 국제정세가 우리의 독립에 미칠 영향에 대해 더욱 예민하게 촉각을 세우게 된다. 따라서 이들은 조국을 떠나 먼 거리에서 서로의 정보를 교환하며 지략을 모았을 것이다. 그리고 1914년 간도 용정에는 캐나다 장로교회 목사 박걸에 의해 '제창병원'이 세워지니 김필순이 설립한 병원보다 2년 뒤가 된다.

김필순이 통화에서 한 의료활동 중에는 이회영 부인(이은숙)과 한용운의 생명을 구한 일이 있다. 이회영이 블라디보스토크를 거쳐 국내에 들어가던 해인 1913년 음력 10월 20일 새벽 4시쯤에 일어난 일이다. 마적떼 5, 60명이 조선인 마을을 덮치고 총을 쏜 것이 이은숙의 왼쪽 어깨에 맞았다. 세 살 난 규숙과 6개월 된 아들 규창은 품에 껴안아 목숨은 보존하였으나 세 사람 모두 유혈이 낭자하였다. 이은숙이 이틀 밤 하루 동안 피를 쏟아 위험하자, 소식을 들은 김필순이 통화에서 240리나 되는 길을 밤새 달려와 구해주었다. 그리고 이은숙은 김필순의 적십자 병원으로 옮겨져 쌀밥에 고기를 먹는 대접을 받으며 40일 간 치료받고 퇴원하였다. 신흥무관학교의 경비를 전적으로 지원하던 김필순으로서 독립운동 영도자의 아내를 얼마나 정성스럽게 돌보았을 것인가! 또한 그는 세브란스의학교에서 충분한 기간 동안 이론과 실무를 닦아 당시 미국이나 캐나다의 의대출신과 비교해 전혀 손색이 없는 실력이었으므로 적절한 처방이 생명을 구한 것이다. 이은숙은 그의 책에서 김필순이 온몸을 바쳐 독립의 때를 기다리며 살던 동지였다고 술회하고 있다.

또 하나의 일화는 신흥무관학교를 찾아온 한용운에 관한 일이다. 하루는 조선서 어떤 신사 같은 분이 와서 몇 달을 유하다가, 이회영에게 자기가 돌아가야겠는데 여비가 부족하다고 걱정하였다. 그래서 이회영은 30원을 주며 작별했는데 수일 후 그 사람이 통화현 가는 도중 굴라제 고개에서 총을 맞았다는 것이다. 이회영이 놀라서 혹 무관학교 학생이 그를 밀정으로 의심하여 한 짓이 아닌지 불러 꾸짖고, 달려가 통화병원에서 치료받게 하였다. 그는 결국 무사히 귀국하게 되고 이를 계기로 이들은 서로 가까운 사이가 되었다. 이 때 그를 치료해준 사람도 당연히 의사 김필순이다. 훗날 1917년경 이회영은 그때 총을 맞은 신사 같은 분이 한용운인 걸 알고서 그의 부인에게 웃으며 말하였다는 것이다. 그가 총을 맞고 최후를 마쳤으면 기미만세 때 누구하고 독립선언서를 지었을 것이며 33인 중 한 분이 부족하지 않았겠느냐고.

이와 같은 통화에서의 보람찬 의료생활도 날로 심해지는 일제의 감시와 압박 때문에 더욱 어려워지게 되었다. 여기에 설상가상으로 중국의 정치 상황과 빈번한 마적들의 출몰이 맞물리면서 김필순은 새로운 정착지를 물색해야 했다. 그는 결국 독립운동 기지건설 내지 이상촌의 꿈을 펴기 위해 몇 군데를 거쳐 더 외진 지역인 내몽골 근처의 북만주 치치하얼로 1916년 옮기게 된다.[4]

두 번째 안착지, 치치하얼

통화는 이번 답사일정에 들어있지 않아 가보지 못하고, 대경에서 치치하얼로 바로 떠났다. 치치하얼로 가는 국도는 아스팔트길이지만 먼지가 날리고 버스 기사는 몇 번이나 행인들에게 길을 물으며 간다. 중국 동북부의 끝에 몽고 자치구와 맞닿은 곳, 아직도 개발되지 않은 광대한 땅이 널려있는 곳, 치치하얼을 향해 우리는 더위 속을 달린다. 그곳으로 가는 동안 앞뒤를 돌아봐도 광활한 벌판에는 구릉이나 산이 보이지 않는다. 유럽의 초원지대는 물론 몽골의 초원과도 다른 모습이다. 가슴이 설렌다. 우리 조

4
조선독립군이 봉오동 · 청산리전투에서 승리하자 일본은 1920년 마적들을 매수하여 일본영사관을 습격하게 하였다. 그리고 이를 조선독립군의 소행으로 규정하면서 연변, 통화의 조선인 3천 명을 살해하여 통화의 조선인촌은 자취가 없어지게 된다. 김필순은 이 난동을 미리 피한 결과가 되었다.

상이 살던 부여, 고구려, 발해의 땅이어서인가! 만주에서 이동해온 유목
민족의 피가 내 몸속에 흐르는 걸까! 창밖으로 가을날 같이 투명하게 맑
은 새파란 하늘에 하얀 뭉게구름이 멀리 떠있다. 얼어붙는 추위 속에 좌
절을 보따리에 담고 떠나던 선조들의 숨결은 아무래도 느껴지지 않는다.
오히려 드넓은 벌판을 보자 아이러니하게도 중화인민공화국 국가와 신
흥무관학교의 교가가 귓전에 오버랩 되며 울려 퍼진다.

> 일어나라 노예가 되고 싶지 않은 사람들/ 우리의 피 땀으로 새로운 장성
> 을 쌓자 … 최후의 순간까지 투쟁하자/ 일어나라 일어나라 … 적진의 화
> 염 속에 전진하자/ 전진하자 전진하자 전진.

> 칼춤 추고 말을 달려 몸을 단련코/ 새로운 지식 높은 인격정신을 길러/
> 썩어지는 우리 민족 이끌어 내어/ 새 나라 세울 이 뉘이뇨?/ 우리 우리
> 배달 나라의/ 우리 우리 청년들이라/ 두 팔 들고 소리질러 노래하여라/
> 자유의 깃발이 떴다.

하얼빈에서 서쪽으로 송눈松嫩 평원을 뚫고 약 290km 지점에 이르자,
흑룡강黑竜江성 제2의 도시이며 북부지구의 경제·문화·교통의 중심
지인 치치하얼에 도착하였다.

치치하얼은 번화하고 활기찬 하얼빈과는 달리 도시라기엔 웬지 황량
하고 쓸쓸한 느낌이다. 이곳은 300년 이상의 역사를 지닌 도시로 52,600
km²의 면적에 인구는 590만 명, 그 중 시가지의 인구는 140만 명이 된다.
다구르족·만주족·몽고족·회족·조선족 등 20개 이상의 소수 민족
으로 구성되어 있다. 치치하얼을 포함한 흑룡강성 서북부 지역에 조선
족이 3만 7천 명(1997년 통계)이나 살고 있다는데 시간이 촉박해 거리에서
조차 만나보지 못하였다. 치치하얼에는 조선인 마을로 매리스구 선명

촌과 용강현 민화향 조양촌 등이 있다. 선명촌은 1953년 허성화가 10여 호를 이끌고 황량한 목초지를 개척하여 현재 100호 300명의 제법 큰 마을을 이루었다. 1967년부터 개척한 조양촌은 180호 800명이 살았지만 현재는 60호 150명이 사는 정도라고 한다. 이들은 처음에 호미와 괭이로 땅을 일구어 마을을 형성하였으나 거듭되는 홍수를 견디지 못해 결국 많은 사람들이 다른 곳으로 이주하였다고 한다.

다구르어로 '천연목장' 이란 뜻의 치치하얼은 시 남부에 대 습지대를 이룬 초원이 펼쳐져 유목 생활하는 사람이 많다. 이곳은 명明 이후 유목민인 다구르족과 퉁구스족이 들어와 개발한 작은 시골 목축지였다. 그러다가 러시아 국경과 접한 이유로 17세기 후반부터 러시아의 침략을 대비하는 청의 주요군사 주둔지가 되었다. 제정 러시아가 청나라로부터 따낸 동청철도가 1903년 개통되면서 교통의 중심지로 부상하고 공업화가 시작된다. 그리고 1931년부터 1945년 신중국 성립까지, 이 지역은 일본의 침략을 받는 수난을 당하게 된다. 현재는 기계 · 철도차량 · 자동차를 만드는 공업도시로 방적 · 목재 등도 발달하였다. 농작물은 옥수수 · 밀이 주요 작물로 물자가 풍부하지 못해 음식문화는 발달하지 않았다. 문화재로는 우수리 강변에 있는 중국최대의 철새 도래지 찰용紮龍 자연보호구와 이슬람 사원인 청진사清真寺가 있다.

우리 일행은 오후 5시나 되어 도착한 탓에 찰용자연보호구와 4시면 문을 닫는 역사박물관을 관람하지 못하였다. 섭섭하지만 중심부에 흐르는 아름다운 강을 뒤로 하고 큰 인공호수를 품에 안은 치치하얼대학을 지나 치치하얼시(건화구 중화남로建華区 中華南路)에 있는 '청진사' 에 들렸다. '돼지고기를 안 먹는 깨끗한 집' 이란 뜻의 청진사는 아라비아인들이 7세기경부터 중국에 들어와 세운 이슬람사원으로, 중국 대부분의

주요 도시에 산재해 있다. 예를 들어 서안의 청진사는 당나라 현종 때인 724년에 창건되어 1,250년의 역사를 지닌다. 청진사는 터키 이스탄불 같은 곳에서 볼 수 있는 아름다운 첨탑과 둥근 지붕이 없으면서 중국 전통가옥 구조인 사합원四合院(가운데 마당을 중심으로 ㅁ자 형태의 건축물)의 양식을 띠고 있다. 그래서 중국의 건축양식에 이슬람 사원의 아름다움을 최대로 수용한 양식이 이루어진다. 외부에서 전래된 종교를 중국문화의 거대한 틀 안에 흡수시킨 포용성을 보여준다.

'복규청진사卜奎清真寺'라고도 불리는 치치하얼의 청진사는 300년 전인 1684년(청, 강희 23년)에 세워졌다. 이 건물은 도시가 처음 생겼을 때 초가집으로 시작한 것이, 지금은 동북지방에서 제일 오래되고 큰 사원으로 모스크와 서북 양식이 융합된 정교한 건축물로 알려져 있다. 건축이

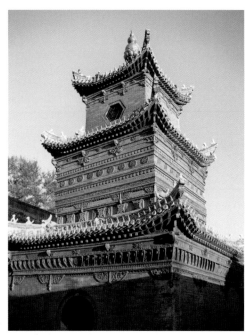

■ 치치하얼 청진사 3층 누각

웅건하며 장식이 독특하고, 건물 전체는 벽돌로 쌓았으나 모습이 투박
하지 않다. 건물 위로 보이는 3층 누각은 요란하지 않으면서 날렵하다.
목조 부분은 전국에 드물게 보이는 학성鶴城의 보배처럼 정미하게 만들
어졌다. 백년 이상 오래된 느릅나무와 정향나무가 고건축과 서로 어울
려 범속을 넘어서는 초탈한 모습을 보여준다. 여러 차례 난을 겪었어도
보존이 잘되어 의연하게 서있는데, 문화혁명 때 파손된 곳은 다시 보수
하였다. 현재 신자 수는 2만 명에 달한다고 한다. 한자에 익숙한 내 눈
에는 곳곳에 장식된 아라비아 문자가 기이하면서도 멋있고 신선하기까
지 하다. 정문 밖으로 나오니 거리의 먼지가 온몸을 휩쓸고 지나간다.
청진사의 경건함과 아름다움, 그리고 중국인의 융통성마저 한순간 바

람에 묻혀 사라지는 듯하다. 시가지에 눈을 돌리니 다른 종교적인 건물의 모습은 보이지 않는다. 소피아 성당을 비롯한 러시아 동방정교회당이 19개나 있는 하얼빈의 거리와는 사뭇 다르다. 현지 가이드에게 물어보니 개신교 예배당은 보지 못했다고 한다. 기독교 신자인 김필순이라면 이곳에서 이상촌을 건설하며 교회부터 세웠을 텐데 하는 아쉬움에 마음이 허전해진다.

김필순이 이곳 치치하얼로 이주할 때는 통화에서 심양으로 가서, 하얼빈을 거쳐 동청철도를 타고 왔을 것이다. 그가 치치하얼로 주거지를 옮긴 까닭은 일제의 압정을 피할 수 있다는 이점 뿐 아니라 동청철도를 이용할 수 있는 편의성 때문으로 보인다. 치치하얼은 몽골의 중심인 고륜이나 러시아 접경인 만주리, 동북지역의 중심인 하얼빈과 연결되는 교통로이다. 그러므로 몽골에 있는 이태준이나 김규식과 같은 독립운동가들이 만주 등지를 다닐 때 거쳐 가거나 연락할 통로 내지는 지원처가 되리라 생각한 것일까.

그는 이곳에 도착하자 먼저 러시아 군의관 직함을 갖고 치치하얼 시관병원의 의사가 되었다. 그리고 자신이 사는 관사에 따로 개인병원을 내어 동네 주민들이 이용하도록 하였다. 한편 중국 국적을 취하여 130여 리가 넘는 허허벌판, 끝이 안보일 정도의 땅을 구입하였다. 그 땅은 일본인의 감시가 전혀 닿지 않을 것으로 보이는, 조국으로부터 멀고 먼 땅이었다. 겨울이면 영하 40도까지 내려가는 황무지나 다름없는 황량한 들판에서 그가 그토록 꿈꿔온 이상촌 건설에 착수한 것이다. 그는 러시아제 농기구를 사들여 동포 빈농 30가구를 받아들이고 집을 짓고 농토를 개간하기 시작하였다. 조선인 이상촌을 건설하여, 그것을 바탕으로 중국 일대에 흩어져있던 청년들을 모아 독립군을 양성하는 거점

■ 김필순의 활동무대

을 마련하기로 한 것이다.

　서울에서 김형제 상회를 함께 운영하면서 목재상과 인삼무역을 하던 형 윤오도 와서 감독 일을 맡았다. 어머니 안 씨도 흙벽돌을 직접 찍었다. 동생 필례 부부에게도 같이 일하자고 하니 1918년 6월에 결혼식을 올린 신혼초의 그들도 선뜻 치치하얼로 왔다. 일본 동경여자학원을 졸업한 필례는 학교를 열고 글을 가르쳤는데, 1916년 여름에도 이곳에 와서 피아노 연주를 해준 적이 있었다. 필례의 남편 최영욱은 세브란스 6회 졸업생으로 광주기독병원에서 일하던 의사였으나 이곳 김필순

의 개인병원 일을 도왔다. 그러므로 이 마을은 김 씨 집안의 형제들이 주도적으로 연합해 이룬 공동체다. 그러다가 오래지 않아 필례가 임신하자 입덧이 심하고 홀시어머니를 봉양해야 하는 문제로 부부는 다시 광주로 돌아가 서석의원瑞石医院을 개원하게 된다.

　'이상촌' 건설은 단지 종교적인 이상향이나 건설적인 농촌공동체를 추구하는 것이 아니었다. 현실적인 생활 대책인 동시에, 독립운동을 위한 재정적·군사적 기반을 마련하고 토대를 구축하려던 노력이었다. 이상촌 건설운동은 1900년대 초 신민회에 그 뿌리를 두고 구국운동의 일환으로 계획된 이래, 1910년대 북만주 밀산촌 봉밀산에서도 개척된다. 1920년대에는 흥사단 주력 사업으로 중국 관내 및 만주지역을 대상으로 진행되었다. 만주에서는 한인들의 생활안정과 적극적인 선교활

동의 일환으로 기독교 집단에서도 추진되었다. 1925년에는 기독교인 지화심이 길림성 무림동에 30호를 이주시켜 수전농지 수백 일경日耕을 매입하고 교회와 학교를 설립하는 이상촌을 건설하였다. 그런 의미에서 독실한 기독교인이던 김필순의 이상촌도 기독교적인 이념의 초기 공동체 마을이었을 것이다.

이즈음 날로 압박해오는 일본군의 세력을 피해 서간도 류허현에 있던 이동녕과 이시영도 북만주로 들어왔다. 이들은 치치하얼과 북만주의 조선 청년들을 모아 그곳에 무관학교를 세웠다. 이들 독립투사들은 마을 밖 벌판을 달리면서 구국의 마음을 노래에 담아 불렀다. 신흥무관학교가 밀산으로 장정하던 당시 부르던 지청천 작사의 교가다.

> 백마를 타고서 달리는 사나이/ 흑룡강 찬바람 가슴에 안고서/ 여기가 싸움터 웃음띤 그얼굴/ 날리는 수염에 고드름 달렸네/ 북풍한설 헤쳐가며 달려가는 독립군아/ 풍찬노숙 고생길도 후회가 없어라.

독립투사들이 싸워야 할 또 하나의 대상은 추위였다. 당시에는 독립군들이 통바지에 양가죽 웃옷을 입고 개털모자를 썼다. 양가죽 옷은 양털 껍질 벗긴 것을 털이 안으로 들어가게 하고 가죽이 겉으로 나오게 한 것이다. 신발은 특이하여 가죽에 짚을 잘게 쓸어 넣고 우리초烏拉草라는 풀로 꽁꽁 맸다.

《상하이 올드데이스》에서는 김 씨 집안에 전해 내려오는 치치하얼 생활에 대한 이야기를 들려준다. 당시 독립군들은 일본군의 눈을 피해 주로 밤에 말을 타고 마을에 들어왔다. 그들이 오면 집안의 아이들은 자다 말고 독립군에게 방을 내주고 쫓겨나야 했다. 그리곤 부엌 아궁이

앞에 모여 광솔로 불을 밝히고 그 불길에 추위를 달랬다. 독립군들은 늘 야영을 하거나 들에서 밤을 새우다 민가로 내려오므로 그날 밤이라도 따뜻한 방에서 잠을 자도록 배려한 것이다.

자녀들을 부엌으로 내모는 것이었다. 그러면 집안의 여자들은 한겨울 밤 강추위 속에서 냇가의 얼음을 깨고 그들의 옷을 빨아 밤새 말리고 숯불 다림질까지 해서 아침에 내주었다. 필순의 아들을 포함해 마을의 남자 아이들은 새벽같이 들에 나가 까마귀를 잡아 밤에 온 손님들을 대접하곤 했다. 그들은 언제나 밤에 마을로 들어왔고 이렇게 아침이면 떠났다.

김필순이 이곳 병원에서 일한 수익금은 계획한대로 무관학교와 기타 독립운동 자금에 전적으로 지원되었다. 그래서 그의 장남 덕봉은 어린 시절 자신에게 다짐했던 말이 있단다. 아버지가 돈을 버는 족족 독립군을 지원하느라 식구들이 너무 고생하니까, 자기가 어른이 되면 식구들을 먼저 배불리 먹인 다음 남을 돕겠다고 했다는 것이다. 이와 같이 독립운동가 집안의 생활고는 먹고 입고 자는 것 모두 말이 아니었다. 항상 손님은 많고 때거리는 부족하여 삼시 세끼 준비에 고초가 심했다. 조선인 마을 사람들 또한 굶주림으로 자연 몸이 쇠약해진 데다, 식수까지 곤란하여 강물을 마시기도 하였다. 그래서 때로는 풍토병까지 유행해 노약자는 물론 젊은 사람도 목숨을 많이 잃었다.

고된 생활이 계속되는 동안 치치하얼의 마을은 농토 개간을 통해 점차 자급자족이 이루어지고, 의료나 교육 등 여러 면에서 이상촌의 기틀이 잡혀가기 시작하였다. 밤에는 글을 배우기 위한 야학이 열리고, 누이동생 순애는 사범학교 교감을 맡았다. 그녀는 다른 형제들과 달리 성격이 씩씩하고 활기차서 그곳에서도 늘 말을 타고 이상촌의 농토를 둘러보곤 하였다. 김필순은 바쁜 병원일을 하는 가운데서 목공일을 즐겨 바이올린과 피리 등의 악기와 집안 가구들을 직접 만들곤 하였다. 훗날 그의 아들 김염은 성인이 되어 중국 극작가 친구인 두선에게 등받이가 크고 팔걸이가 달린 흔들의자를 직접 만들어 선물하게 된다. 그러니 재주 많은 것은 부전자전인 것 같다. 김필순의 아내는 '하나님'이란 말을 입버릇처럼 달고 다니는 신앙인으로 아무리 고통스러워도 쾌활하고 낙천적이었다. 그녀가 자녀들에게 불러주던 아리랑 노래가 피리 소리에 실려 이웃에까지 들리곤 하였다. 막내딸 김로는 그 때 어머니가 불러준 동요를 지금도 기억하고 있다.

> 흰 초승달 속에 계수나무 있네/ 계수나무 아래 토끼/ 먹을 것이 없으면/ 별나라로 이사가면 되지/ 너희에게 새로운 길을 찾아줄게.

이러한 시절에 김규식은 서양인 회사에 입사하여 몽골·화북·상해 등을 다니면서 가죽·성경·발동기를 팔며 자금을 모아 독립운동의 거처를 마련하려 하였다. 그러다가 몽골사막 접경지인 장가구·몽골 고륜·중국 천진 등에 머무르게 된다. 김규식은 1918년 7월 12일 미국인 친구(J. Allen Green Land)에게 보낸 편지에서 만주지방에 가 땅을 개척하고 목장을 시작할 계획을 가지고 있는데, 잘 될지 모르겠다고 하였다. 그 계획이 얼마나 구체적으로 진행되고 있던 것인지 자세한 내용은 알 수 없다. 아마도 이 때 김필순은 치치하얼을 거점으로 한 독립운동기지 건설에 대해 김규식에게 제의했을 수 있다. 그리고 김규식도 치치하얼로 거처를 옮겨 함께 할 결심을 굳혀가던 터였는지 모른다. 이미 1918년 1월에 미국 윌슨대통령은 패전국 독일의 식민지 재분할에 관해서 민족자결 등을 내용으로 하는 14개 조항의 평화원칙을 발표한 바 있다. 이에 발맞추어 10월 혁명으로 러시아정부를 장악한 레닌도 민족자결원칙을 표방하였다. 레닌은 식민지문제 해결을 통해 세계 사회주의 혁명을 달성하려는 목적에서 제정러시아 치하에 있던 100여 피압박민족에 대한 원칙을 내건 것이다. 그러므로 고륜으로 장가구로 다녔던 김규식, 남경의 서병호, 치치하얼의 김필순, 몽골의 이태준, 미국의 안창호 등, 그들은 어디 있거나 급박하게 돌아가는 세계대전의 귀추에 주목하면서 전략을 구상하고 독립의 날을 예비해야 했다.

김규식이나 서병호에게 인편 연락을 맡은 것은 김순애였다. 그녀는 행상차림으로, 때로는 하인이나 중국 시골아낙 복장을 하고 속옷 깊숙이 돈이나 편지를 감춰 그들에게 전하곤 하였다. 서병호는 남경에서 공부하던 입장이라 김필순이 그의 활동자금을 도왔다. 이 시점에 김규식은 상해에서 김순애와 결혼식을 올리고 신한청년당의 대표로 1919년 2월 파리강화회의에 참가하게 된다. 그러자 김필순은 김규식이 파리에서 활동하는 데 도움이 되도록 미·영국 지인들과 중국에서 일하는 선교사들의 추천장을 받아 주었다. 그리고 그의 여비와 활동비 수천원도 지원하면서 배로 출항하는 김규식을 배웅하였다. 김필순은 하난사가 황제의 밀사로 갈 때도 그녀의 신변을 보호, 안내해 주고 치치하얼로 돌아왔다.

■ 중국 망명시 결혼한 김순애 여사와 우사.

김규식 대표가 파리강화회의에 가서 우리의 독립의지를 세계에 알리는 동안, 다른 동지들은 국내와 국외에 있는 동포들의 여론을 일으켜 독립을 위한 행동을 표현하기로 하였다. 그리하여 서병호와 김순애는 상해에서 부산으로 들어가 구체적인 계획을 진행시켰다. 한편 김마리아는 동경에서 가져온 유학생들의 독립선언서를 고모부가 운영하던 서석의원에서 수백 장 등사하여 서울로 떠났다. 김필순도 만주와 노령에서 이동녕·이시영 등과 함께 시위를 계획하고 있었다.

김필순 가족사진 중에는 무관학교 시절 노백린 가족과 함께 찍은 사진이 있다.

사진 속에 있는 김필순 딸의 나이를 헤아려보면 이때가 치치하얼에서 생활하던 시기로 짐작된다. 사진 속에 김마리아·이갑·이동휘·유동열의 모습이 보인다. 이들은 이미 국내에 있을 때 김형제상회를 중심으

■ 김필순가(家)와 노백린가(家) 사람들

로 안창호 · 유길준 등과 함께 구국활동을 한 동지들이다. 그러므로 이들은 김필순과 한 형제 한 가족처럼 가까이 지내던 사이였다. 한편 1919년 2월 시베리아 · 동북 만주 등지를 순회하던 여운형도 이곳에 들러 만주에서의 독립운동의 성격이나 실천방안에 대해 함께 논의하였을 것이다. 호남아의 기질을 타고난 데다 진취적인 성격에 폭 넓은 인간관계를 형성하고 있던 김필순으로서 많은 독립운동가들과 연대를 가지며 활동을 진행한 것은 지극히 당연한 일이다.

김필순은 치치하얼 북악관 가호동 3호에 살면서 3 · 1운동을 맞게 된다. 그리고 그 해 1919년 음력 윤7월 7일, 같은 병원에서 일하던 일본인 의사가 준 우유를 마시고 심한 설사를 하다가 41세로 영면한다.[5] 이에 대해 김필순 막내딸의 증언에 의하면, 우유를 보낸 의사는 일정이 보낸 특무요원이었고 그에 의해 독살된 것이라고 한다. 당시 상하이에서 발행되던 《독립》에는 "의학박사 김필순 씨는 흑룡강성에 재在하여 오족吾族의 장래를 위하야 개척에 노력하다가 음윤陰閏 7월 7일에 불행히 영면하고"라는 사망기사가 실렸다. 이는 일제의 눈을 피하기 위해 지극히 완곡하게 표현된 기사에 불과하다. 그렇지만 그는 그야말로 조국의 장래를 위한 개척자로서 살다가 불행한 역사의 수레바퀴에 짓밟혀 세상을 떠난 것이다. 그는 조국의 독립을 위해 최후의 순간까지 전력을 다했고 의연하게 불꽃 같은 삶을 살다 갔다. 그의 아들 덕린이 영화계의 황제로서 김염金焰이라는 예명을 쓴 것은 아마도 불꽃같이 살다간 그의 부친을 사모하던 마음에서 연유한 것인지 모르겠다.

김필순이 죽은 후 그가 직접 만든 경대 뒷면 나무판 사이에서는 태극기가 나왔다. 거기에는 그와 함께 항일운동을 했던 동지 약 20명이 서명한 독립 선언서와 그들의 이름

5
김필순 서거 연도에 대해 〈우사 김규식 관련 연보〉, 《항일독립투쟁과 좌우합작》, 한울, 2000, p.310.에서는 1918년으로 보았으나, 필자는 박규원, 《상하이 올드데이스》, 민음사, 2003. p.134.에서와 같이 1919년으로 추정하여 기술하였다.

■ 김필순의 장남 김영(오른쪽)과
김염(왼쪽)

이 적혀 있었다. 가족들은 후환이 두려워 태워버렸다고 후일 김로가 증
언한다. 남경에 있던 김순애는 오빠의 부음 소식을 듣고 치치하얼에 왔
다가 일본 경찰에 체포되고 만다. 후에 석방되자 중국 관헌의 도움으로
겨우 상해로 탈출하게 된다.

　가장이 떠난 9명의 가족에게는 남은 것이 아무 것도 없었다. 병원을
하며 번 돈은 독립군 자금으로 쓰였다. 그리고 이상촌의 땅은 모두 조
선족 동포에게 나누어 주었으므로 식구들의 살 길이 막막하였다. 그래
서 그의 부인은 남편이 생전에 운영하던 병원의 간호부나 조산부로 일
했다. 그녀는 남편을 도우며 익힌 기술로 아이를 받는 일도 하고 남편
이 근무하던 시관병원의 빨랫감도 맡아 세탁했다. 몸이 열 개라도 모자
랄 정도로 많은 일을 했지만 그럼에도 식구들 끼니를 때우는 일이 힘들
었다.

　집안의 장남 덕봉(김영)은 독립운동자, 즉 불온 사상자의 자녀로 분류
되어 세브란스의학교에 입학하지 못한다. 할 수 없이 그는 필례 고모의

■ 김필순의 장녀 김위(상), 김필순의 차녀 김로(하)

도움으로 산동의대로, 그리고 봉천의대로 진학하고 차남 덕호(김역)는 치치하얼에서 병원의 견습 의사로 일하게 된다. 3남 덕린(김염)과 4남 덕상(김강)은 천진의 고모부 김규식 집에 가 살기도 하지만, 덕상은 그 후 북경의 향산 고아원에 보내진다. 막내딸 김로는 초등학교 때부터 등록금이 없는 중국인 학교를 다녀야 해서 지금도 한국어를 못 한다. 독립운동가 후손의 어려움이 어디 이 뿐인가! 이역만리 남의 땅에서 조국을 위해 모든 것을 잃었건만, 독립투사 가족을 도와주는 손길은 없었다. 오랜 시간이 흐르고 많은 고생 끝에 장남은 제창병원 원장으로, 차남은 치치하얼 의사로, 3남은 상하이의 조선인 영화 황제가 된다. 두 딸은 북한과 중국에서 계속 활동하게 되고.

우리 답사팀은 치치하얼에 갔으나 유감스럽게 김필순이 살던 지역은 방문하지 못하였다. 다행히 KBS TV에서 방영한 프로그램 〈상하이 영화황제 김염〉1996. 4. 28. '일요스페셜'을 통해 그 곳의 풍경을 볼 수 있었다. 김필순이 살던 그 시절 사방 백리 안에 하나밖에 없던 그의 병원 터는 시장골목으로 바뀌어 약국이 차려져 있다. 김염이 어렸을 때 자주 찾던 극장도 남아있고 조선인 마을인 조양촌도 보인다. 그 동네 모습이 마치 1960년대 우리나라를 보는 것 같은 시골풍경이다. 김필순 부인이 10리 길을 걸어가 방망이질을 했을 빨래터는 옛날의 모습 그대로인 듯 허허벌판이다. 을씨년

스러운 회색 하늘 아래 언 손을 비비며 동동걸음으로 다녔을 모습이 눈에 그려진다.

눈강嫩江을 끼고 있는 용사龍沙공원에는 하얼빈과 마찬가지로 홍수를 막은 승홍기념탑勝洪紀念塔이 세워져 있다. 이 곳 사람들이 강의 범람으로 얼마나 엄청난 피해를 받는지 그 어려움을 짐작하겠다. 중국 어디서나 보듯 공원 한편에서는 저녁 식사를 마친 시민들이 더위를 식히며 춤을 추고 있다. 한 줄기 바람이 불자 나뭇잎이 살랑거리고 옥수수밭 사이로 저녁 해가 가라앉는다. 추운 겨울에는 이곳에서 하얼빈에 버금가는 큰 규모의 얼음축제龍沙氷景遊覽会가 열린단다. 김필순은 그 시절 한 여름에도 긴 겨울처럼 시린 마음을 안고 이 길을 재촉하며 걸었겠지!

치치하얼을 뒤로 하고

서양의 신학문을 배우고 조국을 떠나 이상촌을 꿈꾸며 달려왔던 김필순의 땅, 치치하얼을 찾아가는 길은 오랜 기다림의 시간 끝에 있었다. 김필순은 지식의 깊이를 더해갈수록 조국의 앞날에 가슴 아파하며 온몸을 독립운동에 던진 사람이다. 역사의 격동기에 최전선에서 역사적 사명을 가지고 행동한 그는 의사 · 교육가 · 재정후원가 · 마을건설가 · 독립운동가로 살았다. 그는 33세에 망명 생활을 시작하여 병원을 개업하고 이상촌을 건설하며 동포들을 돌보고 교육하였다. 그리고 민족운동의 근거지를 마련하고 독립군자금을 지원하다가 41세에 생을 마감한다. 그 삶의 한 자락이라도 붙잡고 싶은 마음에 찾아온 치치하얼은 허망하기까지 하다. 김필순이 세상을 뜬 후 가족들만 뿔뿔이 흩어진 것이 아니고, 그가 시작한 조선인 이상촌도, 교회 공동체도 사라지고 없다. 통화에서 4년, 치치하얼에서 4년도 채 못 지낸 시간에 그가 무엇을 얼마나 이룰 수 있었으랴! 김필순이 머물다간 치치하얼을, 우리는 4시간 만에 바람처럼 스치고 지나간다. 그의 목소리가 들리는 듯하여 돌아보니 적막한 어둠만이 허공을 가르고 기차역사 위에는 '모택동사상 만세' 라는 글만이 선명히 보인다.

그날 밤 9시 40분 만주리행 열차에 올라 서북쪽을 향해 떠나자, 내몽고의 초원이 나타나고 키 작은 야생화가 눈에 띄기 시작한다.

　황량한 벌판에서 두려움과 기근에 허덕이는 동포를 보며 독립을 쟁
취하려 뛰어다닌 사람들. 한 몸 부서져 산 제물이 되기를 마다않는 심
정으로 살다간 그들. 김규식·김필순·이태준·안창호·여운형 등,
어디 그들 뿐이랴. 김동삼은 "나라 잃은 몸이 무덤은 있어 무엇 하느냐.
나 죽거든 불살라 강물에 띄워라. 혼이라도 바다를 떠돌면서 왜적이 망
하고 조국이 광복되는 날을 지켜보리라"는 유언을 남기고 갔다. 오늘

우리가 누리는 풍요로움만큼 지난 세월, 그들의 아픔이 깊다. 그들이 그토록 꿈꾸던 독립이 이루어진지 60년, 이제 선현들의 피땀으로 다져진 이 땅 위에 생명과 평화의 공동체, 인류의 이상촌인 통일한국이 이루어지길 소망해 본다.

참고문헌

박형우(1998), 〈大医 김필순〉, 《의사학》13호, 대한의사학회.
박형우(1998), 〈세브란스의학교 1회 졸업생의 활동〉, 《연세의사학》 5.
반병률(1998), 〈세브란스와 독립운동〉, 《연세의사학》 5.
반병률(2000), 〈의사 이태준의 독립운동과 몽골〉, 《한국근현대사연구》 13.
박규원(2003), 《상하이 올드데이스》, 민음사.
스즈키 쓰네카쓰(鈴木常勝)(1996), 《상해의 조선인 영화황제 김염》, 실천문학사.
이기서(1988), 《교육의 길 신앙의 길; 김필례 그 사랑과 실천》, 태광문화사.
박용옥(2003), 《김마리아; 나는 대한의 독립과 결혼하였다》, 홍성사.
외솔회(1975), 《나라사랑; 김마리아특집호》 30, 외솔회.
이정식(1974), 《김규식의 생애》, 신구문화사.
강만길 공저(2000), 《항일독립투쟁과 좌우합작》, 한울.
장준하(1996), 《돌베개》, 세계사.
장세윤(2005), 《중국동북지역 민족운동과 한국현대사》, 명지사.
안천(2006), 《신흥무관학교》, 교육과학사.
독립기념관한국독립운동사연구소 (1991), 《도산안창호자료집(2)》.
이명화(2002), 《도산안창호의 독립운동과 통일노선》, 경인문화사.
이은숙(1975), 《민족운동가 아내의 수기; 서간도 시종기》, 정음사.
허은(2003), 《아직도 내 귀엔 서간도 바람소리가》, 정우사.
이해동(1990), 《만주생활77년; 일송선생 맏며느리 이해동 여사 수기 난중록》, 명지.
윤병석(1994), 《한국독립운동의 해외사적 탐방기》, 지식산업사.

이중연(1998),《신대한국 독립군의 백만용사야》, 혜안.

서중석(2003),《신흥무관학교와 망명자들》, 역사비평사.

Oliver R. Avison, 에비슨 기념사업회 역(1986),《구한말비록》(상), 대구대 출판부.

정근재(2005),《그 많던 조선족은 어디로 갔을까》, bookin.

장범성(2006),《현대중국 사회의 이해》, 현학사.

황민호(2005),《일제하 만주지역 한인사회의 동향과 민족운동》, 신서원.

권태환(2005),《중국조선족 사회의 변화》, 서울대출판부.

강위원(2005),《흑룡강성의 조선족》, 고함커뮤니케이션.

6 만저우리[만주리(滿洲里)]
Manzhouli

성창권 (경남대학교 북한대학원)

독립운동 지사들의 왕래 관문인 만주리

■ 중국과 러시아 국경에 위치한 만주리 국문

　　　　　대경과 치치하얼을 거쳐 우리는 다음 목적지인 만주리
를 찾아 역으로 향했다. 무려 10시간이 넘게 기차를 타고 도착한 곳은
만주리역. 만주리 역에서 다시 버스로 30분 정도를 이동하자 만주리의
탐방 목적지인 중·소 국경에 도착할 수 있었다. 국경을 향해 가는 동안
주변 풍경은 이곳이 러시아인지 아니면 중국인지 알 수 없을 정도로 양
국의 문화가 혼재되어 있었다. 러시아 전통인형 조형물이 세워져 있는
바로 옆에서 중국 군인들이 훈련을 하고 있는 곳이 만주리인 것이다.

■ 중·소 국경지대, 국경선을 가르는 철책

　우선 만주리에 대해 간략하게 살펴보면 본래 몽골인의 파오가 산재
하는 이름 없는 촌락이었으나, 1884년경부터 화북지역의 상인이 몽골
인과의 교역을 위해 정착하기 시작하였고 1898년에 러시아가 이곳을
거쳐 시베리아철도로 연결되는 동·경東庚철도를 건설한 후 1901년에
만저우리라고 불렀다. 그때부터 만주리는 러시아인의 도시로서 급속
히 발전하였다. 러시아혁명 전에는 러시아의 극동정책에 힘입어 많은
러시아인이 정착하였고, 혁명 후에는 러시아의 망명자 인구가 늘어,

■ 국경선에서 통관을 기다리는 열차들

1925년에는 1만 2,000명의 인구 중 러시아인이 70%를 차지하였다. 제2
차 세계대전 때까지 빈저우철도 종점의 교통도시였고, 일본의 대소 군
사기지였다.

이후 1934년에 만주리는 시로 승격하였다. 부근에 광산자원이 풍부
하며, 현재 시 구역 안에 있는 대규모의 찰뢰낙이札賚諾爾 탄전 개발과 더
불어 화력발전 및 화학·시멘트·건축재료·유제품·식품·제재 등
공업이 발달하여 공업도시로 변모하였다. 지금은 한인 인구도 급속히

늘어 전체인구의 90% 이상을 차지한다고
한다. 이처럼 만주리는 국경지대로 러시아
와의 관계 속에서 변화, 발전하였다고 할
수 있다.

현재 만주리는 보따리 장사꾼들을 중심
으로 발전하고 있다. 중국, 러시아, 몽골 3
개국에 접경한 작은 도시 만주리가 러시아
보따리 장사꾼들로 붐비고 있는 것이다. 러
시아풍의 건축물에다 가는 곳마다 눈이 파
란 러시아인들을 접할 수 있어 마치 러시아
에 온 것이 아닌가하는 착각이 들 정도이
다. 이국풍이 물씬 풍기는 26만 인구의 작
은 도시지만 만주리 통상구의 중·러 무역
량은 중·러 전체 무역량의 60%를 차지한
다. 2005년도 통관량만 보아도 1,752만 톤
이나 된다고 한다.

시내 중심에서 20분가량 가면 중국, 러시
아, 몽골 3국의 국경이 인접했음을 알리는
돌로 만든 표지와 국문이 있다. 국문 전망
대에 올라가 보면 바로 건너편이 러시아다.
국문 밑으로는 통관을 기다리는 기차 화물
바구니가 꽉 밀려있는데 러시아에서 들어
오는 차량은 원유, 목재, 강재, 화학제품이
대부분이라고 한다. 중국의 대러시아 수출

■ 몽골, 중국, 러시아 국기가 나란히 있는 러시아 전통인형 박물관

은 전자제품, 과일, 곡물, 경공업품이 주류다.

만주리에 있는 시장에 가보면 여기가 중국인지 러시아인지 혼동이 생길 정도로 양국의 문화가 혼재되어 있다. 마치 러시아에 와있는 듯한 착각이 생길 정도로 기념품의 상당부분이 러시아산 물건들이었다. 러시아 전통인형에서부터 컵에 이르기까지 다양한 러시아 물건들이 중국 상품과 뒤섞여 있었다. 앞에서 언급한 것처럼 만주리가 러시아 보따리 장사꾼의 주된 시장이라는 점을 상기하면 이런 현상을 쉽게 이해할 수 있다.

그러던 중 만주리에 있는 조선족 장사꾼들을 생각했다. 한 자료에 따르면 원래 만주리 시내에는 조선족이 20여 호밖에 없었는데 중국과 러시아의 관계가 해동되면서 민간무역이 시작되자 동북3성의 조선족들이 하나둘씩 장사를 하기 위해 만주리로 들어가기 시작했다고 한다. 80년대 초반부터 발 빠르게 모험의 길을 선택한 그들 중 만주리에서 러시아로 진출해 떼돈을 번 사람도 있지만 강도들에게 물건을 빼앗겨 빈털털이가 되어 만주리로 돌아와 술로 세월을 보내는 사람들도 있었다고 한다.

90년대 후반에 러시아 보따리장사가 절정을 이루었는데 하루에 러시아로 들어가는 조선족들이 10여 명씩 되었다고 한다. 처음에는 물건을 장만하여 러시아에 가서 팔고는 만주리로 돌아와 재차 물건을 구입하여 러시아로 들어가던 것이 점차 친척이나 친구들이 그룹을 지어 만주리에서 물건을 보내면 러시아에서 받아 소매로 넘겨 경비를 절약하면서 돈을 벌었다. 하지만 이런 조선족의 숫자는 소수에 불과했고 장사에 망한 사람들은 고향에 처자식과 연락을 끊고 러시아에서 고향으로 돌아오지 못하는 사람들도 많다고 한다.

滿洲里红色国际秘密交通线遗迹

建党初期, 为加强与共产国际和苏共的联系, 中国共产党依托中东铁路经滿洲里辟建了一条组织周密的红色国际秘密交通线。一九二八年, 中共代表由此出境前往莫斯科参加 "六大"。一九三一年, 日本侵略者加紧对中苏边境的封锁, 为此中共北满特委在满洲里、扎赉诺尔等地组建地下交通站。一九三七年, 各秘密交通站先后遭敌人破坏。建党初期至一九三七年间, 我党早期领导人李大钊、陈独秀、瞿秋白、王明、李立三、王尽美、邓恩铭、邓中夏、张闻天、周恩来等均于此处留下光辉足迹。满洲里红色国际秘密交通线为中国革命乃至国际共产主义运动做出了重要贡献。

中共满洲里市委员会
满洲里市人民政府
二零零四年六月

■독립운동하는 우리 선조들이 러시아와 중국을 오간 비밀통로 표지

일제시기에 우리 민족이 당했던 고통을 그 후손들이 그 땅에서 아직도 그대로 겪고 있다고 생각하니 갑자기 숙연해지기도 하였다. 사실 만주리는 항일 운동의 역사적 현장이기도 하다. 물론 만주리에서 직접적인 항일 운동을 펼쳤던 것은 아니지만 만주리를 통해 항일 인사들이 러시아로 들어갔던 비밀 통로기도 한 것이다. 비록 국경에 위치한 작은 도시이기는 하지만 우리 민족에게는 빼놓을 수 없고 항상 가슴속에 담아야 할 곳이 만주리가 아닌가 한다.

7

창춘[장춘(長春)]
Changchun

김갑수 (우사연구회 감사, 전 국립세무대학교 교수)

중국 지배를 위해 일본이 세운
만주국의 수도, 장춘(신경)에 가다

■ 하얼빈에서 장춘으로 가는 벌에
끝없이 이어지는 옥수수 농장

장춘에 도착하다

　　2006년 8월 19일 2차 답방 7일째, 아침 일찍부터 하얼
빈을 둘러보았던 우리 일행은 14시 32분의 기차를 이용해 장춘으로 향
했다. 우리가 이용한 기차는 치치하얼齊齊哈爾에서 장춘으로 가는 K130
호 열차 특실칸이었다. 차장의 배려로 우리 일행은 모여 앉아 좀 넉넉
하게 객차를 이용할 수 있었다. 끝없이 이어지는 창밖 풍경은 광활한
대지에 몇 시간을 달려도 끝이 보이지 않는 옥수수밭을 바라보며. 저녁
무렵인 17시 56분에 새롭게 단장한 장춘역에 도착하여 식당으로 출발
하였다. 식당은 아시아 최대의 옥수수 가공회사 대성공사 본사(옆에서 보
면 옥수수 모양으로 생긴 독특한 건물) 건너편에 있었으며, 식당으로 향하는 길에
장춘 현지의 조선족 가이드에게 장춘에 대한 설명을 들을 수 있었다.

장춘에는 세무대학이 있다. 내가 국립세무대학에 재직했을 당시 장춘세무대학과 자매결연을 맺게 되어 2000년 8월 이 대학의 초청을 받아 중국의 세무대학을 견학하고 백두산 산행을 할 수 있는 기회가 있었다. 6년이 지난 지금, 눈부시게 발전한 모습을 보니 두려운 마음까지 들었다.

　　25층이나 되는 장춘 국제회전중심대반점에서 숙박하고 아침 5시경 기상하여 중국 식품박람회 전시장의 주변을 산책하였고, 8시 버스에 탑승하여 황궁으로 가는 도중 곧게 뻗은 인민대가에 별도의 자전거길, 인도 에 소나무 가로수는 장춘의 특이한 면을 보여주었다. 장춘의 대표적인 명소로는 바로 위만황궁과 장춘영화제작소, 남호공원, 관동군사령부와 만주군관학교 등이 있다.

　　우리 일행은 장춘에 머무는 1박 2일 동안 만주국의 황제로 살던 황궁(부의) 관람과 장춘대학을 견학하였고, 관동군 사령부, 만주군관학교가 있던 곳은 출입이 통제된 지역이어서 건물 외곽만 확인하였다.

■ 황궁가는 장춘 시가지 길

교통의 중심지 장춘의 겨울은 길다

동경 124°18′~127°20′, 북위 43°05′~45°15′에 위치하는 장춘시는 내륙에 자리 잡고 있으며, 대륙성 몬순기후로서 뚜렷한 사계절을 가지고 있다. 봄, 여름, 가을은 짧은 편인 반면 장춘의 겨울은 대륙성기후의 전형으로 영하 30도를 오르내리는 혹한의 날씨에 길다. 도시의 약 30%가 녹지로 형성되어 있어 봄과 여름이 되면 매우 아름답다. 특히 봄에는 앵두꽃, 복숭아꽃, 살구꽃이 흐드러지게 피며, 여름에는 녹음이 우거져 아주 좋다.

장춘은 철도로 심양 · 치치하얼 · 하얼빈 · 길림 · 도문 등과 연결된다. 주요 열차 노선의 하나인 경합선의 중간에 위치하고 있고, 주변이 평야지대기 때문에 철도가 발달하기 좋은 환경을 가지고 있어서 북경이나 상해에서도 이곳에 오는 직통열차가 있다. 베이징은 특쾌特快로 약 11시간, 선양은 특쾌로 약 5시간, 하얼빈은 약 3시간 30분 가량 소요된다.

장춘은 길림성에서 첫째가는 문화 · 교육의 중심지다. 장춘에는 무려 26개의 크고 작은 대학이 자리잡고 있고, 다른 성에 비하여 물가도 비교적 싼 편이어서 유학생들이 많이 찾는 곳이다. 주요 대학을 살펴보자면 만주국의 옛 건국대학교의 모체인 길림대학교와 중국과학원의 지부가 이곳에 있다. 그리고 동북3성 지역에서 사범대학으로는 가장 수준이 높다는 동북사범대학교가 있으며 장춘대학, 공업대학, 세무대학, 농업대학, 광범위한 분야에 걸친 기술대학, 연구소 등 다른 교육기관도 있다.

■ 정문의 장춘대학 표지

현재 장춘의 전체 인구는 약 700만 여명에 이르고, 이 중에서 시내권 인구만도 약 300만 명에 이른다. 또 길림성 동부 변강의 근해지역, 동으로 러시아와 인접, 남으로 북한과 마주하고 있는 연길시 조선족 자치주가 있는 연변이 있고 우리나라의 성산인 백두산이 있는 곳이기도 하다.

장춘의 현대와 역사

장춘은 중국 길림성吉林省의 성도며, 지구급 시로 3개 시와 1개 현縣, 6개 구와 72 진, 77 향을 관할한다. 장춘이 위치한 지역은 중국에서 동북지방이라고 부르는 요녕, 길림, 흑룡강 성의 중심이다.

■ 장춘역

장춘은 길림 장군의 관할지역

　　　　　장춘의 주변지역은 원래 군사단위인 몽골기旗의 방목
지였다. 1791년 청淸나라 조정은 몽골 군주에게 이 지역을 중국인 이주
민들에게 개방할 것을 요구했으며, 마침내 승인을 얻었다. 1799년 청조
가 길림吉林 장군에게 이 지방의 실태를 조사하게 한 결과, 개간지가 26
만여 묘에 이르고 영주소작계약을 체결한 주민이 2,000여 호에 달하여
이들을 쫓아낼 수 없다는 사실을 알고는 일정한 행정구획을 설정해서
길림장군 관할하에 두기로 한다. 1800년 장춘보(현재의 장춘시 신립성진)에
통판청을 설치하고 이사통판理事通判을 주차駐箚시킨다. 즉, 이미 이 지역
에 거주하고 있던 산동성 및 하북성 북부 출신의 많은 농민들을 관리하
기 위해 장춘청이 세워진 것이다. 이렇게 하여 장춘은 만주에서 요동반
도에 이어 한족의 이민이 가장 먼저 이루어지고, 만주 평원에서 봉금정
책이 가장 먼저 타파된 지역이 되었다.

　　1802년 중국인 정착민을 책임지는 청장이 처음으로 임명되게 되었
다. 1882년 장춘부로 승격을 했으며, 19세기 말에는 이주민의 증가 속
도에 맞추어 여러 개의 현으로 분할되었다. 당시만 해도 이곳은 길림시
에 딸린 행정 중심지였으며, 그 지역의 물류 집산지이자 유통 중심지였
다고 한다. 그러나 러시아가 동청철도를 부설한 이후부터 동북대평원
중앙부의 교통 요지가 되었고, 새로운 도약의 시기를 맞이하게 되었다.

　　1894~95년 청일전쟁의 결과 장춘 이남의 철도구역은 일본의 지배하에
들어가게 되었다. 원래 19세기 말의 장춘은 철도부설권을 행사하는 러시
아 조차지였다. 그러나 러일전쟁이 발발한 1905년 이후 일본이 남만주
철도회사를 장춘에 설립함으로써 만주침략의 전초기지로 전락하게 되

었다. 이 당시에 옛 중국인 도시 북쪽에 일본인들의 역전마을이 생기면서 도시가 점차 커지게 되었다. 일본이 만주를 강점하고 있던 1931년, 일본 관동군 사령부는 일본의 괴뢰정권인 만주국의 행정수도를 봉천(지금의 심양)에서 장춘으로 옮기기로 결정했다. 1932년 새 수도로 장춘이 결정되었으며, 신경新京이라는 새 이름이 붙게 되었다. 신경은 널찍한 도로와 많은 공지를 갖춘 넓은 도시에, 도시계획에 의해 계획도시로 탈바꿈하게 되고, 현재도 시내 곳곳에는 만주국 시절의 자취가 남아있다.

1938년에는 이곳에 국립대학교가 세워졌다. 신경은 행정·문화·정치 중심지로 설계된 반면, 산업의 발전은 주로 하얼빈哈爾濱·길림·심양·단동丹東에 집중되었다.

장춘에서는 단지 경공업만이 어느 정도 발전하고 있을 뿐이었다. 그럼에도 불구하고 이 도시는 빠른 속도로 발전을 했는데, 2차 세계대전 말에 만주국에서 일어난 여러 사건들로 인해 장춘은 크게 파괴되고 말았다. 전쟁이 끝나기 며칠 전에는 소련군대가 이 도시를 점령하고 심하게 파괴·약탈을 했다. 1946년 3월 소련군이 철수하고 난 뒤, 몇 주 동안은 중국 공산당 군대에 의해 점령되었다. 그러나 5월 말에 중국 국민당 군이 다시 이 지역에 진입했다. 국민당이 장춘시 자체를 통제하기는 했으나, 주변 농촌지역에 대한 통제권은 여전히 공산당이 쥐고 있었다. 공산당은 농촌지역을 근거지로 삼아 게릴라전을 벌였는데, 이로 인해 장춘은 다시 파괴 되었다. 이 투쟁에는 조선의용군 제5지대가 큰 역할을 하였다. 이들은 조선인 집거지이자 과거 사회주의운동이 매우 치열했던 연변을 투쟁기지의 하나로 설정하여 주변의 구만주국 살림경찰대 토벌, 삼도만의 국민당 토벌에 나섰던 것이다. 이런 전투들을 거쳐 중국군 편제에 들어가 극동 보안군으로 명칭을 바꾸고 장춘 전투에 참여하게 되었고, 큰 전과를 올리게 되었다.[1] 이런 투쟁의 결과 마침내 1948년, 공산당 세력이 다시 장춘을 장악하게 되어 지금에 이르게 되었다.

장춘은 자동차, 삼림, 영화, 과학기술의 도시, 북방의 곡창 지대

공산당의 지배하에서 장춘의 도시 성격은 급격하게 바뀌게 되었다. 장춘은 행정중심지이자, 길림성의 성도기는 했지만, 중국 동북지방에서의 산업팽창을 위한 주요 중심지가 되었다. 예전에는 식품가공 · 목재가공 · 봉제 · 경 엔지니어링에 종사하는 소규모 공장에만 한정되어 있었으나, 지금은 중기계공업의 중심지로 거듭나게 되었다. 공업생산량이 1948~57년 사이에 무려 24배로 증가하는 모습을 보여 주었다. 또한 56년에는 장춘에 중국 최초로 자동차 공장이 세워지면서 중국 제1의 자동차산업 중심지가 되었다. 트럭 · 트랙터 · 자동차 · 버스 · 열차 등 다양한 차종을 생산하고 있으며,

1
염인호, 〈조선의용군〉, 《역사비평》(94년 가을호), pp.200~203.

■ 자동차 생산회사(좌), 식품박람회 전시장과 주변(우)

부속품들을 공급하는 많은 부속공장도 세워졌다. 또한 공작기계 제작, 정밀 엔지니어링, 악기 제조의 중심지기도 하다.

1970년대 초에는 대규모 화학 및 제약 공업도 발달하기 시작하여 현재는 자동차의 도시, 삼림의 도시, 영화의 도시, 과학기술의 도시, 북방의 곡창 등으로도 불리는 장춘은 풍부한 자연 자원, 좋은 지리적 위치, 편리한 교통, 거대한 시장 잠재력, 높은 수준의 인재, 좋은 투자 환경을 가지고 있기 때문에 많은 관광객뿐만 아니라 세계 유명기업의 투자가 지속석으로 늘고 있다. 특히 중국의 개혁개방정책은 장춘시의 급속한 발전을 가져오게 되었고, 연 10% 이상의 고성장으로 독특한 산업구조와 잠재력을 가지고 빠른 속도로 발전하고 있다. 이렇게 장춘은 동북지방의 공업의 중심으로 발전을 거듭하고 있다.

일본이 장춘(신경)에 만주국을 건설하다

1930년대부터 본격화한 세계경제공황을 계기로 심각한 자본주의의 모순에 빠진 제국주의 열강들은 자체의 모순들을 해소하기 위한 방편으로써 약소민족에 대한 침략의 길을 재촉했다. 이 무렵 제국주의 열강의 일원으로서, 이전부터 만주에 대한 침략의 야욕을 노골화하고 있던 일본도 마침내 1931년 9월 만주에 대해 무력침략을 결행했다. 이것이 소위 '만주사변' [2]이다. 만주사변을 통해 중국 북동부를 점거한 뒤, 1932년 1월에는 장학량張學良의 반만항일의 거점인 금주錦州를 점령한 후, 2월 신국가 건설 막료회의를 개최해 만주국滿洲國 건국 구상을 구체화했다.

[2] 특히 일본의 경우는 세계대공황의 여파로 빈사상태에 빠진 일본 자본주의의 활로를 모색하려는 시도이자, 간도문제로 집약되는 식민지 조선 지배의 위기상황과 중국 국민혁명의 급진전에 의해 초래된 '만몽권익'의 위기상황을 타개하기 위한 군사적 대응이었다(임성모, 〈일본 - 만주국〉, 《역사비평》(95년 봄호), 178쪽).

이어서 관동군은 구 봉천 군벌계 장성들을 앞세워 청조의 폐제인 선통제宣統帝 부의를 집정이라는 자리에 앉힌 후, 국제연맹이 중국의 제소를 받고 파견한 리튼조사단이 만주에 도착하기 전인 1932년 3월 1일 '만주국' 의 수립을 내외에 선언했다. 이 만주사변을 계기로 일제의 식민지로 전락한 만주에서는 민족 모순이 주요 모순으로 등장[3]하면서 중국 본토보다도 먼저 항일민족통일전선이 결성되어 격렬한 반만항일[4] 무장투쟁이 전개되고 있었다. 이처럼 반만항일운동에서의 무장투쟁의 발전 및 통일전선 조직이 중국 본토보다도 먼저 결성된 것은 중국혁명에도 커다란 영향을 주었다.

일본은 같은 해 9월 일·만의정서를 조인하고 만주국을 정식으로 승인했지만 국제 정세상 만주를 일본의 영토나 식민지로 하는 것은 불가능했다. 이러한 이유로 일본이 생각해 낸 것이 바로 괴뢰국가 만주국의 건국이었다. 만주국은 일단 표면상으로는 정식 독립 국가였으므로 통화 발행과 헌법을 공표하였으며, 서구열강 독일·이탈리아·스페인·헝가리·폴란드 등 심지어는 교황의 인정까지도 받아 냈다. 게다가 만주족이었던 청의 마지막 황제 부의를 만주국의 황제로 추대하여 정통성 확립까지 꾀하였다. 이후 관동군이 열하작전으로 승덕承德을 점령해 만주국의 영역은 요동·길림·흑룡강·열하의 4성에 이르렀고 인구는 3,000만 명에 달했으며, 1934년 9월에 제정이 수립되면서 연호를 강덕康德으로 고쳤다.

만주국의 실세는 관동군 사령관이었으며, 경제면에서도 일본의 남만주철도주식회사가 전 철도를 경영하고 닛산日産 콘체른이 진출해 개발 사업을 독점하는 등 일본이 실세를 장악하고 있었다.

만주국의 수도였던 장춘에는 과거 만주국의 관공서 건물 상당수가 남아있다. 서울의 중앙청과는 달리 모두 헐리지 않고 관공서, 학교, 병원 심지어는 유흥업소 등으로 현재도 사용되고 있다. 이런 건축물들은 대부분이 튼튼하게 '홍아' 식이나 서양식, 혹은 일본식 등으로 세워져 장춘의 볼거리가 되고 있다. 먼저 대표적인 건물로 만주국 국무원을 들 수 있다. 이곳은 현재 백구은白求恩의과대학 기초의학원으로 쓰이고 있다. 만주국 국무원은 만주국의 최고 행정기관이었던 곳이며 일본 동경의 국회의사당을 본떠 1936년에 완공된 철근 콘크리트 건물이다. 총연장 6㎞의 지하통로를 통해 장춘역과 옛 관동군 사령부와 연결된다고 한다. 물론 이 지하통로는 현재 폐쇄되었다. 이 국무원의 입구 난간에서 만주국 총독과 황제 부의가 관동군의 행렬을 사검열했다고 한다. 그러나 괴뢰왕국의 최고행정기관이었다는 이름의 건물이었지만 대전 말기에는 금속공출로 인해 계단의 난간이나 발판이 죄다 뜯겨져 나가는 운명에 처하기도 했다.

또한 만주국 국무원 뒤쪽으로는 만주국 팔대부라 불리는 옛 관공서가 남아 있다. 현존하는 건물 중 주요 행정기관인 군사부, 외교부, 교통부, 사법부, 경제부, 농림부, 문교부, 민생부가 있었던 8개 건물을 가리켜 만주국 팔대부라고 한다. 이 팔대부 건물들은 대부분이 서양식과 중국식 건축양식을 혼합한 홍아식이라는 독특한 건축양식으로 세워졌다. 현재는 병원과 학교 건물로 이용되고 있어서 내부관람은 제한된다.

만주족의 마지막 황제, 부의溥儀가 산 황위만국

청나라의 마지막 황제 부의, 두 번의 황재 즉위와 12년 유폐와 9년의 투옥, 다섯 번의 결혼, 그리고 황제에서 정원사 평민으로 전락한 파란만장한 삶을 산 부의의 위만황궁. 위만황궁에 대한 첫 느낌은 황궁이라는 명칭과는 달리, 아담한 크기의 식민지시대 총독부와 비슷한 느낌을 가지게 하였다. 물론 일본이 세운 괴뢰정권인 만주국의 황제였기 때문에 그럴 수도 있겠지만, 북경의 자금성과 너무나 비교되는 모습이었다. 나중에 확인해 보니 원래는 부의가 기거할 궁전(통칭 지질궁5)을 건설하고 있었으나, 전쟁으로 인하여 정식 궁전의 공사가 흐지부지되면서 임시 궁이었던 이곳에서 재임기간의 대부분을 보내게 되었다고 한다. 또한 1934년 3월 1일에는 이곳에서 만주국 황제즉위식이 열리기도 했다.

주차장을 벗어나 황궁 정문으로 가는 길에는 기념품 가게들이 들어서 있었다. 이 기념품 가게들은 황실 앞에 있는 황실 근위병들의 숙소였던 곳으로 보수를 하여 2004년부터 기념품 가게로 단장을 한 것이었다.

부의의 파란만장한 생애

위만황궁은 중국 청나라의 마지막 황제(1907년~1912년 재위)로 유명한 부의(1906.2.7 중국 베이징~1967.10.17 베이징)가 만주국 황제(1934년~1945년 재위)의 자리에 있을 때 머물렀던 곳이다. 부의의 청제 때의 연호는 선통제宣統帝다. 1908년 11월 14일 큰아버지인 광서

5
이 지질궁은 1954년 장춘시 당국에 의해 원래 설계 그대로 복원되었다. 현재 장춘 문화광장 옆에 있으며, 장춘지질학원, 길림대학 조양학구로 쓰이고 있다. http://www.e-worldphoto.com/china/chinamain.htm 참조.

■ 만주국때의 위만황궁

제光緖帝가 죽자, 3세의 나이로 제위에 올라 아버지 순친왕 재풍의 섭정을 받으며 3년 간 황제로 있었다. 1911년 신해혁명 중국 청나라를 무너뜨리고 동아시아 최초의 공화국인 중화민국을 건립한 혁명을 신해혁명이라 한다. 혁명봉기가 일어난 해인 1911년이 간지干支로 '신해년'이어서 신해혁명이라 불리지만, 내용상으로는 민국혁명이 더 타당하다. 또한 우창武昌에서 최초로 신해혁명의 봉기가 일어난 10월 10일을 쌍십절雙十節이라 하여 타이완에서는 중요한 경축일로 지키고 있다.

신해혁명이 일어나면서 이듬해인 1912년 2월 12일 제위에서 물러났다가, 1934년 일본군이 세운 만주국의 황제로 추대되었다.

부의는 자신의 호칭으로 헨리라는 이름을 택했고, 이후 서구에서는 헨리 부의로 알려졌다. 1924년 부의는 몰래 베이징을 떠나 천진에 있는 일본인 조계租界로 거주지를 옮겼다. 1932년 3월 9일 만주국의 집정관이 되었고, 1934년 만주국 황제로 추대되어 연호를 강덕康德이라고 정했다. 2차 세계대전이 끝나갈 무렵인 1945년 8월 소련에 포로로 억류되었다가 1950년 전범 재판을 받기 위해 중국으로 송환되었으며, 1959년 특사로 풀려나 다시 베이징으로 갔다. 베이징에서 식물원의 기계수리 상점에서 일했다. 1945년 일본이 패망함으로써 부의가 퇴위하게 되어 267년에 걸친 만주족의 중국 지배와 2,000년에 걸친 황제 지배체제가 끝나게 되었다.

첫 번째 부인은 아편 중독, 두 번째 부인은 도망가고

황궁에 들어서자 일본풍 건물이 눈에 들어왔다. 이곳은 집희루라는 곳으로 1932년부터 1945년까지 부의와 그의 부인 원용婉容과

문수文秀가 생활했던 곳이다. 건물의 서편을 부의가 사용하였고, 동편은 원용이 생활하던 공간이다. 부의의 두 번째 부인 문수는 왕비노릇 못 하겠다며 이곳에 온 지 얼마 되지 않아 도망을 가 버렸다. 이곳 위만 황궁은 중국의 황궁들 중에서 유일하게 내부 사진촬영이 허락되었고, 건물 앞의 검은색 대리석 비석에는 '9·18을 잊지 말자 - 강택민' 이라고 적혀있다. 이러한 사실은 만주국에 대한 중국인들의 생각을 극명하게 보여 주는 것이다.

2층으로 올라가면 오른쪽으로 부의의 서재와 침실, 화장실 등이 있다. 부의가 집무를 보던 서재에는 관동군 사령관과 회견을 하고 있는

■ 9·18기념관

■ 관동군 사령관과 회견하는 부의의 밀랍인형

부의가 밀랍인형으로 재현되어 있다. 한 가지 재미있는 사실은 부의가 변비가 심했기 때문에 만주국 시절의 대부분의 서류는 화장실에서 결재가 이루어 졌다고 한다. 또 이곳에는 1932년 4월 3일부터 1945년 8월 11일까지 부의가 묵었던 침실도 함께 있는데, 그는 늦게 자고 늦게 일어나며, 이불대신 타월을 덮고 자는 습관이 있었다고 한다. 2층 왼편으로 가면 부의의 첫 번째 부인인 원용의 방과 집무실이 있다. 그러나 오랜 기간 자유가 없는 궁전 생활에서 오는 스트레스와 고민을 풀기 위해 매일 아편을 피웠고, 나중에는 정신분열 증세까지 보였다고 한다. 결국 그녀는 부의에게도 버림받고 아편 중독자가 되고 말았다.

관동군 사령관이 소개해 준 세 번째 부인은 급사하고

　　　　　　다시 1층으로 내려오게 되면 부의의 세 번째 부인인 담옥령譚玉齡의 침실과 방이 있다. 담옥령은 부의를 정치와 정권에 대한 관심에서 멀어지게 하기 위해 관동군 사령관 요시오카吉岡가 소개해준 여인이다. 당시 나이 15세로 상냥하고 사려 깊고 애교가 있어서 부의의 사랑을 독차지해 '상귀인'으로 책봉되나 1942년 불과 22살의 나이에 병으로 급사하고 말았다고 한다. 담옥령의 방은 원래는 부의의 응접실 이었으나 그녀가 상부인으로 책봉되면서 그녀를 위한 방으로 개조되었 으며, 그녀는 이곳에서 독서와 가야금을 타면서 지냈다고 한다.

집희루를 나와 중화문을 통과하면 부의가 집무·접견·연회를 하던 근민루가 나온다. 이곳의 1층에는 그 당시 부의가 타고 다녔던 승용차 가 그대로 보존되어 있다. 2층으로 올라가면 부의가 신하들을 알현하 던 장소와 신하들이 업무를 보던 사무실들이 위치하고 있다. 이 근민루 는 옆에 있는 동덕전과 같이 박물관으로도 쓰이고 있다. 현재는 정식명 칭을 위만황궁박물관으로 해서 일반에 공개되고 있지만, 실제로는 청 의 마지막 황제 부의의 개인 박물관이라고 해도 과언이 아닐 정도로 그 가 살아온 시간의 흐름을 따라 전시되어 있다.

박물관에 들어서면 먼저 부의 이전에 청나라를 이끌어 왔던 선대 황 제들의 계보가 정리되어 있으며, 3살 때 황제에 즉위한 부의의 모습을 복원해 놓았다. 그 뒤로는 앞서 설명한 부의의 인생 여정에 따라 각종 유물, 사진, 서류들을 전시해 놓고 있다. 그리고 마지막 부분에서는 전 범관리소를 나온 이후 죽기까지의 과정에 대해서도 잘 설명을 해주고 있다.

■ 부의 변천

■ 청나라 황제들의 계보

■ 유물, 사진

■ 부의가 타던 자동차

많은 사람들이 기억하는 부의에 대한 기억의 대부분이 영화 '마지막 황제'에 나온 모습을 상상하기 때문에 영화에서처럼 출소 이후 그가 쓸쓸하게 정원사로 일생을 마감한 것으로 알고 있으나, 사실은 출소 이후 그가 정원사로 일한 기간은 짧았고, 역사집필위원 등의 왕성한 활동을 하면서 지냈으며, 1964년 인민정치협상회의 전국위원으로 활동[7] 하기도 하였다. 1967년에 암으로 사망한 이후에 1995년 복권되어 선대 황제와 황후들이 묻혀있는 북경근교의 청동릉으로 이장되었다.

7
두산세계대백과 http://100.naver.com/print_100.php?id=182923 참조.

네 번째 부인은 복귀인이 되고

■ 동덕진 로비

박물관을 나와 향한 곳은 동덕전同德殿이었다. 이 건물은 일본인 기사에 의해 설계된 건물로 1938년에 낙성되었다고 한다. 원래 부의와 그의 마지막 부인 이옥금의 거처로 이용될 예정이었으나, 부의가 이곳에 일본의 도청장치가 설치되어 있을 것이라고 의심하여 이 건물을 거의 이용하지 않았다고 한다. 이 건물에 들어서면 그리 크지는 않지만 황금빛으로 장식된 로비가 나오며, 이 로비에서 영화 〈마지막 황제〉를 찍기도 했다.

동덕전 안에는 일본칸이라고 하여 일

■ 동덕진 일본칸의 전시 사진

본 전통양식의 방이 있다. 이는 만주국과 일본과의 관계를 보여주는 하나의 사례가 될 수 있을 것이다. 이곳에서도 요시오카 관동군 사령관과 부의가 회견을 하기도 하고, 일본 요리를 같이 먹기도 했다고 한다. 또한 이곳 동덕전에는 이옥금의 방이 남아 있는데, 이 방은 원래 정부인 원용의 방으로 설계되었으나 원용은 부의에게 버림을 받았기 때문에 동덕전 낙성 후 빈방으로 남아 있다가 담옥령이 죽게 되자 1943년 부의의 네 번째 부인이 된 이옥금이 복귀인으로 봉해지면서 이 방의 주인이 되었다.

만주국의 황제 부의는 전범으로 몰리고

다음으로 동덕전에서 인상이 깊었던 것은 영화관이었다. 물론 지금은 부의에 대한 영상이 상영되고 있고 영사기도 프로젝터로 바뀌었지만, 그 당시 장춘지역에서 발달했었던 영화산업에 의해 많은 수의 영화들이 제작되었고, 그 중 일부가 이 영화관에서 상영되었을 것이라는 생각이 들었다. 동덕전을 나오면 바로 앞에 동가화원東街花園이라고 불리는 아름다운 정원이 있다. 조그맣지만 아름다운 정원에서 부의는 바깥세상과 단절된 채 일본인들이 알려주는 소식만을 접하며 살았다.

일국의 황제가 자신의 몸도 스스로 지키지 못하고, 다른 나라의 군대에 의존하면서 허울만 쓰고 살아가야 하는 모습, 자신이 마치 신해혁명 이후 자금성에 갇혀 지냈던 것과 똑같은 모습에 정원을 거닐며 고뇌했을 것 같다. 이 정원에는 당시의 시대 분위기를 말해 주듯 정원 한가운데에 나무들 사이로 콘크리트로 된 방공호가 만들어져 있었다. 우리 일행은 그때의 부의를 생각하며 잘 보존된 정원과 방공호를 둘러보았다.

국가의 부흥을 꿈꾸며 천진의 조계에서 갇혀 지냈던 부의에게 만주국 황제자리의 제의는 엄청난 기회로 여겨졌을 것이다. 물론 당시에는 이름뿐인 허수아비 황제인 데다 종전 후에는 전범으로 몰리게 되리라고는 꿈에도 생각하지 못했을 것이다.

만주 침략의 전초기지 관동군 사령부

위만황궁을 나온 우리 일행은 일제의 만주침략 전초기지였던 옛 관동군關東軍 사령부로 향했다. 하지만 관동군 사령부는 현

재 중국 공산당 길림성위원회 건물로 쓰이고 있어, 일반인·외부인의
출입이 통제되는 곳이기 때문에 직접 들어가 보지 못하고 버스 안에서
만 봐야 했다.

　일본의 관동군은 중국과 소련을 침략할 목적으로 1906~45년에 중국
동북지방을 강점하고 있던 일본 육군 주력부대의 하나였다. 러·일전
쟁에서 승리한 일본은 러시아의 조차지인 요동반도를 인수하여 관동주
를 만들고 그곳에 관동도독부를 두었다. 이때 관동주와 남만주철도의
경비를 위해 병력을 주둔시킨 것이 관동군의 시초이다. 이후 관동도독
부가 폐지되고 그 밑에 있던 육군부가 독립하여 관동군 사령부가 되었
다. 관동군은 일본 군국주의의 중국 침략의 첨병이 되어 장작림張作霖
폭살사건1928, 만주사변1931 등을 일으켰고, 1932년 일본의 꼭두각시인
만주국을 설치하는 데 주동적 역할을 했다. 특히 1932년부터는 관동군
사령관이 주만 대사를 겸하면서 중국 동북지방 전역을 실질적으로 통
치했다.

관동군의 군사력도 대륙침략정책의 확대와 대소전쟁 준비에 따라 계속 증강되어 1933년에 10만 명이었던 병력이 1941년에는 100만 명으로 늘어났다. 관동군은 소련에 대해서 장고봉사건張鼓峰事件, 1938, 노몬한 사건Nomonhan 事件: 1939 등 군사 도발을 계속했고, 독·소개전 때에는 관동군 특별연습을 행하여 군사적 위협을 가했다. 그리고 이 시기에 동북 지방의 중국과 한국인의 항일 무장 세력에 대한 탄압에도 열중했다. 그러나 1945년 8월 9일에 대일 선전포고와 함께 쳐들어온 소련군의 공격으로 관동군은 급속히 괴멸되었으며, 8월 19일에 관동군 사령관이 무조건 항복을 하자 관동군은 역사 속으로 없어지게 되었다.

항일 독립 운동사

19세기 말 민족의 운명이 기울어갈 때 수많은 사람들이 만주로 떠나 그곳에서 새로운 삶의 터전을 찾았다. 그리고 망국을 전후하여 애국지사들은 만주에 독립운동의 근거지를 건설하고 힘을 길러 나라를 되찾으려는 굳은 각오를 가지고 압록강과 두만강을 건넜다. 만주는 우리 독립운동의 근거지였으며, 또한 해외의 최대 독립운동 기지였다. 일반 민중들에게도 일제의 식민지 농업정책으로 인해 땅을 빼앗긴 사람들이 마지막 희망을 걸고 이주해 갔던 땅이기도 하다. 반면 일본제국주의자들에게 만주는 생명선과도 같은 곳이었다. 1차 세계대전에서 독일의 패망은 독일을 모델로 생각해온 일본군의 젊은 장교들에게 큰 충격이었다. 이들은 총력전으로 수행되는 현대전에서는 자급자족적인 제국을 건설함으로써 군사력뿐 아니라 총체적인 전쟁 수행

능력을 제고하지 않고서는 살아남을 수 없다는 것을 깨달았다. 그런 그들에게 만주는 일본제국주의의 사활을 결정짓는 전략적 요충지였다.

일본은 1909년 '간도협약'을 통해 만주에 대한 침략 야욕을 드러냈으며, 당시 간도 지역에서 활동하던 민족주의 계열 항일무장세력을 빌미로 간도로 들어오게 된다. 당시 만주에서는 3·1운동 이후 더 이상 국내에서 활동이 힘들어지자 많은 애국지사와 숱한 박해를 받았던 노동대중이 중국 인민의 도움을 받아 동북지역 등에서 항일대중단체를 세우고 투쟁을 하게 된다. 이는 9·18만주사변[8] 전만 하더라도 서로 다른 계급적 요구를 대변하던 대중조직이 수십 개였고, 많은 수가 무장을 갖추고 있었다. 1920년대가 지난 후에는 당이 영도하는 각종 대중조직이 잇달아 출현하기도 하였다.[9] 또한 국내 및 중국 관내와 마찬가지로 만주에서도 1927년 들어 민족·공산세력의 통일전선운동인 민족유일당운동이 전개되었으나 파벌 간의 대립으로 힘을 발휘하지 못하였고, 1929년 후는 이전과 다른 활동양상을 보이기 시작했다.

1920년까지는 민족주의 세력이 주도권을 쥐고 항일무장투쟁을 전개하던 때이다. 이때는 국내 진공, 간도 토벌대와의 전투를 주임무로 하고 있었을 때이다. 그러나 10월에 일제의 '경신년대토벌'을 계기로 간도지역 민족주의세력의 무장운동에 일정한 변화가 있었다. 즉 민족주의 무장단체들이 일제의 토벌을 피해 북만과 러시아로 이동했다. 그리하여 남만, 북만 지역에 자신들의 기반을 구축하게 된다. 그러나 참의부, 정의부, 신민부 등 민족주의계 운동단체들은 이전의 무장독립운동 단체들처럼 간도지역에서 자신들의 기반을 확립하지 못하였고, 이를 계기로 반일 운동에서

8
1931년 9월 18일 만철폭파사건으로 비롯된 일본의 만주 침략 전쟁. 러·일전쟁 후 일본은 만주에서 특수권익을 누리고 있었으나 중국의 국권회복운동과 러시아의 국세확장의 자극을 받아 관동군은 만철폭파사건을 조작 괴뢰국가 만주국을 설립하여 병참기지로 만들었다.

9
문정일, 〈중국전선에서 싸운 조선의용군의 항일전쟁〉, 《역사비평》(90년 가을호), 371쪽.

사회주의 세력이 중심적 위치를 점하게 되었다.[10]

　일제시기 우리 민족은 독립을 위해 다양한 방법으로 노력했다. 만주지역의 경우 무장독립전쟁이 그 주된 방법이었는데, 1931년 9·18만주사변 이후 더욱 그러했다. 이 가운데 사회주의 운동가들은 '재만선인의 정치적·경제적 지위'를 '개선·향상' 시키는 한편, '민족해방의 이론과 방책'으로서 '공산당을 이용' 했다. 그들에게 중국 공산당 입당은 항일민족운동의 한 과정이었다.

　1931년 만주사변이 일어나자 동북지역에는 약 30만 명 정도의 항일무장대오가 형성되었다. 일제는 이에 대해 1932년 3월부터 1936년까지 다섯 차례의 '치안숙정계획'을 실시하는 등 치밀한 대응전략을 폈다. 그 결과 1935년 초에 이르면 만주지역 무장세력은 3만 명으로 급격히 감소했다.[11]

물고기와 물

　　　　통상 만주항일유격대, 특히 공산유격대는 농민들 속에서 인적 자원을 확보할 뿐만 아니라 그들로부터 물적자원(무기, 의복, 식량, 자금 등)까지도 공급받았다. 따라서 만주항일유격대와 농민의 관계가 '물고기와 물의 관계'로까지 비유되는 것처럼, 만주항일유격대는 항상 농민들과 밀접한 관계를 유지하면서 농민들의 인적·물적 지원을 받아야만 자체의 유지·존속이 가능했다. 그리하여 마치 물고기가 물 밖에 나가면 곧 죽듯이, 만주항일유격대도 농민들과의 접촉이 단절된 채 고립되어 농민들의 인적·물적 자원을 얻지

10
신주백, 〈1926~28년 시기 간도지역 한인 사회주의자들의 반일독립운동론 – 민족유일당운동과 청년운동을 중심으로〉,《한국사연구》78권, 110쪽.

11
신주백, 〈1935~38년 시기 재만 한인 민족운동의 새로운 모색 동남만지역을 중심으로〉,《한국사연구》84집, 120쪽.

못하면 곧 소멸의 길로 접어들 수밖에 없었다. 따라서 만주항일유격대가 농민들과 유기적인 관계를 유지하느냐 못하느냐는 만주항일유격대의 발전과 쇠락 또는 소멸을 가늠하는 척도가 되는 것이다. 더 나아가 이 양자 관계의 밀착성 여부는 만주항일무장투쟁의 양적·질적 특성뿐만 아니라 그것의 성패까지도 결정짓는 중요한 관건이 되는 것이다.[12]

이러한 유격대의 약점을 이용하여 일본은 만주국 내에서 농촌(혹은 농민) 지배체제 구축의 일환으로서 보갑제도保甲制度를 실시했다. 보갑제도는 일제가 소수의 지배민족인 일본인을 주축으로 광대한 만주 전역의 수많은 농민들을 지배하는 데에서 파생되는 식민통치상의 모순을 극복하기 위해 실시한 민중 조직이었다고 할 수 있다. 즉 보갑제도는 경찰력·행정력이 방대한 만주 농촌의 구석구석까지 미치지 못하는 상황에서 생겨난 것으로서 치안 및 행정상의 공백을 메우기 위한 일제의 식민정책이었던 것이다. 이 정책은 기층 민중들을 기반으로 활동을 하는 유격대와 농민과의 관계를 단절시킴으로서 결국 반만 항일운동세력의 활동이 위축되는데 큰 힘을 발휘했다.

만군 복무자들의 실상과 반성

아쉽게 관동군 사령부를 눈으로만 본 우리 일행은 다시 근처에 있는 옛 만주군관학교의 터를 찾았다. 그러나 이곳도 역시 관동군 사령부 건물과 유사하게 현재 인민해방군 부대로 쓰이고 있어 가까이에서 보지 못하고 버스 안에서만 보았다. 옛 군관학교 건물에는 새 건물이 건설되어 옛 모습

12
윤휘탁, 〈1930년대 만주항일유격대와 농민-공산유격대를 중심으로〉, 《中國學 論叢》 7輯, p.121.

은 찾아보지 못했지만, 우리 민족의 역사 에서 빠질 수 없는 곳이기에 멀리서나마 본 것으로 위안을 삼을 수 있었다.

　1932년 일본의 중국동북지방을 점령한 뒤 세운 만주국은 조선인들에게 '기회의 땅'이기도 했고, 많은 사람들이 돈을 벌고 또 출세를 하기위해 압록강을 건너 만주로 갔다. 이 곳 만주군관학교는 해방 이후 남한 사회를 이끌어 왔던 친일파 출신의 사회지도층 인사들, 소위 '만주인맥' 13과 관련이 있다. 그 대표적 인물로 전 대통령인 박정희가 있고, 정일권, 이한림, 백선엽, 강영훈 등이 있다.

　박정희 전 대통령은 신경(장춘)군관학교 2기생이고 졸업 후 일본 육사에 입학하여 57기로 졸업한 후 만주군 중위로 근

13
이들의 구성을 살펴보면, 초창기 만주국에서 고위 관리를 지낸 조선인으로는 동경제대 출신으로 총무청 참사관을 지낸 박석윤(육당 최남선과는 처남 매부 간임)을 비롯해 간도성 성장을 지낸 이범익, 간도성 차장을 지낸 유홍순, 언론인 출신의 진학문(참사관) 등이 있다. 만주 시절의 경험으로 박정희와 인연을 맺은 사람 가운데는 군관학교 출신이 제일 많았다.
백무현, 《박정희 1》, 시대의 창, 2005, p.81.

무하였다. 육군참모총장과 박정희 정권의 국무총리(64년), 국회의장(73년) 등을 지낸 정일권은 봉천군관학교 5기로 졸업 후 만주군 헌병 대위로 근무하였고, 육군 참모총장을 지낸 백선엽은 봉천군관학교 9기로 졸업 후 간도특설대 중위를 지냈다. 감사원장을 지낸 이주일은 신경군관학교 1기이고, 건설부 장관을 지낸 이한림은 신경군관학교 2기로 일본 육사 57기로 졸업 후 만주군 중위로 근무한 경력 등 그 수를 헤아리기 어려울 정도다.

군 출신이 아닌 사람으로는 대동학원 출신 가운데 최규하 전 대통령, 재무장관과 국회의원을 지낸 황종률, 보사부장관과 국회의원을 지낸 고재필 등이 두각을 나타냈으며, 그 외 친일단체인 만주국협화회 협의원을 지냈던 이선근이 박 정권에서 문교부 장관을 지냈다. 신경군관학교 5기 출신이고 간도특설대 대위로 근무했던 김석범, 봉천군관학교 5기이고 간도특설대 대위로 재직했던 신현균, 만주군 중령으로 근무했던 원용덕과 관동군 헌병교습소를 나와 헌병오장을 지낸 김창룡 등이 만주군맥의 일원이다.

헌병사령관 원용덕은 1952년 계엄사령관으로 임명되어 이승만 집권 연장을 위한 부산정치파동을 주도해 군이 정치에 개입한 선례를 남겼다. 특무대장에 올라 권세를 마구 휘둘러 군 내부의 미움을 산 김창룡은 1956년 6월에 암살당했다. 1961년 5월 16일 군사쿠데타에는 김동화(신경 1기), 김윤근(신경 6기), 박창암(간도특설대 출신) 등 만주군인맥이 참여했다. 박정희의 군관학교, 일본 육사 동기인 이한림은 1군사령관 시절 5·16에 반대하다 체포되어 강제로 예편되는 등 시련을 겪지만, 건설부 장관(69년)에 오르며 재기하였다. 전 국무총리이자 대한적십자사 총리였던 강영훈도 이곳 장춘의 만주건국대학[14]을 졸업했다.

박정희

　　　　박정희는 1917년 경북 선산군 구미면 상모리에서 빈농의 아들로 태어났다. 셋째 형인 박상희의 영향을 받아 근대적인 교육을 받을 수 있었으며 대구사범에 들어가 일본의 황국신민정신을 철저히 가르치는 교사가 되었다. 그러나 당시 엘리트 코스였던 교사 자리를 박차고 박정희가 한 것은 만주군관학교에 들어가기 위해 혈서를 쓴 것이었다. 박정희는 당시 만주에 있던 아리카와 대좌에게 혈서를 보내고 그의 초청을 받아 만주로 가게 된다. 그곳에서 그는 군관학교에 가고 싶은 이유를 "긴 칼을 차고 싶어서"라고 밝혔다고 한다. 당시 긴 칼은 권력과 출세를 의미했다. 결국 박정희는 신경군관학교에 입학, 수석졸업을 하고 일본 육사에 편입할 수 있는 자격을 얻어 들어간다. 여기서도 뛰어난 교육 성적을 보인 박정희는 3등으로 졸업을 하게 되고, 조선인으로는 유일하게 일본 교육총감상을 받았다. 그 후 박정희는 만주군 제8단에 소속되어 만주에서 해방까지 1년 남짓한 기간 동안 군 복무를 하다 조국의 광복을 맞이하였다.

　해방 후 박정희는 광복군에 들어가 미 해군의 수송선을 타고 고향인 선산으로 갔다. 그 후 1946년 9월 24일 조선 경비사관학교 제2기생으로 입교하였고 졸업 후 임관하였으며, 육사 1중대장이던 박정희가 1948년 4월 남로당 활동혐의로 체포되어 처형될 위기에 처했을 때 그의 구명을 위해 만주군인맥의 도움을 받았다. 결국 박정희는 형(무기징역)집행정지로 풀려나 문관 생활을 하다, 6·25 발발로 다시 소령으로 복직돼 5·16군사 쿠테타를 할 때까지 소장의 신분으로 군에 있었다. 1961년 5월 16일 군사 쿠테타를 일으켰고 1963년 10월 15일 대통령으로 당선된 것을 비롯해 총 3번 대통령에 당선, 18년을 장기집권하였다. 1974년

8월 15일 장춘동 국립극장에서 재일 조총련의 문세광이 쏜 총탄에 육영수 영부인을 잃고, 박정희도 가장 아끼고 신뢰했던 김재규 중앙정보부장의 총탄에 맞아 1979년 10월 26일, 62세를 일기로 파란만장한 생애를 마감했다. 고대 로마의 영웅 시저가 그가 아끼고 사랑하고 믿었던 아들의 칼에 한 시대의 종말을 고했던 것과 같다.

박정희는 철저한 일본식 황국신민화 교육과 군국주의 교육의 영향으로 대통령이 된 뒤에 일본 군국주의의 발전 모델로 한국을 통치하였다. 후발 국가에서 근대화를 빠르게 이룩하기 위해 지도자가 강력한 권한을 행사하여 인권문제를 야기시켰지만 박정희는 '빵 문제'를 해결하고 고도성장의 기틀을 마련했다. 박정희는 민족주체성과 민족정기를 확립하기 위해 노력을 아끼지 않았으며, 주한미군의 철수나 독자적인 핵개발을 추진했다. 박정희의 강력한 리더십으로 농경사회를 산업사회로 만들었으며, 새마을운동으로 농촌을 발전시킨 것, 공업을 육성한 것, 산업의 동맥인 고속도로를 건설한 것 등은 세계 경제 10위의 경제대국의 근간이 되었다.

정일권

정일권은 간도에서 경원보통학교를 졸업하고 광명光明중학교[15]에 진학하였다. 졸업 후 신경이 아니라 경성의 경성법학전문학교로 유학을 가려고 했다. 그러나 교사의 권유로 봉천에 있는 만주군관학교(중앙육군훈련처)에 진학하게 된다.

1940년 일본 육군사관학교를 졸업해서 만주군에서 복무를 하였고, 1950년 6·25전쟁 당시 30대 초반의 나이로 3군 총사령관, 1954년 참모총장이 되었다. 연합참모총장 등 군의 요직을 거쳐

15
1934년에 일본이 광명학원을 설립하여 민족계인 영신중학교를 합병하였다.

1957년 대장으로 예편했으며, 예편과 동시에 터키 대사로 임명되어 외교관 생활을 시작했다. 1959년 프랑스 대사, 1960년 미국 대사, 5·16군사정변 직후인 1963년 외무부 장관, 1964~70년 국무총리를 역임했다. 이때부터 정치가로서 본격적인 활동을 시작했다.

1970년 민주공화당 상임고문을 맡았고, 1971년 제8대 민주공화당 전국구 의원이 되었다. 1972년 민주공화당 의장서리를 지냈고, 유신헌법 하에서 실시된 제9대 국회의원선거에서는 민주공화당의 공천을 받아 속초·인제·고성·양양의 선거구에서 당선되었다. 9대 국회의원 임기 동안인 1973-78년 국회의장을 역임했다. 1978년 제10대 국회의원 선거에서 재선되었으며, 1980년 5·17비상계엄 전국 확대 조치 이후 국정자문위원, 자유수호구국총연합회 회장 등을 역임했으며, 1989년부터 1991년까지 한국자유총연맹 총재로 활동했다.

이러한 정일권의 약력을 보면 식민지시대에서의 교육과 일본 육군 사관학교를 다닌 것을 빼놓고는 군인으로서, 외교관으로서, 정치가로서 열심히 활동한 존경할만한 인물로 비춰진다. 하지만 정일권의 이러한 이력의 뒤에는 박정희가 있었다. 즉, 정일권은 박정희를 중심으로 한 이른바 '만주 인맥'의 핵심이었으며, 박정희의 후광을 입어 이러한 이력을 가질 수 있었던 것이다. 박정희가 신경의 만주군관학교에 다닐 때 정일권이 큰 힘이 되어 주었다고 한다.

이 무렵 정일권은 나카지마 잇켄中島一權으로 개명한 뒤, 헌병 중위로 장춘에 근무하고 있었다. 박정희와 동갑임에도 일찍 일본 육사 55기로 유학을 마치고 돌아와 소위가 되어 있었으며, 1년 뒤 중위로 진급해 신경의 만주군 총사령부에 근무하고 있을 때부터 왕래가 시작되었다고 한다.[16] 이후에도 이 둘의 만남은 여기서 그치

16
백무현 글·박순찬 그림,
《만화 박정희 1》, 시대의 창,
2005, 88쪽.

지 않고 만주군관학교와 일본 육사 수석, 만주군 육군대학 근무, 해방 이후에는 조선경비대 참모총장, 육군 참모총장, 박정희 정권 하에서 국무총리 6년 7개월, 국회의장 6년 등 만주군관학교 선배로서 훗날 죽을 때까지 박정희의 배려로 화려한 삶을 살았다.

최남선

　　　　육당 최남선은 일제 강점기 전통적인 시조 문학의 진흥과 계몽성을 드러낸 창가·신체시·기행수필 등을 썼고, 단군조선을 비롯한 민족의 상고사 연구에 심혈을 기울였던 학자다. 그러나 일제 강점기 말기에 학병권유 등의 친일 행위를 하여 전반기에 보여주었던 민족주의자로서의 활동에 오점을 남겼다. 최남선은 한약방을 경영했던 아버지 헌규獻圭의 3남 3녀 중 둘째 아들로 태어났다. 어릴 때 한글과 한문을 깨쳤으며, 1901년 결혼했다. 1902년 경성학당에 입학하여 일본어를 배웠고, 1904년 황실 유학생으로 뽑혀 도쿄부립 제일중학교에 입학했으나 3개월 만에 자퇴하고 귀국했다. 이듬해 황성신문에 투고한 글로 필화를 입어 1개월 간 구금되었고, 1906년 다시 일본으로 건너가 와세다대학早稻田大學 고등사범학부 지리역사과에 입학했으나, 입학 3개월 만에 모의국회사건에 반발하는 한국인 학생 총동맹휴학으로 중퇴하고, 이듬해 가을 인쇄기를 구입하여 귀국한 후 자택에 신문관新文館을 설치하고 인쇄·출판업을 시작했다.

　　신문관에서 발행한 소년1908은 근대적 종합잡지의 효시며, 후에 이 잡지가 창간된 11월 1일이 잡지의 날로 정해졌다. 1909년 청년학우회의 설립위원으로 순회강연을 다녔으며, 당시 민족주의자로서 무실역행의 준비론과 계몽주의를 추구했다. 1910년 조선광문회를 설립하여 옛 문헌 보전에 힘썼고, 1911년 소년이 폐간되자 이어 붉은 저고리1912·아이들 보이1913·새별1913·청춘1914 등의 월간지를 발행하여 계몽운동에 힘썼다.

1919년 3·1운동 때는 '독립선언문'을 작성하여 2년 6개월 형을 선고받았다가 1921년 가출옥으로 석방되었다. 1922년 신문관을 해산한 뒤 동명사를 설립하여 주간 시사잡지《동명》을 펴내고 이 잡지에 '조선역사통속강화'를 연재했다. 이어 1924년 3월 시대일보를 창간하여 사장에 취임했다가 9월에 사임하고, 이듬해 동아일보의 객원으로 논설을 썼다. 1921년 박승빈과 함께 계명구락부를 만들어 학술지《계명》을 발간했다.

1928년 조선총독부 조선사편수회의 촉탁이 되면서 본격적인 친일행위를 시작했으며, 1944년에는 친일 업적이 인정되어 중추원 참의에 임명되었다. 1938년 만주의 어용신문인 만몽일보 고문을 거쳐, 이듬해 일본이 만주에 세운 건국대학교 교수로 취임했다. 건국대학에서는 최남선이 조선인으로서 유일하게 교수에 취임했다. 1942년 서울로 돌아와 우이동에 소원素園이라 이름 지은 집에서 사료수집과 조선역사사전 편찬작업에 몰두하였으며, 이런 학문적 관심은 1943년에 펴낸 고사통故事通에 잘 나타나 있다.

1943년 재일조선인 유학생들의 학병지원을 권유하기 위해 이광수·김연수 등과 일본에까지 건너가 순회강연을 했는데, 8·15해방 후 이런 친일행위로 인해 반민족행위자로 기소되어 수감되었다가 병보석으로 출감했다. 다시 동명사를 설립하여 책을 펴냈으며, 6·25전쟁 때는 해군전사편찬위원회 촉탁을 거쳐 서울시사편찬위원회 고문을 역임했다. 1957년 필생의 사업인 조선역사사전을 집필하다 뇌일혈로 사망하였다.

친일파를 정리 못해

　　　　　만주국의 도시에 거주하는 조선인이라도 직업이나 사회적 지위는 다양하게 존재했지만, 상층집단은 일본인 관리와 상류층이 집중된 장춘에 좀 더 몰려 있었다. 우선 만주국의 상층 관리가 된 조선인은 1937년 당시 간임관簡任官 4명, 천임관薦任官 21명이 있었으며, 같은 해 조선총독부의 관원 2,127명을 만주국의 하층 관리로 채용했는데 그 속에는 조선인이 상당수 포함되어 있었을 것으로 추정된다. 1940년 당시 만주국의 조선인 관리는 특임관 1명, 칙임관 4명, 천임관 48명, 고시합격자인 신임관(고등관)이 30명이 있었다.

　식민지 조선의 상층세력 가운데는 만주의 도시들을 자주 드나드는 사람이 많았고, 심양(봉천)이나 하얼빈, 장춘의 조선인들은 대부분 불안정한 주거와 취업상태에서 끝 모를 밑바닥의 삶을 살았던 것이다.

　1958년 친일파의 과오를 정리하자 했던 반민특위반민족행위 특별조사위원회, 1948년 10월~1949년 9월가 와해됨으로써 한국의 현대사는 민족정기를 바로 세울 기회를 놓쳐 버렸고, 친일을 했던 이들은 더더욱 권력의 중심부에서 위세를 떨쳤다. 반성을 생략한 그들의 출세는 진실의 은폐, 왜곡을 낳았고 오늘날 논쟁의 원인이 되고 있다.

장춘을 떠나면서

　　　　　역사는 힘 있는 자들에 의해서만 만들어 진다. 힘없는 민족이나 국가는 국가를 수호하고 국민을 보호할 능력이 없다. 인간의 윤리나 도덕은 힘 앞에는 아무런 쓸모가 없다. 신라가 당나라의 힘을 빌려 한반도를 통일한 것도, 고려, 조선에 이르기까지 중국에 조공을 바쳐가며 나라의 운명을 맡겨 온 것도, 일본이 우리나라를 강점한 것도 모두 나라의 힘이 없었기 때문이다. 김구, 김규식, 김좌진, 안중근 등의 애국지사들이 조국을 되찾겠다는 일념으로 일본 요인을 저격하는 눈물겨운 항일투쟁의 힘든 삶을 살아 갈 때 한편에서는 일본에 충성하고 개인의 영달을 꾀하였음은 비극적인 식민의 역사가 아닐 수 없다.

일본이 장춘에 만주국을 세워 나라를 되찾겠다는 애국지사들을 탄압하고 학살하고 중국인들을 도살한 본거지인 장춘을 보고나니 이들이 얼마나 허망한 야욕에 사로잡혀 있었는지를 알 수 있었다. 역사는 돌고 돈다. 영원한 패자도 영원한 승자도 없다. 영웅은 시대가 만든다는 말이 있듯이 한때 친일파로 여겨졌던 사람들이 당당히 대한민국의 지도자로 우뚝 섰으며 그들이 대한민국이 세계 경제 10위의 대국이 되는 기반을 만든 것은 아이러니하지만 과오를 용서받는 것은 망각과 관용이 있기 때문이다. 힘 있는 자만이 지배하고 살아남는다.

우리 일행은 267년 간의 이민족인 만주족이 지배했던 청나라 마지막 황제 부의의 파란만장한 생활과, 한국인의 만주인맥들의 활동상, 애국지사들의 어려운 삶을 그리며 다시는 이런 비극이 재현되지 않도록 강성한 나라로 만들어야 한다는 역사의식과, 후손으로서 애국지사들에 소원했던 마음을 반성하면서 심양으로 향하는 버스에 몸을 실었다. 버스는 오후 3시경 2차 답방 열 번째 답방지인 누르하치가 새운 청나라의 수도였던 심양으로 향하였다.

우사의 독립운동의 길을 답사하면서 역사를 재인식하게 한 김재철 우사연구회 회장님의 배려에 깊이 감사한다.

8 다롄[대련(大連)]
Dalian

전태국 (강원대학교 사회학과)

독립운동 선열의 고혼 떠도는 대련·여순과 우사 김규식

■ 여순감옥 청사 전경

하얼빈에서 대련으로 오는 기차는 쾌적하였다. 우사의 족적을 따라 동북3성을 답사하는 여행에서 중국의 급속한 발전의 위력을 실감하던 차에 철도여행은 중국의 고도성장에 대한 경이의 느낌을 더욱 강화시켜 주었다. 경부선 철도를 자주 이용하는 나의 눈에는 중국의 기차가 우리나라 기차에 비해 폭도 넓고, 소음이나 흔들림도 거의 없어 한국철도보다 앞선 기술이라 생각되었다. 만주벌판을 가르는 야간 침대열차를 타고 만주리로 갈 때에도 그런 느낌을 가졌다. 중국의 기차는 역시 대륙의 것이라 우리나라 철도보다 한 수 위라는 느낌을 떨칠 수가 없었다. 필자가 독일 유학시절 타보았던 유럽 기차와 유사하였다. 더구나 상해의 포동지구에서는 독일의 지멘스의 힘을 빌려 세계 최첨단의 자기부상열차를 부설하여 첨단기술을 과시하고 있다. 우리나라도 고속전철을 부설하였지만, 뒤늦은 자의 특권을 살리지 못하고 첨

단의 기술을 외면한 탓에, 우리의 고속열차는 협소하고 시끄럽고 속도
도 느리다. 아무튼 지도자의 좁은 식견이 발전에 결정적인 장애물이 된
다는 점을 생각하면서 기차로 서울에서 부산만큼의 거리를 편안하게
온 다음날, 버스로 여순 감옥으로 향했다.

　여순감옥은 안중근 의사가 사형당한 곳이고, 단재 신채호 선생이 옥사
한 곳으로 우리 한국인에게 익히 알려져 있다. 그러나 막상 감옥 안을 둘
러보고 복도에 걸려있는 단재 신채호 선생의 사진을 보았을 때 뜨거운

■ 여순감옥의 안중근의 사형실 표지

■ 여순감옥 청사 정면

■ 여순감옥에서 순국한 단재 신채호

■ 여순감옥 안의 회랑(좌·우에 감방이 있다)　　■ 여순감옥 교수형장

■ 여수감옥내의 옥사

분노와 암울감이 나의 목젖을 뜨겁게 적셨다. 안중근 의사의 방은 특별히 표시해 안을 볼 수 있게 해 놓았다. 무엇보다 나의 눈길을 끈 것은 음산한 감옥의 구내에 별도로 마련되어 있는 러일전쟁 전시관이었다. 사진촬영을 금하는 안내판과 안내원의 눈초리가 있었지만, 전시물을 열심히 보며 가져간 디지털 카메라로 몰래 촬영하느라 시간이 많이 간 줄 몰랐다. 일행이 보이지 않았다. 급히 서둘러 전시관을 빠져나와 일행의 꽁무니를 찾았다. 여순감옥을 둘러본 우리 일행은 서둘러 대련시내로 향하였다. 버스로 잠깐 둘러본 대련의 시가지는 마치 서구의 도시에 와 있는 것 같은 착각을 줄만큼 참으로 깨끗하고 아름다웠다. 또 첨단 교통시설인 전차가 아름다운 모습으로 거리를 다니고 있는 것이 인상적이었다.

■ 대련시내 전차(상), 대련공원 전경(하)

　여순감옥과 대련을 둘러보는 내내 나는 100년 전에 일어난 러일전쟁을 생각하였다. 러일전쟁은 최근에 국회에서 친일진상규명법안의 진상 규명 대상이 되는 친일행위 발생 시점을 '일제의 국권 침탈 전후'에서 '1904년 러·일전쟁 이후'로 바꿈으로써 우리 역사에 중요한 시점이 되고 있다. 러·일전쟁은 제국주의 열강들이 세계를 분할 점령하는 과정에서 한반도와 만주를 차지하고자 최후의 한판 승부를 벌인 '미니 세계대전'이었다고 말할 수 있다(이선민/정병선, '러·일전쟁 100주년' 전 세계 재조명 활발, 조선일보 2004). 일본의 뒤에는 동맹을 맺은 영국이 있었고, 이토 히로부미는 전쟁을 시작하며 미국 대통령 시어도어 루스벨트에게 하버드 법대 동창인 가네코 겐타로를 급파해 지원을 요청하여, 미국으로부터 전쟁비용을 빌릴 수 있었다(김태익, 2004). 더욱이

■ 일군의 군수물자 운반에 강제 동원된 한국인 (출처: 《사진으로 보는 독립운동 上, 외침과 투쟁》, 이규헌 해설, 서운당, pp.52~53)

러·일전쟁은 송우혜(2004b)가 지적한 바와 같이, 몇 가지 특이한 점을 갖고 있었다. 모든 전투가 제3국인 대한제국과 청나라 영토 안에서 벌어졌고, 자기 땅을 전장으로 내준 대한제국과 청나라 모두 이 전쟁에 대해 '국외중립'을 선언했다는 것도 희한한 일이다. 또한 승전국이 차지한 전리품 역시 패전국의 영토가 아닌 제3국의 영토였다는 것도 기가 찰 노릇이다. 일본은 여순·대련 지구를 차지하였고, 곧이어 대한제국을 합병하였다.

우사는 이렇게 특이한 러·일전쟁에 대해 어떤 생각을 갖고 있었는가? 우사가 비록 미국에서 유학하고 있기는 했지만 전쟁의 시대를 같이 산 지식인으로서, 더욱이 강대국의 포식감으로 전락한 한국의 지식인으로서 이 전쟁에 대해 어떤 생각을 가졌는가가 궁금하였다. 우사의 생각은 강만길(2003: 18)을 통해 간략하게나마 접할 수 있다. 강만길의 글에서 보면 우사는 러·일전쟁에 대해 세 편을 글을 발표하였다.

하나는 우사가 미국 동부의 버지니아주에 있는 르녹대학 유학시절 1898~1903을 끝마칠 무렵인 22세 때 대학잡지에 발표한 〈러시아와 한국 문제〉《르녹대학 잡지》 1903년 5월호라는 글이다. 강만길은 이 글의 요지를 다음과 같이 정리하였다. 우사는 러시아와 일본 간에 전쟁이 불가피하다고 내다보면서 조선이 전승국에 먹힐 것이라고 전망하였다. 그리고 조선이 어차피 먹힐 것이라면 러시아가 이기는 것보다 일본이 이기는 것이 낫다고 판단했다. 나아가 일본에게 먹힐 경우 재산과 권리가 박탈당하고 그 신민이 되도록 강요당할 것이지만 먹고 입고 배우기는 할 것이라는 전망도 함께 하였다.

두 번째 글은 우사가 르녹대학을 졸업하면서 5명의 졸업기념 연설자 가운데 한사람으로서 행한 〈극동에서의 러시아〉1903.6라는 연설의 글이다. 이 글은 르녹대학 잡지에 발표되었고, 《뉴욕 선New York Sun》지에 전재되었다고 한다. 강만길은 이 글의 요지를 다음과 같이 정리하고 있다. 우사는 야만성과 침략성을 가진 러시아는 조선을 침략한 후 중국을 침략하여 황인종을 억압하려 하지만 전쟁에서 일본이 승리할 것이라 전망했다. 또 러·일전쟁을 인종전쟁이라 보고 황인종이 단결하여 러시아의 야욕을 꺾어야 한다고 주장했다. 러·일전쟁은 불가피하며 전쟁에서 어느 쪽이 승리하건 한국은 승자의 식민지로 전락할 것이라 전망하였다.

세 번째 글은 우사가 유학을 마치고 귀국하여 서울에서 Y.M.C.A. 교육사업에 종사하고 있을 때 여순 함락의 소식을 듣고 르녹대학 잡지에 기고한 〈근대의 세바스토플리의 함락〉《르녹대학 잡지》 1905년 5월호이라는 글이다. 이 글에서 우사는 1905년 1월 러시아의 군항 여순이 일본군에 의해 함락된 것을 보고 크리미아전쟁을 끝나게 한 세바스토플리 군항 함락에 비교하면서 러·일전쟁이 끝날 것이라고 내다봤다〈근대의 세바스토플리의 함락〉,《르녹대학 잡지》1905년 5월호고 강만길은 요약하고 있다(강만길, 18).

이상과 같은 우사의 글을 접할 때 그의 탁월한 식견에 감탄하지 않을 수 없다. 우사가 러시아와 일본 간에 전쟁이 불가피하게 일어날 것이라고 본 것은 정확한 예측이었다. 주일공사 고영희가 1903년 7월에 러시아와 일본의 개전이 임박했음을 정부에 보고한 것보다 더 일찍이 우사는 러·일전쟁의 발발을 예견한 것이다. 그리고 이 전쟁에서 일본이 러시아를 이길 것이라고 전망한 것도 정확한 예측이다. 실제로 일본군은 러·일전쟁의 각 전투에서 승리하였다. 여순전투에서 일본군은 하루 동안 전투에서 8천 명의 사상자를 내는 등 도합 1만 8천여 명의 엄청난 희생을 치루긴 하였지만 마침내 203고지를 장악하였다. 이 때 여순 전투를 지휘했던 일본군 사령관 노기장군의 두 아들이 모두 이 전투에서 전사했다고 한다(송우혜, 2004a). 요양전투에서도 사상자 2만 명 이상의 손실을 낸 격전 끝에 패전보다 별로 나을 것 없는 것이었지만 어쨌든 승전을 거두었다. 그리고 봉천奉天회전에서도 일본군은 사상자가 무려 7만 명에 이르는 커다란 손실을 보았지만 마침내 러시아군을 패퇴시켰다.

러·일전쟁은 한반도에서도 일어났다. 여순을 기습해 러·일전쟁의 첫 포성을 울린 바로 다음 날에 일본 함대는 제물포 앞바다에서 러시아 함대와 격돌하였다. 5배나 수가 많은 일본함대의 공격을 받고 패배에 직면한 러시아 함대의 함장은 당시 이들 군함에 타고 있었던 770여 명의 부하들을 하선시킨 후 자폭해 함대와 최후를 같이 했다고 한다. 또한 러시아가 자랑하는 발틱함대도 일본해군에게 무참하게 패배했다. 그 전해 10월 15일 발트해를 출발한 함대는 일본과 동맹을 맺은 영국이 발틱함대의 수에즈운하 통과를 불허하자 아프리카 남단 희망봉을 돌아

다음 해인 1905년 5월 27일 새벽에 대한해협에 도착하였다. 무려 220일 간의 긴 항해로서 세계의 어떤 군함도 시도한 적이 없는 항로로 지구 둘레의 4분의 3에 가까운 2만 9천 킬로미터를 항해한 것이다. 항로는 실로 험난하였다. 영국을 의식한 많은 나라들이 교전 상대국으로 간주될까 우려하여 발틱함대의 자국 항구 기항과 자국의 석탄선들에 의한 석탄 공급을 거부했기 때문이다. 이런 기막힌 항해를 하며 대한해협에 도착한 함대의 수병들은 지칠대로 지쳐 있었다. 그리하여 대한해협에서 일본함대와 이틀 동안 계속된 해전에서 49척에 달하던 대함대는 블라디보스토크에 도달하자 겨우 3척에 불과하였으며, 전사자가 5천 45명이었고 중상을 입은 발틱함대 총사령관 로제스트밴스키 제독을 포함하여 6천 1백 명이 일본해군에 포로로 잡혔다고 한다. 이에 비해 일본군 사망자가 200명도 되지 않았다고 한다. 일본해군 제1함대를 직접 통

■ 평북 의주부근에서 압록강을 도하하는 일군 (출처: 《사진으로 보는 독립운동 上, 외침과 투쟁》, 이규헌 해설, 서문당, p.53)

솔한 총사령관 도고 헤이하치로가 국가적 영웅이 되었음은 말할 나위
도 없다. '20세기의 문을 연 대전투'로 불렸던 러·일전쟁은 이처럼 발
틱함대의 무참한 패배로 끝났다. 우사는 당시의 국제관계를 보고 영국
과 미국의 지원을 받는 일본이 러시아를 이길 것이라고 예측한 것이라
말할 수 있다.

또한 우사가 전쟁에서 어느 쪽이 승리하건 조선은 전승국의 식민지
로 전락할 것이라고 내다본 것도 정확한 예측이었다. 외세의 각축 속에
서 식민지로 전락할 풍전등화의 위기 앞에서 대한제국은 이 땅을 중립
화하는 것에 희망을 걸었다. 중립화 방안은 당시 조선 정부에 외교자문
을 해 주던 독일인 묄렌도르프와 독일부영사 부들러Budler가 권고한 것
이었다고 한다. 고종은 중립화를 실현하고자 애썼다. 1900년 8월에 조
병식을 특명공사로 일본에 파견해 아오키 슈조青木周藏 외상에게 중립화
에 동의해 줄 것을 요청하였지만, 아오키는 스위스와 벨기에는 중립화
할 국력이 있으나 한국은 그렇지 못하다고 거절하였다. 일본은 1901년
1월에 러시아가 한반도 중립화를 제안한 것도 거절했다. 일본은 이미
한국을 식민지화하려는 생각을 갖고 있었던 것이다. 러시아와 일본의
개전이 임박하자 다급해진 고종은 1904년 1월 21일 마침내 국외 중립
을 선언했다. 서울 주재 프랑스 외교관 비콩트 드 퐁테네Viconte de Fontenay
가 선언문을 작성했고 조선 총영사를 겸임하고 있던 중국 주재 프랑스
외교관이 이를 각국에 보냈다고 한다(한기홍, 2004). 그러나 이 중립화 선
언에 귀 기울인 나라는 아무 데도 없었다. 러·일전쟁 발발 후 보름 만
인 2월 23일 일본은 대한제국을 겁박해 강제로 한일의정서를 체결했
고, 이에 따라 한국은 어쩔 수 없이 일본의 동맹이 됐다. 이러한 역사경
과를 볼 때 우사가 한국이 승전국의 식민지로 전락할 것이라고 예측한

것은 실로 정확한 것이었다 할 것이다. 미국에 유학하면서 국제관계에 대한 폭넓은 지식과 견문을 갖게 된 것이 그의 올바른 예측의 기초가 되었다 할 것이다.

그렇지만 강만길은 이러한 우사의 견해에서 친미적·친일적 지식인의 일반적 경향이 보이고 있다고 그 한계를 다음과 같이 지적한다. 첫째로 우사가 러시아가 이기는 것보다 일본이 이기는 것이 낫다고 본 것은 당시 미국과 일본에 가까운 지식인들이 일반적으로 가진 '반러시아 경향'의 결과라 할 수 있다. 둘째로, 한국이 일본에게 먹힐 경우 그 신민이 되도록 강요당할 것이지만 먹고 입고 배우기는 할 것이라고 본 것은 '안이한 전망'이다. 셋째로 러·일 간의 갈등을 인종적 갈등으로 강조하고 '황인종의 단결'을 내세운 것은 당시 일본의 전략과 같은 것이다(강만길, 18).

그러나 우사의 견해를 강만길의 주장처럼 단순히 친미적이고 친일적인 것으로 해석하는 것은 온당한 시각이라고 보기 어렵다. 첫째로, '반러시아 경향'은 단순히 미국과 일본에 가까운 지식인들의 사고라고 보기 보다는 당시 러시아 정세를 보면 충분히 예측할 수 있는 전망이었다. 당시 러시아는 차르 전제에 대한 반란과 폭동이 격렬하게 일어난 상황이었다. 학생운동, 민족운동, 농민운동, 노동운동이 분출되어 차르 체제는 더 이상 지탱하기 어려운 상황이었다. 황제 니콜라이 2세는 이러한 상황을 타개하기 위해 극동지역에서 팽창정책을 추진하여 러·일 전쟁을 일으켰지만, 이 전쟁은 국민으로부터 전혀 호응을 얻지 못했다. 1904년 말 뤼순旅順이 일본군에게 함락되자 러시아 정부의 권위는 결정적으로 동요되었고, 마침내 '피의 일요일' 사건이 일어났다. 이 사건은 수도인 상트페테르부르크에서 1905년 1월 9일 수십만의 노동자들이 정치적 자유와 국민대표제, 8시간 노동과 단결권 등의 사회개혁을 요구하며 동궁冬宮을 향해 행진하는 시위대열에 군대가 발포하여, 수백 명의 사망자와 수천 명의 부상자를 발생시킨 것을 일컫는다. 이 사건은 전국에 걸쳐 커다란 항의사태를 불러일으켰으며 노동자들의 파업이 뒤따랐다. 1905년 1월의 파업참가자 수는 44만4천 명에 달하였고, 이후에 파업이 러시아 전역으로 급속히 확산되어 1905년 1월부터 4월까지 파업 참여자수는 81만 명에 이를 정도였다. 또한 지방 각지에서도 격렬한 농민 봉기가 일어났다. 이처럼 격렬한 소요 가운데 2월에는 황제의 백부인 모스크바총독 세르게이대공大公이 사회혁명당원에 의해 암살되는 사건이 일어났고, 6월에는 흑해함대 소속의 전함 포템킨호에서 수병水兵들의 반란이 일어났다. 이처럼 러시아는 국내적으로 시위와 봉기, 반란, 암살 등이 일어나고 있어 도저히 외국과의 전쟁을 치를 상황이 아니었다.

따라서 우사의 견해는 강만길의 해석처럼 '반러시아 경향'의 표현이기 보다는 러시아의 상황에 대한 냉정한 관찰에서 나온 결론이라 할 것이다. 오히려 우사는 볼셰비키혁명이 성공한 후 새로운 세계의 건설에 대한 열정으로 "고려공산당의 후보당원으로 변신해서"(강만길, 14) 1922년 모스크바 크레믈린 궁에서 개막한 극동민족대회에 참가하였다. 우사는 이 대회에서 한국 대표 56명의 대표단장으로 개회연설을 하여 모스크바는 세계 프롤레타리아트 혁명운동의 중심지로서 극동 피압박민족의 대표자를 환영하고 있는데 워싱턴은 세계의 자본주의적 착취와 제국주의적 팽창의 중심으로 존재하게 되었다고 미국을 비판하고, "한국은 농민을 주력으로 일본제국주의에 항쟁하는 민주주의 혁명을 해야 한다"고 주장하였다. 그리고 1923년에는 연해주 블라디보스토크로 가

서 모스크바에서 온 '제3 인터내셔널'의 밀사를 만나 조선독립운동에
대한 지원을 교섭하기도 했다. 이처럼 우사는 오히려 러시아로부터 새
로운 가능성을 기대하고 있었다고 볼 수 있다. 이른바 친미적 지식인들
에게서 보이는 '반러시아적 경향'과는 전혀 거리가 멀게, 열린 시각으
로 국제관계의 흐름을 보면서 한국의 독립과 새로운 사회의 건설에 도
움이 되는 것이면 무엇이든 수용하려는 개방적 자세를 견지하고 있었
다고 보아야 할 것이다.

　두 번째로, 일본에 먹히면 적어도 먹고 입고 배우기는 할 것이라고
본 것은 강만길의 지적처럼 '안이한 전망'이라 말하기 어렵다. 당시의
사정은 일본에 의지할 수밖에 없다는 판단을 낳게 하였다. 우선 고종황
제부터 그런 시각을 가졌다. 고종이 을미사변1895년 8월 20일으로 명성황

■ 1904년 2월 8일 인천에 상륙한 일본군 기고시 여단의 시가행진
(출처: 《사진으로 보는 독립운동 上, 외침과 투쟁》, 이규헌 해설,
서운당, p.50)

후를 잃고 아관파천1896년 2월 11일을 단행하면서도 결국은 일본에 의지할
수밖에 없음을 다음과 같이 토로하였다. "구미 열국과의 교제는 아무
리 친밀하더라도 근본적으로 인종과 종교가 다르므로 일국과 갈등을
초래할 때는 인종·종교상의 관계로 그 향배를 결정함은 자연의 추세
다 …… 동양 각국의 독립을 유지하려면 가장 부강한 일본을 맹주로
……"(일본외교문서 32권, 기밀 제71호, 1899년 7월 26일; 한기홍, 2004).

물론 일본의 식민지로 전락하였을 때 백성들이 먹고 입는 것이 곧바
로 수월해진 것은 아니었지만, 당시 한국 정부의 무능과 전반적인 한국
사회의 수준을 보면 우사의 견해는 충분히 납득할 수 있는 견해라고 말
할 수 있다. 이를테면 제물포 해전을 거쳐 일본 육군이 인천에 상륙하
여 육로로 북진하였는데, 일본군이 북상하는 길 일대에 한국인들은 모
두 산속으로 피란하였다고 한다. 한 서양 종군기자는 집을 몽땅 비우고

멀리 피란하는 것 외엔 대응책이 없었던 가난한 백성들의 무력한 모습을 이렇게 적고 있다.

> 외국 군대가 자기 나라를 통과해 가려고 하자 어려움을 이기지 못하고 모두 도망갔다. 그들은 문짝이며 창문이며 할 것 없이 주워갈 수 있는 것 모두를 등에 지고 산으로 들어갔다. 후에 그들은 어쩔 수 없는 호기심에 끌려 구경하려고 마을로 내려온다. 하지만 그것은 정말로 단순한 호기심이었기에 약간의 위험만 느끼면 서둘러 도망친다……. 한국의 북쪽 지방은 일본군이 통과할 때 이미 황폐해진 상태였다. 도시와 마을은 텅 비어 있었고, 논과 들은 버려져 있었다. 김을 매지도 않고 파종하지도 않았기에 들에는 녹색 식물이 아예 보이지 않았다(송우혜, 2004b).

　국제관계가 어떻게 돌아가는지도 모르고 자기나라 땅이 외국군의 전장이 되었는데도 아무런 대응도 하지 못하고, 자기나라 땅 안에서 자기나라 백성이 외국군에 유린당하는 데도 전혀 보호하지 못하는 정부의 무능과 무책임 그리고 동학농민군에 대한 일본군의 무자비한 진압의 경험으로부터 터득한 백성들의 체념적 도피 앞에서 한국을 도와줄 나라는 어디에도 없었다. 1905년 1월에 미국의 시어도어 루스벨트 대통령은 헤이 국무장관에게 보내는 편지에 이렇게 썼다고 한다. "우리는 한국인들을 위해서 일본에 간섭할 수 없다. 한국인들은 자신들을 위해 주먹 한 번 휘두르지 못했다……. 한국인들이 자신을 위해서도 스스로 하지 못한 일을, 자기나라에 아무런 이익이 되지 않음에도 불구하고 한국인들을 위해서 해주겠다고 나설 국가가 있으리라고 생각하는 것은 불가능하다"(송우혜, 2004b).

　따라서 우사의 견해를 간단히 '안이한 전망'이라 보는 것은 당시의 시대적 상황에 대한 고뇌에 찬 우사의 판단을 제대로 이해하는 것이라 말하기 어렵다.

셋째로 우사가 '황인종 단결'을 내세운 것을 단순히 일본의 전략과 같은 것이라고만 보는 것은 지나친 단견이다. 그것은 일본만의 시각이 아니라 당시 서구 언론들의 일반적 시각이었다. 서구 언론들이 러·일전쟁에 주목했던 것은 세계열강 구도의 개편이란 현안에 못지않게 '인종 싸움'이라는 관점에서 특히 흥미를 가졌기 때문이다. 당시 서구인들은 현대에 들어서서 최초로 백인종(러시아)과 황인종(일본)이 본격적인 전쟁을 벌인 것으로 파악한 것이다. 동아시아의 신흥국가 일본이 세계 최강의 군사력 대국인 러시아에 맞서 싸워 이겼다는 소식은 전 세계에 충격을 주었다. 일본은 러·일전쟁의 승리를 통해 "유색 인종인 일본이 당시 최강의 백인 제국 러시아를 이겨 전 아시아·아프리카의 식민지 국가들에 독립의 희망을 주게 됐다"고 선전하였다. 일본의 이러한 선전은 아시아인들의 경험에 기초한 측면을 갖고 있다. 백인들에게 고통당하던 아시아인들이 일본의 승리에서 인종적 자부심을 느낀 것은 부인할 수 없는 사실이다. 후에 인도 총리가 된 네루는 "아시아인이 유럽인에게 거둔 최초의 승리"라며 감격해했다고 한다(김태익, 2004). 우사의 황인종 단결의 주장은 후에 1922년에 모스크바에 체류하고 있을 때 영문으로 발표한 "아시아 혁명운동과 제국주의"《공산평론》 Communist Review, 1922년 7월호라는 제목의 글에서 더욱 분명하게 표현된다. 이 글에서 우사는 제국주의자들의 침략과 지속적으로 심화되고 있는 자본주의자들의 압박과 착취에 대항하는 동아시아 인민들이 단결할 필요성을 강조한 것이다(강만길, 22). 따라서 황인종 단결의 주장은 단순히 일본의 전략과 같은 것이라고만 볼 것이 아니라, 제국주의와 자본주의적 착취로 대변

되는 백인에 대항해 압박과 착취에 허덕이는 아시아인들의 각성과 단결을 호소한 것이라 볼 수 있다.

　러·일전쟁의 무대였던 여순, 대련을 답사하며 우사의 생각을 더듬어 보았다. 물론 우사가 미국 유학시절에 피력한 견해들이 당시의 시대적 한계로부터 자유롭지 못한 부분도 있겠지만, 청년 우사의 탁월한 시각에 새삼 감탄하지 않을 수 없다.

참고문헌

강만길, 2003, 〈일제시기 김규식의 통일전선운동〉, 《우사 김규식의 통일독립운동》, 우사 김규식연구회.

김태익, 2004, 〈[만물상] 러·일전쟁 100년〉 (조선일보, 2004.2.5).

송우혜, 2004a, 〈[운명의 20년] 10. 러·일전쟁(1)―旅順전투〉 (조선일보, 2004.9.14).

송우혜, 2004b, 〈[운명의 20년] 11. 러·일전쟁(2)―무기력한 대한제국〉 (조선일보, 2004.9.21).

이선민/정병선, 2004, 〈러·일전쟁 100주년' 전세계 재조명 활발〉 (조선일보, 2004.2.6).

한기흥, 2004, 〈[한반도 1904 vs 2004](3)강대국 틈바구니 홀로서기〉 (동아일보, 2004.1.7, 동아일보 &donga.com).

9 톈진 [천진(天津)]
Tianjin

장은기

우사 김규식이 간 천진의 민족투혼

천진에 간 우사 김규식의 독립운동길이 궁금했다. 무엇인가 우사의 활동이 배어있는 내력을 알 수 있기 바라는 마음으로 우리 일행은 2차 16일째의 마지막 답사길로 천진에 가고 있었다.

북경을 떠나 천진을 향해 고속도로를 달리던 버스가, 근성 있는 운전자의 감정을 드러내는 오기를 부려 하마터면 뒤로 물러난 화물차로 인해서 큰 사고가 날 뻔 했다. 그 화물차 운전자의 양식 있는 대처로 우리가 탄 버스를 밀어붙이지 않으려고 중앙 분리대로 돌아가는 사고를 내게 되었다. 참으로 아찔한 순간이었다. 화물차 운전자에게 위로하는 마음일 뿐, 우리를 태우고 온 운전자의 신중하지 못한 소행이 꽤 씸쌀했다. 우리가 탄 차를 내보낸 관광버스회사에서 다른 차를 보내게 되어, 그 차를 기다리며 아쉬운 시간을 길에서 보내느라 초조하기만 했다.

천진에는 예정보다 훨씬 늦은 밤길로 들어서게 되었다. 겉만 지나쳐 보는 나그네의 눈에는 천진이 그저 큰 도시고, 현대문명으로 호사스럽게 꾸며진 시가지는 아주 거창하게 소비에 열심인 세상살이구나 하는 인상이다.

전통 있는 이순덕 호텔에 여장을 푸는데, 천진에 오는 유명 인사들이 많이 이용하는 천진의 명물로 알려져 있다고 한다. 준비하며 지도 위에 점 찍힌 것으로 짐작해 볼 때는 좁게 한 눈에 들어오는 공간 같았으나 막상 비행기로, 기차로, 또 버스로 달려도는 거리는 그야말로 넓은 대륙의 고달픈 여정이 몹시 피로하여, 과연 지평선 까마득한 대륙의 광막한 대지임을 실감할 수 있었다.

우사는 1918년, 천진의 외국계 무역회사 일을 하였다. 중국 각 지역에 델코전구를 판매하고 설치하는 활동을 하였다. 흔히들 우사를 학자

■ 이순덕 호텔

로만 알고 있는데, 전구를 판매·설치하는 상업활동을 한 사실은 생활
인으로서의 우사의 또 다른 면모를 생각하게 한다.

 그동안 우리의 독립운동 역사에서 천진은 별로 알려지지 않은 곳이
었으나, 사실 그 내력을 살펴보면 그렇게 등한하게 보아 넘길 곳이 아
니었다.

천진의 도시 형성

 광활한 중국 대륙의 동북 변경 바다에 접해 있는 곳으
로, 중국 천하의 흥망성쇠를 좌·우하는 시대상이 투영되어 중국 근대
역사 발전이 드러나는 항구도시다.

해외 열강과 통상하게 되면서 출입의 문호로서 바다와 육지를 아우른 교통의 중추가 돼 인재가 모여 들었고, 전변하는 시국을 따라서 날로 번영해온 중국 근대사를 상징하는 내력을 읽을 수 있는 해항도시다.

청대의 정치·풍속 등이 떨쳐 일어나는 세력에 따라서 새로워지게 되는 시운의 요구에 적응하여 허다한 사회·국가적인 역사가 천진에서 시작되고, 거기서부터 각 성으로 퍼져나가는 역사 전개 과정을 읽을 수 있는 사실은 중국만이 아니라 동아시아의 천진임을 알 수 있게 한다.

원래 천진이라는 이름은, 영락제가 연왕 때 남경을 공격할 즈음(정란의역 때)에 지나갔다고 해서 그 기원이 되었다고 한다. 다시 말해 천진은 '천자가 지나간 곳'을 의미하는 천진이다. 또한 영락제가 등극하면서 천진의 역사가 열리게 되었다.

청대가 되어 옹정제 연간에 천진위에서 천진주가 되고, 곧 직예주로 승격되어서 천진부가 돼 부성에는 현의 아문도 만들어진다.

천진성은 강남·산동과 북경에 가까운 통주를 연결하는 대운하와 인접해 있으며, 화북평원의 많은 하천을 지류로 하여 발해만으로 흘러 들어가는 백하와 대운하가 교차하는 수운의 요충지에 위치해 있다. 해양아시아와 내륙아시아의 접점이다. 강남 등지에서 북경에 운반되는 세량稅糧을 실은 선박은 모두 천진을 통과했다.

1860년, 조약항으로 개항되면서 물류의 중심이 되고, 상업기능이 활발해진다. 천진은 그 중에서도 소금장수의 거점이었다. 발해만의 소금을 관할하는 관료가 있는 장로 염운사도 정치적·경제적 중요성 때문에 천진으로 왔고, 장로 염정도 천진으로 왔다. 천진은 소금을 관리하는 중심이 되어 전매품인 소금장수의 집합도시가 되었으며 소금장수들은 재력을 축적해 천진의 터주로 유력자가 되었다.

천진의 주민은 여러 지역에서 모여들어 형성되었다. 물론 몇 대에 걸쳐 살아온 토박이도 있었다. 복건·산동과 산서 등의 유력한 집단은 회관을 짓고 모이는 장소로 활용했다.

천진에 주재한 이홍장은 양무의 제반사업에 그가 필요로 하는 동향인인 안휘인과 서양인과의 거래·교섭(은행 등의 금융 관계)을 위해 영어실력이 있는 광동과 영파 출신들을 불러들였다. 그들은 매판으로서 천진의 유력자가 되었다. 드러난 실증으로서 동양회관을 정비한 일이다. 그것은 1887년에 회관을 개축한 것이고 그 영파방의 중심인물은 엄신후다. 천진의 매판으로 이름난 왕명괴 등 절강인의 활약도 두드러졌다.

청말 이후, 천진의 인구증가에 영향을 미친 요인 중 하나로 화북 각지로부터 양식을 구하려고 모여오는 인구 유입을 들고 있다.

천진의 역사적 특징은, 무엇보다도 도시 형성 과정에서 외국의 조계 설정으로 해서 그에 따라 경제적·문화적인 외국인의 활동이 드러나게 되어감에 반감을 갖게 되고 그들의 영향에 저항하는 토박이·유력자·민중의 세력은 사회문제가 되었다. 또한 고관이 주재하였으며, 더욱이 직예총독 겸 북양대신 이홍장은 천진에 주재하여 정치업무를 집행했다. 후에 직예총독이 된 원세개의 '북양신정'도 천진을 중심으로 시행했다. 나아가 전국의 성회는 총독·순무를 주재시켰고, 장지동 같은 개혁관료가 부임해서는 의욕적인 시책이 시행되었다. 장지동은 천진부 남피현 출신으로 양광총독·호광총독 등 남방의 대관大官을 역임한 뒤 천진에 임관되었던 것이다.

천진은 의화단의 전란을 겪고, 8개국 연합군에 점령을 당하는 등의 특별한 역사적 사실이 있다. 이러한 내력으로 의화단에 대한 비판적 앙금을 남기고 거기에 독특한 민족문화의 분방한 표출이 있게 되어 이를 억제해야 할 정치적 과제가 생겼다. 또 외국의 지배·간섭에 대항하는 통치구조의 확립과 국민형성에의 의식이 높아진 시민정서가 있다. 연합군의 지배가 원세개 총독 때까지 이어져간 특이한 경위도 통치기법 상의 유산을 남긴 도시가 되었다.

이와 같은 천진의 사정에서 발생한 영향은 전국 각지로 서서히 같은 양상의 방향으로 진행해 가는 변화를, 의화단 전쟁 전후와 대조되는 형태로 첨예하게 드러내면서 번져간 것이다.

천진에는 사방에서 사람들이 빈번하게 모여들어 혼잡한 거주지가 됨으로서, 안정된 정리가 긴요했다. 역도(특히 영국 세력에 가담한 무리를 가리키지 않는가 생각되는 사례)가 하구 부근을 엄중히 방위하고, 한간·비적의 일단을 시중에 내보내어, 그들은 상인·난민·승려도사·걸식인·각종 연예인 등으로 위장하여 비밀리에 움직이는, 본모습을 숨긴 이들을 시중에 잠입시켜서 소요 등에 내응하게 하는 일을 꾸미고 있지 않은지 의심되는 상황에서 치안이 중요했다.

천진에서의 아편전쟁과 태평천국 난

천진에서는 자체방위를 위한 시민 스스로의 조직이 생겼다. 토박이 유력자에 의한 '단련' 운동이 일어났다. 위원을 두고 '단(관할구역)' 에서 한간을 취체했다.

'의민국' 에서는 자체방위를 목적으로 하는 인재·자금 등을 토박이 유력자가 맡아 그 운영을 지탱했다. 또 소금장수 집단이 관과 상의해 쓰임새의 자금 등을 충당했다.

화재가 많아서 17세기 강희연간 초에 공생 무정예가 '동선구화회'를 창립한 것이 기원이 되어 그 뒤로 많은 '회'가 생겨났다. 구화회는 단순히 소화消火의 역할만 한 것이 아니다. '화회'가 '단련'과 협력해 지역방위의 임무를 감당한 경우도 있다. 동치의 '속천진현지'에서 알 수 있는 예로, 화회에 의한 방화 사업은 토박이 유력자가 자금을 내어, 행상·하층민이 동라소리를 듣고 모여서 실제의 활동부대가 조직되고 소화활동 등을 하는 협력관례로 운영된 것이다. 그들의 협력관계에는 자기 분담으로 스스로 가진 것을 내어서 지역사회에 공헌한다는 이념이 있음을 생각할 수 있다. 또한 외국군이나 반란군의 접근으로 지역사회가 위기에 당했을 때 이 조직이 그 위기에 대처하게 된다는 것이다.

'토비'에 의한 약탈과 '건달'에 의한 방화放火를 막기 위해 '포민국'이라는 도시주민의 '자경단'도 설립되었다.

아편전쟁을 비롯한 19세기의 역사적 경험을 통해 '중국'은 더 이상 세계의 중심이 아니라 많은 나라 가운데 하나에 불과하며, 세계는 서로 다른 문화를 가진 각 나라가 서로 경합하게 되는 다원적 공간의 존재 현실을 인식하는 변화가 서서히 일어났다.

아편전쟁은 1839년 임칙서가 흠차대신(특명전권대사)으로 광주에 가 아편근절 활동을 한 일로 해서 시작되었다. 임칙서의 아편몰수·소각에 영국은 군대를 파견한다. 1840년 6월 중국 연해에 도착한 영국군은 북으로 올라가 천진에 가까운 백하의 하구에 나타났다. 전쟁의 위기를 맞은 청조는 임칙서를 파면하고 기선에게 교섭 임무를 맡겨, 기선은 호문에서 몰수아편을 배상하고 홍콩 섬을 영국에 할양하는 가조약에 조인했다. 도광제는 화가 나 기선을 파면시키니, 영국군은 공격을 개시했다. 1841년 5월 광주성에 육박한 영국군은 배상금의 지불, 청군의 광주 철수, 영국군의 광주 주둔 승인 등을 조건으로 하는 광주화약을 맺었다.

이러한 가운데 1851년 홍수전이 태평천국 난을 일으키고 북경공략을 꾀하여 정예부대로 천진 부근까지 진격했으나, 병력의 열세로 1855년 5월, 전멸 당하였다. 이와 같이 태평군은 가망 없게 되었다.

광주에서의 조약개정을 요구한 영·불연합군은 1857년 말 5천 6백여 명으로 광주를 점령하고, 양광총독 엽명침을 잡아 캘커타로 보냈다. 계속 북으로 진격하여 조약 개정을 요구하며, 1858년 5월에는 대고포대를 점령해 천진을 위협했다. 6월 청조는 부득이 영·불과 함께 조약개정을 요구한 미국 및 러시아와 각각 천진조약을 맺었다.

그 후 애로우사건으로 1860년 7월 영·불 양국은 2만여 명의 대원정군을 보내 8월 말 대고포대를, 이어서 천진을 점령하였다. 1860년 9월 영·불 연합군은 북경을 점령하고 이궁·원명원을 불 지르고 약탈하여 청조를 굴복시킨바 중국에서는 2차 아편전쟁이라 한다.

한족漢族의 고관이며 저명한 주자학자인 증국번이 고향 호남에서 조직한 상군이 태평군의 주된 적으로 대두했다. 증국번은 안휘출신의 막료 이홍장에게도 그의 고향에서 회군이라는 의용군을 편성시켜 절강방위의 주력으로 삼았다.

이러한 가운데 반란의 진압과 국방을 위하여 이홍장이 중심이 되어 해군을 창설하고 천진에 해군학교를 세웠다. 또 북양삼구통상 대신 승후는 천진기기국(화약·포탄)공장을 건설하였다.

이렇게 하여 태평천국난에 대항해 1864년 7월 천경이 함락되고 태평천국은 붕괴되었다. 그 이전 6월 천왕은 병사하였다.

서울에서는 1882년 7월, 조선 병사들이 반일·반민비정권의 폭동을 일으켜(임오군란) 일본인 고문이 살해되고 일본공사관이 점령되자 이홍장은 파병된 일본군의 기선을 제압하기 위해 출병하였고, 반란 병사들이 옹립한 대원군(국왕의 아버지)을 중국으로 납치해 갔다. 이 당시 천진에 진치고 있던 이홍장의 부하 원세개는 서울에서 이조의 군대 지도권을 쥐고 그 영향력을 강화해 나갔다.

이러한 시국에서 1884년 청·불 전쟁으로 청조가 어려운 기회를 잡아 일본은 김옥균 등의 갑신정변을 무력으로 지원하기로 약속하였으나, 청군의 간섭에 밀려 실패하고, 그 뒤로 정치·경제면에서 청조의 입장만 강화되어 갔다. 그런가하면 일본은 호시탐탐 조선침략전쟁 준비에 열심이었다. 일본 정부와 군부는 시베리아 철도의 완성으로 러시아가 강력한 군사작전을 수행할 수 있기 전에 한반도와 그 뒤에 있는 만주, 그리고 대만을 점령하기 위하여 청국의 북양함대를 쳐부술 수 있는 해군건설을 열심히 추진하였다. 청·불 전쟁 후에 청국은 새로운 북양함대 건설을 시작해서 1888년 그 목적을 달성하였다. 그러나 해군경비 2천만 냥을 유명한 이화원 건설비로 써서 해군은 손을 놓은 상태가 되어 갔다.

그와 같은 정세를 파악한 일본은 군사력으로 우세한 자신감에서 개전의 기회를 노리던 차, 1894년 봄에 조선의 갑오농민전쟁에 기인한 개전의 기회를 잡게 되는 것이다.

조선 침략전쟁인 청일전쟁

청일 전쟁은 일본을 '압박하는 나라'로 탈바꿈 시켜서 일본 근대 역사상으로 2차 세계대전에 버금가는 의의를 가졌다고 내세운다. 전쟁의 구실이 조선의 내정개혁이라고 해서 아주 설득력이 미약한 억지를 알고서 기습공격을 했던 명분 없는 전쟁이라는 평가가 없지 않다. 오자키 유키오는 소위 청일 전쟁의 거국일치도 부화뇌동의 산물이었다고 한다. 그러한 청일전쟁에서 일본이 군사적으로는 청국을 압도했지만, 정치적으로는 실패한 전쟁이었다는 것이다. 그것은 삼국간섭으로 여순 등의 반환과 조선을 식민지로 점령하려던 목적을 달성하지 못했기 때문이다. 이러한 청일전쟁은 아시아 민족의 입장에서 보면 마치 저주 받아 마땅한 통한의 전쟁이다. 위에서 살펴본 내력이 분명함에도, 1945년까지 청일전쟁의 진실을 명백하게 규명할 수 없게 권력을 사용해 이를 엄격히 금지해 온 일본 권부의 행세가 지금도 지속되는 근성을 알 수 있다.

일본의 대륙침략사상의 원류는, 에도시대 후기《삼국통람도설》1785년,《해국병담》1791년을 쓴 하야시 시헤이林子平와《서역이야기》1798년나《경세비책》1798년의 혼도 도시아키本多利明와 닿아있다. 시헤이는 일본이 러시아의 위협을 막으려면 조선을 영유해야 한다고 주장한 최초의 인물이다.

정한론의 본질은 일본 국내에서의 사족권력 복원을 목적한 권력 쟁탈 과정에서 나온 것이다. 서구 열강의 아시아 침략 위기의식에서 선택한 행위가 아니고 침략의 사실에 촉발된 조선 영유를 내세웠음은 분명한 사실이다. 정한론은 서구 열강의 외압으로부터 한반도를 방위하고 한일연계의 틀을 짜고자 했다는 헛소리를 그만 하는 것이 옳다. 사실은 조선 위에 올라서서 전쟁에 인명을 끌어 몰아가고, 물자를 수탈해간 역사가 증명되고 있는데도 반성은커녕 아니라고 하며 뻔뻔스럽게 행세하는 일본 지도층 인물들의 행태를 보는 나의 감정은 허탈할 뿐이다.

다루이 도기치樽井藤吉는 유명한 《대동합방론》1893년에서 명치 중기 이후에 구체적으로 나타나는 대륙 침략사상과 극히 대조되는 아시아관을 전개하였다. 그것은 이후에 '대동아공영권' 사상의 바탕에 다루이 도기치적인 조선, 중국 그리고 아시아에 대한 인식이나 위치부여가 농후하게 내포되어 있었던 데서 구체화되었음을 알 것이다.

청일전쟁의 내력을 살펴보면 조선의 영유권을 목적해서 중국과 결판을 내려는 일본의 본심이 드러나 보이는 전쟁으로 확실한 조선 점령의 분명한 침략전쟁이다.

청일전쟁을 분별 있게 살펴보자면, 일본이 제국주의 열강의 극동분할을 의식하고서 그들보다 먼저 조선을 점령할 목적으로 청국을 배제하고자 의도했고(단 오키나와 섬을 일본으로 귀속시키는 목적을 달성), 조선과 중국을 둘러싼 열강과의 경쟁, 소위 무쓰 외교는 열강을 의식하며 기만적인 정책을 추진하였으며, 여순학살과 같은 점령지역 민족 억압으로 전쟁의 정치적인 측면을 보여주고 있음도 알아야 할 중요한 사실이다.

청일전쟁은 열강이 중국을 분할하게 하는 현실 문제로 만들었고, 동아시아에 제국주의 체제를 만들어냈다.

패전의 위기에 놓인 청국은 독일·프랑스·러시아·이탈리아·미국 등 다섯 나라에 청일전쟁의 '강화'를 연합해서 권고해 달라고 제의했다. 그렇게 하기 이전에 영국이 일본에 제시한 조건은 조선의 독립을 열강이 보증하고, 청국은 일본에 전쟁비용을 배상한다는 내용이었다. 그러나 일본은 이를 거부했다.

전쟁 상황에서 일본은 지휘본부의 통제를 벗어난 현장, 즉 전선에서의 행동에 기인하여 야마가타 대장을 소환했는데, 그때 여순학살사건이 신문에 났다. 11월 28일자 "뉴욕월드"는 여순에 들이닥친 일본군이

나흘 동안에 비전투원·부녀자·유아 할 것 없이 약 6만 명을 살해하여 살아남은 청국인이 여순 전 지역에 불과 36명에 지나지 않는다고 하면서, 일본은 문명의 껍데기를 쓰고 야만의 뼈와 살을 가진 야수로서, 지금 문명의 가면을 벗고 야만의 본체를 드러냈다고 보도하였다.

여순에서 일본으로 급파된 《타임즈》 기자는 무쓰 외상에게 일본군이 포로를 묶은 채로 죽이고, 평민 특히 부인들까지 살해한 것이 사실이며, 이를 각국 특파원과 동양함대 사관, 영국의 해군 중장도 목격했음을 밝혀 '일본 정부의 선후책은 무엇인가' 라고 했다는 것이다.

전선에서 최후를 맞은 청군 제독 정여창은 이홍장에게 "함정은 침몰하고, 병사들의 소요를 어찌할 도리가 없다"는 급전을 보내고 자결했다. 이때 일본군 지휘자는 정여창을 잘 알고 있으니 항복해도 장군으로 모시겠다고 유혹했다. 그러나 정여창은 삶을 포기한 결연한 의지로 군인의 마지막 길을 갔기에 그가 죽어서 남긴 이름은 산 사람들이 기억하는 역사의 교훈으로 남았다. 사실상 청의 해상병력이 소멸한 것이다. 정여창은 류우밍후劉銘傳 부하로 '염군捻軍' 토벌을 했다. 류우밍후는 이홍장의 의용군 부대 '회군'의 장군이었다. '염군' 이란 남방의 태평천국과 호응하려는 듯이 하남·안휘·산동지방에서 모반을 일으킨 집단이었다. '염' 이란 '무리를 이루다' 라는 의미로, 그 시초는 농촌공동체에서 생겨난 떠돌이 집단에서 비롯되었다고 한다. 이들은 당시 전매품이었던 소금 밀매에 관여하고 있었다고도 전해진다.

이 당시 영국의 마샬 외상은 아오키 일본공사에게 "일본은 여순을 가지면 장애를 받을 것" 이라고 하면서 "세계는 결코 일본국의 희망이나 명령에 의해 움직이지 않는다"고 알려 주었다.

일본군이 여순을 점령했을 당시, 일본 외무성에는 히트로브 러시아

공사, 구트슈미트 독일공사, 알만 프랑스 공사가 방문하고, 일본의 요동반도 점령은 ① 청국의 수도를 위협하고, ② 조선독립을 유명무실하게 하며, ③ 극동의 영구평화에 장애가 된다는 이유에서 방기를 권고했다. 독일 공사는 '일본이 세 나라를 상대로 전쟁을 하지 않을 것이지만, 필요한 압력을 받을 것이다' 라는 훈령을 그대로 일본에 전달했다.

일본이 이렇게 요동반도를 포기하는 데서 또 다른 역사가 시작된다.

한편, 조선의 궁정에서는 이노우에 공사와 미우라 공사가 교대하는 것을 일본이 퇴각하는 것으로 잘못알고, 러시아에 접근하여 내각에서 친일파를 추방, 친일파의 거점인 훈련대를 해산하여 '내정개혁'을 청산하려고 하였다. 그렇게 되면 일본세력은 뿌리 뽑힐 것이라고 본 미우라 공사는 스기무라 서기관, 오카모토 류노스케, 아다치겐조 등과 공모하여 쿠데타를 일으켰다. 10월 8일 일본 수비대의 호위 아래 대원군은 궁궐로 행차하고, 일본인 무사들은 반일적인 황후를 비롯해 궁중의 대관들을 참살했다. 이렇게 을미사변(을미정변)을 일으켰다.

일본인이 황후를 살해하는 현장을 외국인이 목격했다. 러시아 공사는 엄중히 항의하였고, 명성황후 살해는 즉각 중대한 국제문제가 된 것이다. 이러한 수모의 역사를 모르고 사는 오늘날, 우리의 민족의식을 의심하지 않을 수 없다. 뻔뻔스러운 언행을 힘 있게 세상천지에 외치는 일본 정치지도자들을 보고 있는 우리는 이러한 치욕의 역사를 교훈으로 명심하여 절대로 되풀이 되지 않게 해야 할 것이다.

1895년 4월 하관조약 체결로 청일전쟁은 종결되나, 개항·조계지 설정 등 많은 변화가 있다. 새로이 개방된 도시 및 항구와 상해·천진·하문·한구에 있어서 전관 거류지 설정권의 획득은 일본에게 새로운 중국침략의 기지를 제공해 주게 된다. 당시 일본은 많은 조계지를 가진 영국의 다섯 개 도시(한구 · 진강 · 구강 · 하문 · 광동)보다 더 여러 곳으로 여덟 개 도시에 전관 조계지를 설정한 것은 뒷날 중국진출에 대한 끈질긴 속성을 드러내고 있음을 알 수 있다.

전쟁집념에 사로잡힌 일본 군부는 바로 10년 후의 러 · 일전쟁을 준비하고 있음을 보게 된다. 청일전쟁이 끝나자 즉시 팽창하는 군비확장을 계획하고 있다. 야마가타 육균상은 강화회의가 열리고 있던 1895년 4월 '이익선을 넓혀 동양을 제패한다'는 목적을 달성할 수 있는 사단의 편성을 1.5배로 늘리고, 그 사단을 전략단위로 운용해야 한다고 해서, 삼국간섭이 군비확장을 절실하게 하여 정부와 군의 지도자들이 전쟁준비의 허점을 통감케 하는 것으로서 복수하겠다는 결과로 나타난다.

그와 같이 준비한 것으로 청일전쟁 10년 후, 러일 전쟁이 벌어졌는데 그것이 제국주의의 세계전쟁인 동시에 1차 세계대전으로 이어져 나가고 있는 사실에서 우리는 일본을 읽어야 한다.

근대로 발전한 중국의 개혁운동을 크게 간추려 요약해 보자면, ① 강유위 등의 내정혁신인 변법운동, ② 장지동이 제출한 '입국자강의 소'로 대표되는 자강운동, ③ 손문 등의 민족주의적인 변혁운동, ④ 의화단의 농민이 주력인 배외운동이 있는데, 청일전쟁 후에 변법운동의 힘이 드러났다.

청일전쟁으로 해서 제국주의가 중국을 침범함으로써, 영국만이 지배하던 데서, 열강의 경합지배가 벌어지게 되고, 장강하류의 국지적인 침입을 전국적인 침입으로 만들어 중국 민중에게 아주 비참한 현실을 안겨주었다. 이와 같은 역사 전개 과정에서 반제국주의 민중 운동인 의화단이 발생하게 된다. 이렇게 의화단 사건이 발생했을 때, 일본은 청국황제가 아시아인의 연합을 호소하여 제시한 서간을 묵살하고, 오히려 서구열강의 '반려'가 되려고 연합군에 주력을 제공하며, '극동의 패권자'를 자처해 군림하려고 했다. 이는 일본이 아시아 민족운동의 적대자가 되었다는 명백한 사실임을 역사에서 밝혀낼 일이다.

오늘날 우리에게 주어진 역사의 현실로 이어져 오고 있는, 그 열강의 패권자가 만들어 놓은 분단의 질곡·지난날의 삶이 없는 역사 후퇴로 기인한 고난의 가중이 얼마나 지긋지긋한 사회생활이었던가를 지금 피해 입었던 현장을 돌아보면서 냉철하게 분별·인식하고자 해서 그 원인해결의 힘 있는 실마리를 붙잡으려는 노력으로 답사길을 돌아다니게 된 것이다. 참된 역사 인식의 노력 없이는 희망의 내일을 기약하기 어려운 현실의 세계임을 깨달아야 하겠다. 잘살고 힘센 열강의 후광을 받고 사는 그들은 우리의 소원인 통일에 대한 역사의 책임은커녕, 재일동포마저도 아직까지 아시아의 같이 사는 사람으로 대우하지 않고 있어서 그들이 차별에 학대당해 그 고단한 생활 가운데 얼마나 조국과 조상을 탓하며 죽어갈까를 생각하면 소름끼치는 사실이다. 일본인으로 태어나 조선의 양심을 알리고 참 일본의 바른 삶을 알게 하려고 몸부림치며 온갖 역경에 부대껴 명대로 다 못살고 간 가네코 후미코의 절규를 들어보는 성의를 가져야 옳다는 신념이 생긴다.

당시 조선은 영선사를 천진에 상주시키고 있었다. 청일전쟁 무렵 영선사로 있던 김윤식은 임오군란이 일어나자 "대원군은 비당匪党과 손잡고 종묘사직을 위태롭게 하고 있으며, 그 역적은 오래도록 현저하다"고 청나라 정부에 보고하고 있다. 그 김윤식은 호가 순향洵鄕이고 충청북도의 명문 출신이다. 영선사로 천진에 가기 전에는 순천부사였다. 후에 친일정권의 외무대신이 되어 한일합방에 협력하였고, '자작'이 된 인물로 이때에는 친청파의 요인이었다.

당시의 사대당 즉 친청파의 요인은 민영익·김윤식·민영목·조영하 등이었다. 또 김옥균은 충청남도 공주인으로 1851년 생인데 22세 때 과거 문과에 수석으로 합격한 수재로, 이 때 사회활동으로 이름난 인물이다. 이 무렵 정가에 이름을 드러낸 인물로 박규수가 있고, 그 문하생으로 박영효·홍영식·서광범 등 사회적으로 행세하는 인재들이 많이 모여 있었다. 그 모두가 우리 역사에 기억될 인물들이다. 다시 말해 그들은 갑신정변의 주동자들로 3일천하의 개혁세력들이다.

시찰단으로 일본에 갔던 어윤중이 일본에 남아 있다가 천진으로 가 김윤식을 만나서 두 사람이 같이 청국에 파병을 요청했다. 그들도 근대화 추진파로 대원군의 거꾸로 가는 정치행태에 반대했다. 그러한 어윤중, 김윤식이 청국의 군함에 편승해 귀국했다.

청조의 실력자로 행세하여 조선관계는 말할 것도 없이 이홍장이 관장해서, 그의 지배를 받는 세력의 일원으로 조선에 와 있던 독일인 묄렌도르프는 조선의 요인 가운데 친러파로 만들어내는 노력을 하였다.

청·일의 세력다툼 가운데 이 틀을 벗어나는 방도를 찾는 인사들이 러시아에 관심을 갖기도 하여, 전영사인 한규직·좌영사인 이조연, 김지성, 조충희 등 요인들이 제3의 세력을 형성한다.

시국의 정세에 따라서 조선과의 통상조약 체결을 의도한 러시아는 카알이바노비치 웨베르 주 천진영사를 조선으로 보냈다.

조선의 제3세력은 을미정변 때 몇 명의 요인이 목숨을 잃었으나 아직 김지성 등 유력 인사가 살아있었다. 조선정부는 김지성을 블라디보스토크로 파견해 연해주 총독과 회담할 수 있게 하였다. 김지성은 용원鏞元이라는 다른 이름으로 잘 통했다고 한다. 김지성은 갑신년 12월 블라디보스토크에 갔는데 권동수, 김광훈 등이 수행했다. 그들은 그곳에서 보름쯤 체재하며, ① 러시아 군함으로 조선의 연해 보호, ② 조선군 훈련의 러시아 교관 파견 등을 협의하고 밀약으로 김지성이 서명하였다.

극비로 실행한 이 사실을 청국 길림 훈춘청 이구탕아가 그에 대한 정보를 중앙에 급보했다. 다음 해 3월의 일로서, 천진의 이홍장은 즉각 조선주재상무총판위원 천쑤탕에게 조사할 것을 명령한다. 이 정보사건은 조정에서는 모르는 것으로 축소시켜 소문 없이 천진의 이홍장에게 그 수습을 보고하여 끝낸다.

조선 조정을 완전히 장악하려는 의도에서 이홍장은 대원군을 이용하고자 시도한다. 그래서 대원군을 석방케 하고 석방을 결정한 지 1주일 후에 원세개를 수반으로 하는 사절단을 보내기로 한다. 그 사절단은 천진에서 대원군과 장남 이재면을 포함한 20여 명이 배로 떠난다.

'조선은 동양의 발칸'이라고 하던 무렵으로서 국제정세상 하나의 요충지가 되어 있었다. 청·일 외에 영국·미국·독일·러시아·이탈리아가 각각 조선과 조약을 맺었다. 프랑스도 교섭에 나선다고 했다. 러시아는 주조선공사를 임명한다.

이 당시 세상을 떠들썩하게 한 후쿠자와의 그 유명한 탈아론은 1885년에 쓴 것이다. 그 내용을 보자면,

> 서양의 문명국과 진퇴를 함께하여 청국·조선을 상대할 때도, 이웃나라라 하여 특별히 사양하지 말고 서양인이 이들을 다루는 방법대로 처분해야 할 것이다. 악우惡友와 친절하게 지내는 자는 함께 그 악명을 벗어날수 없다. 내가 생각하기로는 아시아 동방의 악우를 사절해야 한다는 점이다.

이것이 탈아입구론이다. 다시 말하면 '입열강론'인 것이다. 요점을

말하자면 제국주의의 선언이라 할 수 있다. 서양에 끼어들고자 인접한 아시아민족을 짓밟고 올라서려는 독선의 찬양에서 야만의 근성을 읽어 낼 수 있다. 조여오는 청일의 억압을 벗어나 보려던 친러파의 요인으로는 민영환·민응식 등 민씨 일족이었는데 이에 홍재희·김가진 등이 같이 활동한다. 러시아 공사관 출입의 역할은 죽산부사 조존두와 김양묵·김학우 등이 했다. 통역은 채현식이 맡았다.

조선왕실은 열강의 틈새에 끼어 처신이 어려운 가운데 김용원과 함께 활동했던 김광훈을 비밀리에 서울로 불러들인다. 김광훈은 근 1년 가까이 유배지에 있었다. 하지만 별 다른 수가 생길 리 없는 시국일 뿐이었다. 이처럼 혼란스러운 정국임에도 원세개는 실권자의 세력으로 하여 청국에서는 아편을 가져오고, 조선 인삼을 청국으로 암거래(밀수)하여 막대한 이익을 거머쥐었다. 훗날 원세개의 정치자금으로 써서 그 소문이 났다.

청국의 실세로서 이홍장의 일로 착수한 중요사업은 북양해군의 조직이었다. 이홍장은 양무파로서 서구 근대과학의 채용만이 청국을 살려내는 묘약이라고 믿고 그 실행에 관심을 기울인 인물이다. 1888년에 북양함대가 편제되었다. 정여창을 북양해군 제독으로, '진원' 의 함장 임태증林泰曾, '정원' 의 함장 유보섬劉步蟾으로 구성했다. 북양해군은 군함 25척을 갖춘 당시 아시아 최강의 함대가 되었다. 일본은 1888년 부터 6년 간 군비 증강을 하였으나, 청국은 '치원' 을 이홍장이 여순에서 수령한 뒤로는 처음 그대로 있었고, 해군 예산은 연간 은 4백만 냥으로 책정했지만 해군에 쓰이지 않았을 뿐만 아니라 1891년부터는 탄약 구입도 하지 않았다.

일본이라는 나라의 정황을 알게 하는 '대진사건' 도 우리가 기억해야 할 사실이다. 1872년 4월 말 러시아 황태자가 장기에 도착해 5월 9일 신호에 상륙, 그날로 경도로 갔다. 5월 11일 경도에서 인력거로 자하현을 방문하려던 차, 대진에서 경찰 쓰다津田三藏에게 저격을 당한 것이다. 있을 수 없는 일, 상상할 수도 없는 현직 경찰의 총격이었던 것이다. 지난 역사에서 일본은 약육강식의 도리에 충실하여 전쟁을 일삼은 것만 같다. 조선의 점령을 전제한 청일전쟁 준비로 일본군 참모본부는 오랜 세월동안 전쟁연구에 몰두했다. 자신을 가지고 전쟁의 기회를 노리던 일본의 실상은 청일전쟁이 문제가 아니라 러시아까지 넘보았다는 사실이다. 야마가타 아리토모의 이름으로 작성된 '군비의견서' 에서 알 수 있는 바(1983년 작성) '10년 후' 의 러ㆍ일전쟁을 정확하게 예견하고 있는 것이다. 나아가서 장기계획으로 '청국정벌책' 이 오가와 마타지小川又次 소장에 의해 완성되었고, 해군도 착착 군비를 확장한 것이다. '송도', '교립', '엄도' 의 삼경함에다 두 척의 순양함을 영국에서 건조하고 있었다.

조선에서는 갑오농민전쟁의 문제로 외세를 끌어들이려는 국왕과 대관들의 논란이 벌어졌는데, 국왕이 과거의 난리에서 겪은 공포로 청국에 파병요청을 거론하였다. 이에 영의정 심순택, 우의정 정범조, 좌의정 조병세는 반대하였다. 병조판서 민영준은 갑오농민군의 토벌은 청국군대의 힘 외에는 방법이 없다고 하니, 어찌된 영문인지 이 주장이 힘을 얻게 되어 반대하는 소리가 사라졌다는 것이다. 그러나 영돈령부사 김병시는 끝까지 파병요청 반대를 하였다는 역사의 소리를 들어야 한다.

민영준 병조판서의 청군파병 요청 주장은 5월 16일 각의에서 부결되었는데, 그때의 반대이론은 옳았다. 청국에서 출병하게 되면, 천진조약에 의해서 일본도 출병해서 조선국토는 유린 당할지도 모른다. 아예 갑오농민군의 요구인 부패관료를 처벌하고, 정치개혁 등을 실행하여 당면한 문제를 해결해야 한다는 논지는 참으로 사리 밝은 타당한 주장이었다.

청국의 경우 사실상의 실력자로 천진에 주재하는 이홍장 지휘로 전쟁을 치러야 했고, 조선 관계도 실제 이홍장이 도맡아 그의 지배받는 인물들을 조선에 상주시켜 힘쓰는 처리를 하였다.

일본의 참모본부는 위의 사실과 같이 조선을 점령할 목적으로 청일전쟁을 하고자 오랜 세월을 두고 학수고대하였음을 알 수 있다. 당시 북양의 군권을 좌우하던 이홍장의 지배는, 그 군대조직이 당초 회군의 발전으로 이루어졌던 데 연유하고 있다. 회군은 본시 이홍장이 조직해서 염군의 반란을 평정하고 나라의 군대가 되었기 때문에, 이홍장의 지배하에 있어서 직예총독인 이홍장의 권세가 절대적이었다. 이홍장의 형인 이한장은 사천·호광 등지의 총독을 역임한 인물로 그 가문은 권세가 있었다. 서태후의 막강한 실력자로 행세하는 직예총독 겸 북양대신인 이홍장의 세력권에 가담하여 청조를 타도할 기회를 모색한 손문이, 그의 고향사람 류호동陸皓東을 찾아서 류호동이 아는 고향 사람으로 이홍장의 막료로 있는 나풍록에게 사례금과 상서문을 이홍장에게 전달해 줄 것을 부탁하였다. 그러나 기다리던 회답이 없어 손문은 기대한 보람 없이 홍콩으로 돌아가야 했다. 이홍장은 전쟁에서 패배가 완연해져 갈 즈음, 손문의 상서를 생각하고 '국가의 일을 걱정하는 청년'인데 한 번 만나볼 것을 소홀하게 지나쳤다고 아쉬워했다는 것이다.

드디어 일본은 명치 27년 8월 1일 선전포고를 했다. 실상은 사또 행차하고 난 뒤에 나팔 분 격의 선전포고다. 먼저 기습공격을 하고 난 뒤의 일인 것이다. 이에 이홍장은 어찌할 수 없이 전쟁에 말려들지 않을 수 없었고, 준비 없는 열세의 형편 없음으로 해서 감당 못할 패전으로 치달을 수밖에 없게 된다.

여순이 점령당하여 청국의 방위가 무너져 갔는데, 그 '여순' 이 '여정의 순로' 를 뜻하는 것과 같이, 여순에서 북경까지 거칠 것 없는 순로가 되는 위기에서 청국은 다른 열강의 힘을 빌게 되는 것이다.

혼란스러운 청국의 역사에서 강유위·양계초 등의 무술변법운동이 일시 광서제의 신임을 받아 세력을 펼치려 했으나 곧바로 서태후와 수구세력의 쿠데타로 '백일유신' 으로 끝나게 된 사실은 널리 알려져 있다. 이 때 개혁운동을 부숴버린 인물이 원세개라고 한다.

당시 원세개는 독일군을 본따 천진 근교에서 편성한 군대 '신건육군' 을 장악하고 있었는데, 위기를 알게 된 담사동이 원세개에게 군사행동으로 선수를 치라고 요구한 사실을 원세개는 서태후의 심복으로 임시직예총독에 임명돼 북양육군을 장악하고 있던 영록에게 보고하여, 서태후는 광서제를 연금하고, 담사동 이하 6명의 변법파를 처형하였다. 강유위·양계초는 일본공사관과 미야자키 도오텐의 원조로 일본에 망명하게 되었다.

일본 망명에서 미국으로 간 양계초는 그의 견문기록 가운데, 1773년 영국 동인도회사가 수입한 차茶의 세금문제에 항의하여 그 세금을 반대하는 사람들이 수입한 차를 바다에 넣어버린 보스톤 차사건을 알고, 마치 임칙서가 광동에서 영국의 동인도회사 수입 아편을 몰수해 소각하여 버린 사실과 대단히 비슷하여 이 사실을 기억에서 새롭게 들춰내어 중국사회에 알렸다.

2차 아편전쟁 뒤의 천진방위는 연군湘軍과 북양대신인 이홍장의 회군이 맡게 되었다. 또한 일상적인 순찰의 조직은 '향약국' , '수망국守望局' 으로 정리되었다. 2차 아편전쟁 결과로 기독교의 포교를 내륙에서 할 수 있게 되었다. 그러한 포교과정에서 선교사들의 활동이 지역사회에 파문을 일으켜 '교안'이라는 기독교관계 분쟁이 전국 각지에서 발생한다. 특히 두드러지는 것은 군중이 천진주재 프랑스영사를 살해하고, 많은 사람과 건축물을 희생시킨 천진교안1870년 6월 21일은 청국과 구미측에 심각한 영향을 주었다.

이렇게 천진 전체적으로 야기되는 외지·남방인에 대한 거부의식은 서양에 대한 배외주의에서도 같은 양상으로 본지인의 반감이 드러나고 있었던 것이다. 무엇보다도 당시 천진에는 천진사회가 뿔뿔이 갈라서고 분열되는 사례를 없애서 일체감으로 화합할 수 있게 할 이념이 필요했다. 이와 같은 천진에서 1901년 이홍장이 죽어, 직예총독 임무를 맡게 된 원세개는 다양한 개혁을 천진중심으로 시행하게 된다. 이것을 '복양신정'이라 한다. 그 가운데 경찰조직의 확립은 대단히 중요한 항목인데, 천진에서의 경찰창설이 전국적으로 선구가 되고 모범이 되었다는 의의가 있다.

천진에서의 의화단과 아편전쟁 경과

1899년경부터 활발하게 활동을 한 산동성의 의화단은, 산동 순무 원세개의 탄압에도 불구하고 세력을 확대해서 다음 해에는 천진의 외국조계를 공격한다. 그러한 의화단에 대항하여 열강 8개국의 연합군이 반격을 하여, 1900년 7월 14일 천진성을 점령한다. 이렇게 된 천진은 1902년 8월 15일 청국이 되돌려받을 때까지 열강의 지배 아래에 있게 된다.

그보다 앞선 1900년 봄 의화단은 직예성(지금의 하북성)으로 세력을 넓혀, 철도나 역사·전선을 파괴해 가면서 같은 해 6월에는 천진에서 북경으로 들어선다. 독일공사와 일본공사관원이 북경거리에서 살해되고, 의화단이 공사관 지역을 포위해, 8개국 연합군독일·영국·미국·프랑스·러시아·일본·오스트리아·이탈리아이 출병했다. 약 3만 6천 명 연합군의 주된 병력은 2만 2천 명의 일본군이었다.

1901년 9월 청조와 열강 간에 조약을 맺는 바, 그 '북경의정서신축화약辛丑和約'는 중국을 반식민지로 만드는 것이다.

8개국 연합군은 천진을 점령하고 있는 동안에 공동관리를 하고자 설치하게 된 '천진도통아문'을 통해서 천진을 관장하였다.

중국의 반란은 종교비밀결사에 의해서 일어나고 있다. 의화단에 있어서도, 백련교계통이라고 하는 학자는 청대 중기부터 종교조직으로 된 권봉무술활동이 있었는데 그것이 의화단의 조직형성에 불가결한 존재였음을 주목해야 한다는 것이다. 대체적으로 후한 말 황건의 반란을 시작으로 중국의 민중운동은 거의가 종교의 비밀결사와 밀접한 연관을 가지고 있음을 알 수 있다.

무력해진 청조는 반란군을 진압하는 데 있어서, 당초 반란을 일으킨 태평군·염군을 제압하기 위해, 팔기나 녹영이 부패·무력해져서 그것을 새로운 모병을 하여 용영이라는 조직을 하고 거기에 단련 같은 반관반민의 조직으로 청조의 정규군을 보충하게 되었다.

염군의 파괴적인 활동은 태평군보다 장기적이었고, 태평군보다 먼저 영주·수주·몽성·박주에서 일어난 이들은 1855년 안휘 북부 몽성에 위치한 치하집에서 장행락을 맹주로 그 역량을 과시하였다. 1856년 염군이 산동에 침입한 이래 1868년 청군에게 완전히 제압되기까지 염군은 13년을 산동에서 활동하였다.

열강의 점령과 국내의 반란으로 혼미해진 청조에서 관현의 교안이 있는데, 이는 1873년에서 1898년까지 24년 이상 지속된 보기 드문 사건이다.

천진의 새로운 발전 과정

원세개가 천진을 열강의 점령에서 돌려받으려 했을 때 치안의 문제가 있었는데, 그것은 군대를 천진에 주둔할 수 없게 조약규

■ 우사가 교수로 있었던 북양대학을 이어받은 천진대학 정문

정을 두어서 대책을 새로이 강구해야 할 처지에 처해 원세개는 경찰제도를 착안하게 되었고, '북양신정' 을 창안한 실천자로서의 원세개에 의해서 정치개혁의 중심도시로 천진이 떠오르게 되었다는 사실이다.

순경제도가 창설된 것은 1901년 9월 12일인데, 경찰의 창설은 의화단 등의 전쟁으로 혼란해진 사회를 수습하고, 위에 언급한 치안행정을 맡는 직무 · 기능을 수행하여 부강을 지향하는 '북양신정' 을 펼쳐 나간다는 것이다.

원세개는 과거시험제도에 비판적이었고, 구미나 일본을 본딴 학교교육을 추진하는 일에 관심을 가졌었다고 한다. 이 새로운 교육시설을 '학당' 이라고 하여 이 정책을 받아들인 천진에는 1902~1904년경에 학당 설립의 바람이 일어나 관립 · 민립의 학당이 많이 세워지는 것이다.

민립학당 설립에 불을 지핀 인물은 엄수라는 천진 출신의 진사다. 그의 민립 제1소학당의 구체적인 교육내용은 읽기 · 쓰기 · 주산 외에 영어 · 프랑스어 · 수신 · 위생 · 이과 · 역사 · 지리 · 체조 등이고, 그 외에 오학당과 반일학당도 이와 같았다.

1908년 중국 전국에 47,900여 개의 각급 신식학교가 존재하여 학생 수 약 130만 명, 교원 수는 약 63,500명에 달했다.

천진 사회의 혼란 수습과 발전을 위해서 또 다른 교양국의 설치가 있다. 교양국은 산업진흥과 치안대책이라는 두 가지 의도로 설립된다. 당시 산업진흥책 입안을 담당한 주학희는 교양국의 목적을 다른 산업진흥책과 구별했다. 교양국은 직업 없는 떠돌이들을 수용하는 것으로써, 운영방법은 군대와 같이 엄격한 것이 긴요하다. 일반 공예학당은 인재를 양성하는 것이어서 운영 방법은 의숙과 같은 교육지도가 필요하다고 했다.

천진 사회에는 세계 분할의 결과로서 도통아문의 설치와 조계지 확대가 시행되는 반면에 동시대의 세계 주요도시와 공통되는 과학기술의 발전을 가져오는 도시생활의 요소를 가지게 된 것이다. 벨기 회사의 전차영업도 그 예의 하나다.

천진에 있어서 전차관계 정치과정에서 주목되는 문제로 전차파괴 사건이 있는데 그 사건 수습의 교섭과정에 관하여 역사상에 빈번하게 거론되는 '공분公憤'이라는 말이 있다. 공분의 전제는 공감을 넓혀나간다는 의미가 있고, 그 공분은 부정에 대항해서 일어나는 분노다. 억제할 수 없이 끓어오르는 감정폭발이기 때문에 무조건적으로 정의의 입장이 되는 것이라고 한다. 이러한 입장에서, 천진 전차파괴 사건이 발생한 내력을 보면 20세기 초두의 천진 주민이 외국 투자에 의한 전차 등장이라는 사태에 대해 품는 심사心思, 감정은 복잡했다. 천진에 전차가 부설되는 것은 객상의 편리를 위해서지 천진의 명예가 될 수 없다고 하는 사람이 있었다는 사실에서, 새로운 교통기관의 등장을 긍정적으로 받아들인다고 할 수 없어, 전차에 대한 반감도 공분으로 확실하게 드러났다.

천진은 1900년 의화단 전란으로 큰 피해를 입고, 그 후 한때 외국군의 점령을 거쳐 직예총독 원세개에 의해 회수되었다. 1903년 천진 상공업자의 결집체로서 각 동업단체를 연결하는 천진상회가 조직되었다.

사회체제에 있어서, 시대적인 일반의 보편적인 민의를 전제로 하는 정치질서관 아래에서는 개별적인 기관·조직으로서 이해를 갖는 단체의 성장이 곤란하게 된다는 것은 역사에서 일반적인 현상이다.

이 시기에 새로 생겨난 경찰조직, '상무총회'라는 '정치주체'도 공분의 정치 가운데서 그 기능이 눈에 띄게 나타나고 있다. 이렇게 새로운 정치주체가 등장하는 역사적 의의는, 복잡하게 되어가는 도시사회

가운데서 그들대로 특성이 생겨나게 하는 곡절이 있는 행동을 보이게 하는 일로서, 정치적 과제 해결의 선택범위를 확대하는 일로 그 요구가 드러난다. 따라서 타방으로는 문제에 대처하기 위한 시민의 교섭통로는 분산되고, 그에 따라서 시민이 부딪히며 대화해야 하는 일을 반복하게 되는 데서 시민의 감정은 착잡한 행동으로 드러난다.

천진사회에 교육과 동시에 체육에 대한 의식이 다른 곳에 앞서 발현됐다. 인민은 국가의 기초이고, 신체는 인생의 기초다. 신체 건강하면 인민은 강해지고, 인민이 강해지면 국가는 당연히 강해진다고 하는 이념이 천진 사회의 내면에 퍼져 나간다. '운동대회'도 그와 같은 '체육의 이념'으로 칭양된다. 1905년 4월 24일에 학생을 모아 천진운동대회가 열렸다. 이것을 드러내어 '대공보'는 백화문으로 그 소감을 소개하여 천진시민을 깨어나게 하고 있다. 그것은 "나라를 강하게 하려는 생각이라면, 민기民氣를 강하게 하려는 생각이라면, 체육을 추구追求할 필요가 있다. 오늘날 모든 학당에서 체조수업을 하는데, 이것은 확실히 체육을 기초로 하는 것이다. 지금 북경대학당과 천진대학당에서는, 어느 것이라도 운동대회를 열고 있으며, 참가자도 적극적인 데서, 체육의 발달을 보게 된다. 중국인의 상무정신은 여기서 분기한다고 할 것이다"와 같은 게재문으로 체육활동을 알 수 있게 한다.

그 '대공보'는 기인(팔기에 소속된 자) 출신으로 카톨릭 신자인 영렴지가 1902년 6월 17일 천진의 프랑스 조계지에서 일간지로 발간하였다. 팔기란 청나라 건국 때 편성된 군사집단으로 청대 내내 혈통에 의한 신분집단으로 크게 역할을 많이 담당하였다(만주팔기, 몽골팔기가 있고, 당초 군사훈련 같은 사냥에서 기원했다고도 한다).[1]

천진에 체육사 창설의 운동이 구체화 된 것은 1910년 말이다.

1
팔기군은 정황군, 양황군, 정홍군, 양홍군, 정람군, 양람군, 정백군, 양백군을 말한다.

탐방국 총판 양이덕敵林은 "동삼성 위기가 지금 박두했다. 그 옆에 있는 직예도 지금 위험하다. 결코 손을 놓고 있어서는 안 된다. 거기에 긴급 대처해 천진의 신상 각계를 연합하여 민단을 조직해 치안을 확보하자"고 주장하고, 계획을 진행하기 시작하였다. 그 단체의 이름은 '보통체육사'로 하고, 잠정적인 규약을 만들기 위해 발기인으로 임시 사장을 뽑자고 했다. 그래서 11월 20일 오후 1시, 상무총회의 장소를 빌려 '체육사'를 설립하는 성립회가 열렸다.

중국 근대역사에서 거대한 사상적 파문을 불러일으킨 사실로 엄복이 번역한 '천연론'이 있는데, 그는 영국에 유학하고 천진의 수사학당 水師學堂에서 교무를 맡고 있었다.

알다시피 천연론은 헉슬리의 '진화와 윤리'를 중국어로 변역한 것으로, 번역문과 구별해서 엄복이 자신의 의견을 삽입해 놓은 것이다. 구미에서 진화론은 인간을 포함한 모든 생물을 신의 피조물로 보는 기독교 사상과 격렬하게 충돌해서, 오늘날에도 미국 등지에서는 중대한 논쟁거리가 되고 있음은 잘 알려진 사실이다. 엄복은 헉슬리의 도덕 감정에 대한 논의는 이미 아담 스미스Adam smith에 의해 전개된 논리라고 지적하여 알려주고 있다.

천진을 비롯해서 중국사회에서 인민들이 들고 일어나, 1905년에 반미운동을 전개했는데 그 사연은 미국이 이민을 제한하면서 반미운동이 일어나게 되었다는 것이다. 이 운동을 거치면서 '중국인'이라는 단어가 유행처럼 널리 사용하게 되었다.

이민의 내력을 간단히 살펴보자면, 아편전쟁의 결과 영국이 홍콩을 획득하자 이민의 흐름이 가속화되는데, 때마침 흑인노예제도에 대한 비판이 거세어져 영국령 식민지가 그들을 대신할 양질의 노동력을 필요로 하게 된다, 쿠리Coolie는 인도에서 영어로 만들어진 말이다. '고역苦力'을 붙여서 육체노동에 종사하는 사람이라는 의미가 있지만, 경우에 따라서는 반강제적인 이민을 가리키는 경우도 있다.

광동성 등지에서 이민이 본격화 된 계기는 1848년 캘리포니아의 금광발견으로 인한 골드러시gold rush다. 뿐만 아니라 그들 이민자는 대륙횡단 철도를 건설하는 데 반드시 필요한 노동력이기도 했다.

미국의 이민제한을 민족감정으로 드러낸, 특정국의 상품을 대상으로 한 적극적인 거부운동은 1905년에 비로소 조직적인 활동으로 확립되고 있다. 이는 훗날 배일운동에서 종종 반복되는 거부운동의 기원도 여기에 있다는 사실을 이해할 수 있게 한다.

천진에서의 반미운동은 교육관계자들의 학계에서도 일어났다. 사립경업학당(후에 남개중학이 됨)의 교관인 장백령은 천진학계에 호소하는 신문광고까지 냈다. 천진 특유의 사정으로, 학계 사람들 대부분이 본토(천진)출신이지만, 천진의 경제적 번영에 따른 혜택을 받는 일이 별로 없었다. 상인들은 거부운동에 따른 경제적 타격을 염려하고 있었던 사정이었지만 학계 사람들은 평상시의 그들대로의 정치적 관심을 표현하면서 거부운동으로 의사를 표시하는 절호의 기회로 삼은 것이다.

1916년 원세개가 제제帝制반대투쟁 와중에 병사하고 중국은 군벌 할거시대로 역사는 되돌아간다.

청조에 반항하는 행동으로 변발을 자르는 전발운동을 전개했는데, 천진에서 먼저 북양법정학당 학생 백여 명이 전발하여, 동시에 군의학당에서 40여 명, 북양사범학당에서 60여 명, 고등공업학당에서 10여 명이 전발함에 이어 장려중학당과 신학서원의 많은 학생도 뒤를 따랐다. 이 사실은 우리 역사에서 목이 잘리면서도 '단발령'을 거부했던 일화를 회상하게 하는 사실로서 이와는 대조적인 사건이다.

청대 말 과도기 정권이라고 할 수 있는 원세개·단기서정권에 참여한 양계초의 역사학자에 대한 불만의 사실이 알려지고 있다. 양계초는 진나라 시대에 봉기한 진승·오광에서부터 청말 태평천국을 건설한 홍수전까지를 예로 들면서, 이들 반란 지도자들은 애석하게도 영속적인 왕조를 세우지 못했기 때문에 역사가로부터 역적으로 취급받고 있지만, 만일 왕조의 시조가 되었다면 그들의 덕을 찬양하는 칭호를 부여했을 것이라며 과거의 학자들을 비판하고 있는데 한 번 생각해 볼 수 있게 한다.

일본은 청일전쟁 직후부터 준비해오던 러·일전쟁을 1904년 2월에 일으킨다. 조선의 점령은 물론이고 중국 동북부지방을 노리는 제국주의의 대립에서 일어났다고 하는 이 전쟁은 다음 해 일본이 승리하는 9월 초, 포츠머스조약으로 끝나게 된다.

일본은 그들이 끈질긴 전쟁집념에 사로잡혀 있었다는 사실을 역사가 확실히 증명하고 있음을 깨닫고 진실되게 반성해야 옳다.

1931년 나카무라 신타로 대위 살해사건, 만보산사건(장춘근교에 들어와 살던 조선농민과 중국 농민들의 충돌사건) 등이 일어나자 일본 군부와 우익은 '만몽은 군사상·경제상 일본의 생명선'이라고 선전하면서 무력으로 해결할 것을 주장하기 시작하였다. 관동군 참모 이시하라간지 중좌는 1929년부터 "국내의 불만을 제거하기 위해서는 대외진출로 나갈 필요가 있다"고 하였다. "만몽문제의 해결은 일본이 그 지방을 영유해야 비로소 완전히 달성된다"고 하였다. 이렇게 해서 1931년부터 전쟁을 일으켜 그들의 말대로 15년을 전쟁 속에서 지새우며, 1910년부터 점령지배하여 분탕질치는 조선은 죽고살기를 하늘에 맡기게 되는 역사가 지금까지도 끝나지 않았으니 이 얼마나 통탄할 사실인가 하여 망연자실해지는 한이 있다. 역사를 분별, 인식해야 할 절실한 시운에서 스스로의 앎을 살펴보는 기회로 '우사 김규식의 독립운동길 따라가다' 에 나섰고 아직도 그 길 가기를 계속하고 있는 중이다.

밀란 쿤데라는 "권력에 대한 인간의 싸움이란 망각에 대한 싸움이다"라고 갈파했다. 발터 벤야민은 "위기의 순간에 번뜩 떠오르는 것 같은 회상을 사로잡는 것이 역사 인식이다"라고 했다. 이들은 역사를 사실대로 정확하게 서술하고, 실증으로 확인한 역사적 사실을 어떻게 인식할 것인가 하는 작업을 통해서 현실사회나 세계를 보다 좋은 방향으로 이끌어나가는 이정표로 활용해야 한다고 가르쳐 주고 있다.

우리는 위와 같은 진실을 거역하는 언행의 실상을 종종 겪고 있다. 현실적인 지성인은 해박한 실력으로 역사의 사실을 들어서 비판한다. 의도된 역사망각의 진행에 피침략 국가의 사람들은 한층 더 불신감을 갖게 될 것이다. 왜 히로시마와 나가사키의 원폭투하, 시베리아 억류 등은 기억되는 반면, 필리핀 바탄의 죽음의 행진, 남경대학살 사건, 싱가포르 학살사건, 마닐라 약탈사건, 1945년의 베트남 기근 등은 망각되는가 하는 문제들이 세상에서 거론되고 있다. 그에 못지않은 사실로 일본 대지진 때의 조선인 학살사건, 여순 점령시 학살사건, 종군위안부 사건, 살아있는 사람을 실험재료로 사용한 731이시이세균부대의 만행, 태평양전쟁 징용·징집피해자 문제를 부인하면서 고작 저들의 문제라고 치졸한 납치문제를 치켜들고 온 세상에 짖어대는가를 생각할 때, 나는 그동안 현지를 돌아보면서 체험한 통한의 상념을 생생하게 하였는데, 생떼도 분별이 있어야지 이건 너무나 사리부당한 처사여서 저주스러울 뿐이었다. 그 행위는 천벌을 받아야 옳다. 미야자키 마사요시宮崎正義는 그의 저작《동아연맹론》1938년에서 만주국의 건국1932년이야 말로 "동양

해방과 그 건설의 도의적 · 문화적 의의를 가진다"라는 침략사실의 자기정당화 논리는 마치 도둑이 도의 · 문화를 빈정거리는 것과 같아서 너무나 황당할 뿐이다.

결국 일본이 대 영 · 미전을 단행한 이유는 대륙정책이라고 하는 중국문제에서 생겨났다는 논리다. 대륙정책은 근대 일본국가 성립 이래 일관되게 전개되는 조선침략 목적의 청일전쟁이나 러 · 일전쟁도 그 연장선상에 있었을 뿐이라는 사실인 것이다. 일본 천황의 군대가 저지른 잔학행위는 군대만의 범죄가 아니며 전쟁 전의 일본 사회가 저지른 국제범죄이며, 국가적 테러였다는 역사파악이야말로 앞으로 한층 더 밝히 알아야 할 일본의 과업임을 알아야 한다.

이와 같이 전쟁범죄를 자행한 일본에 대하여 미국은 그들의 의도대로 일본의 문제를 처리하고자 원폭으로 소련의 일본 침공의 기회를 차단하고, 독일과 같이 미 · 소 · 영 · 불의 4개국에 의한 직접통치를 배제하여 간접점령 방식을 선택하였던 것이다.

그 뿐만 아니라 미국은 이미 1948년 2월 시점에서 일본의 재군비를 검토하기 시작했으며, 그 직간접적 계기가 된 것은 중국 대륙과 한반도의 정치 · 정세의 변동에서 저들의 전략관철을 도모하고 있었다는 사실을 알게 한다.

동아시아 근대사에서, 지금까지도 일본의 우월의식이 드러낸 '탈아입구脫亞入歐'의 역사적 논란거리 원인의 하나로, 일본 '문명개화'의 배경이 된 근본은 단지 서구따위를 지향한다는 것만이 아니라 감히 그 당시 천하의 중심으로 행세하는 청조淸朝에 등을 돌려 아시아를 벗어난다는 의식이 있었다는 논지論旨에서 일본을 알아보아야만이 근대 동아시아에 대한 역사를 이해할 수 있다는 역사의 교훈이다.

천진에서 활동한 인물들

먼저 우사 김규식의 활동이다. 우사는 중국사회의 저명하고 유력한 인사들과의 교류가 많았다. 우선 손문, 천지메이陳其美 장군, 황신 장군, 탕샤오미, 왕쳉팅, 웰링턴 V. 쿠 등의 중국 지도자들과 교분을 쌓았고, 혁명파의 제 2혁명에도 관여하였다.

우사가 33년여의 세월을 중국 현지에서 독립투쟁으로 보내고 1945년 해방으로 조국에 돌아오기 전에 그동안의 인생을 회고, 정리하여 집필한 영문의 장문시 〈양자유경〉이 있는데, 그 시집을 출간하려고 준비한 서문을 영문으로 집필한 사람이 바로 웰링턴 V. 쿠였으며, 유명환 화가의 그림, 안미생의 삽화가 여러 점 실리게 되었다.

우사는 북벌에도 참여한다. 원세개가 1913년 송교인을 암살한 데 이어 6월 이열균, 호한민, 백문웅 등의 도독을 파직시켜 전쟁을 도발하자

■ 천진대학 교정 (학생들의 군사 훈련)

강서성 도독인 이열균 등이 원세개 토벌을 선포하면서 '제2 혁명' 이 시작되었다. 이 때 우사는 냉휼 장군의 부대에 합류하여 북방까지 올라갔는데, 이 부대가 서주부에서 내려온 복벽파 장훈의 군대 앞에서 어지러이 후퇴하게 되었다. 그 때, 북경 근처까지 북벌군을 따라 온 뒤 우사는 동서인 서병호가 사는 천진으로 간다. 그로부터 10여 년 전에도 우사는 천진에서 활동하였고, 1921년 11월 러시아의 극동민족대회에 가고자 기차로 두 번이나 지나갔던 천진에 다시 찾아오게 된 것이다. 우사는 북양대학에서 1929년부터 1933년까지 4년간을 영어 교수로 재직하였다. 우사는 교수직에 있던 1932년 적극적인 항일통일 전선운동에 나서서 이 해에 주요독립운동 단체들로 한국대일전선통일동맹과 중한민중대동맹을 조직하는 데 성공한다.

　지금은 천진대학으로 이어져 있는 북양대학의 옛 흔적을 찾아보고자 두리번거리며 넓은 학교의 이곳저곳을 땀에 젖어 헤매었다. 그러다 안

■ 천진대학 교정 일면

쪽 깊숙한 곳에 세운 북양대학 기념 축조물을 발견하여 땀 흘린 보람을 느낄 수 있었다. 그 북양대학의 기념물들을 둘러보면서 변법 · 양무 운동 어간에 북양대학이 건립되지 않았을까 하는 생각으로 살펴보다가 높이 세운 돌기둥 안쪽 벽에 동판으로 새겨놓은 '북양대학-천진대학 약사' 의 표지를 보게 되었다. 거기에서 개혁바람이 불던 당시인 1895년 10월에 천진북양대학을 창건하였고, 1951년에 '하북공학원' 을 합병해 '천진대학' 으로 이름하여 오늘에 이르고 있다는 내력을 알 수 있었다.

위에서 살펴본 바와 같이 당시 천진 사회는 현대문명의, 서구물결이 출렁거려 영어를 비롯해 서구어가 힘 있게 쓰였을 것이니 외국어(중국어, 영어, 독일어, 프랑스어 그 외에도) 실력이 있는 우사의 강의는 이름을 떨쳤을 것 같다. 고故 송남헌 회장님께서 생시에 내게 우사가 셰익스피어 영문학

■ 천진대학의 북양대학 기념물

의 권위자로 중국 사회에서 유명했다는 말씀을 수 없이 반복해 주셨던 기억이 되살아났다.

역사 있는 북양대학을 기억하게 하는 기념물을 건립해서 천진대학이 그 전통을 이어가는 오늘이 아닐까 짐작해 본다. 넓은 운동장에서 군복차림으로 군사훈련을 하고 있는 청년 학생들이 뙤약볕에도 아랑곳하지 않는 모습을 보면서 중국 역사에서 천진이 겪은 아편전쟁, 청일전쟁, 또 다른 전쟁의 그림을 머릿속에 그려 보았다.

현지 안내자의 북양대학에 대한 무지나, 떠나오기 전 서울에서부터 다짐하였던 북양대학 내력을 알 수 있게 준비했어야 함에도 관심 없고 함께 데려온 똑똑한 안내자 역시 맹물이 되어서 차에서는 자는 게 일이고 내려서는 구경꾼에 방관자로 떠돌았다. 그렇게 관심을 갖게 하기 위해 역사 있는 현지탐사임을 강조해 말했어도 기념품 판매장에만 마음을 두고 있어서, 자칫 방심했더라면 목적한 북양대학의 우사 생활현장을 보지 못할 뻔 했다. 천진대학이 된 북양대학 이웃에 유명하다는 남개대학이 있어서 견학했다. 각각이 제 잘난 인물로 사는 세상이기는 해도, 누누이 우리가 보아야 할 주안점을 환기시켜 주었음에도, 등한하게 헛소

■ 북양대학이 천진대학으로 이어지는 내력표지

■ 북양대학 교가 악보

■ 남개대학 상징물을 감상하는 서중석 교수

리 말라는 듯이 돌아가는 사람이 없지 않아서 그 속내가 무엇인지 알
고 싶은 의문을 남기고 돌아서는 천진대학 아니, 북양대학이었는데 남
개대학을 잘 보려고 나부대는 것 같아서 아쉬운 생각을 아니할 수 없
었다.

천진에서 항일독립투쟁하며 처참한 인생을 한 많은 세월로 지새운
우당 이회영友堂 李會榮 형제가 있다.

우당이 재물과 목숨을 항일독립투쟁에 바친 데다 그 부인 이은숙 여
사도 우당과 동지로서 한 평생을 인고의 세월 가운데 항일독립전선에
바친 인물이다. 그 아들 또한 항일독립투쟁에 청춘을 바친 인생이었다.

우당 이회영1967년 3월 17일~1932년 11월의 여섯 형제 가족 모두가 항일독립운동에 목숨을 아끼지 않고 전 재산을 바쳐 만주로 망명한 사실은 유명하지만, 실제 만주와 중국 각지로 흩어지게 되었던 그들의 생활이 얼마나 비참하였던가는 우리 사회에 잘 알려져 있지 않다.

백사 이항복의 직계로 이조판서 이유승李裕承의 넷째 아들이 우당인데 그 여섯 형제는 건영, 석영, 철영, 회영, 시영, 호영이었다.

우당이 망명하여 추가가에 신흥무관학교1911년를 설립하였음은 널리 알려진 사실이다.

우당의 부인 이은숙 여사는 공주인으로 그 방조傍祖 목은牧隱 이색李穡의 가문 출신이다. 이 부인께서 써 남긴 귀중한 서간도시종기西間島始終記에 밝힌 사실을 간략히 추려 살펴 보겠다.

1912년 갑자기 낯선 젊은이가 우당을 방문해 인사하고 있다가 돌아가겠다며 우당에게 여비 30원을 받아가지고 떠난 수일 뒤, 그 청년이 통화로 가는 도중에 굴라제 고개에서 총을 맞아 통화병원에 입원하였다는 사실을 우당이 알게 되어 필시 학생들의 소행일 것으로 짐작하고 학생들을 꾸짖었다고 하며, 미리 연락을 하고 왔어야지 갑자기 왔다 가는 것을 의심받아서 총을 맞게 되었다고 하였는데 그 당시 일제의 살벌한 정황을 짐작할 수 있게 한다. 그 후 1918년 말 무렵 그 총 맞은 청년 만해 한용운이 우당에게 인사를 왔다 간 뒤, 우당은 부인에게 추가가에서 총 맞은 그 청년이 다녀갔는데, 하마터면 아까운 인물 하나를 잃을 뻔 했다고 하였다는 것이다.

치안이 제대로 안 된 불모지에 학교를 개척해 운영하는 형편이었기에 1913년 10월 20일 새벽오전 4시 마적단 5~60명이 총을 들고 들어오는데 우당의 부인이 용변을 보러 갔다가 그 도적떼의 총에 왼쪽 어깨를 맞아 쓰러지고 둘째 댁 영감(석영)은 마적에게 납치된 사건이 있었을 때, 우선 총구멍이 난데를 치약으로 막아 싸매어 지혈시킬 뿐이었다. 급히 학생 박동서가 통화현에 달려가 의사를 데려 왔는데 그 의사가 김필순 독립운동가였다. 2백 40리나 되는 길을 밤을 새우며 달렸어도 21일 오후에야 의사와 함께 군대들이 와서, 의사는 이부인을 치료하고 군대는 석영 선생을 모시러 갔다는 것이다. 그 때 마적은 학생 둘도 함께 데려 갔는데 그 학생들이 석영 선생을 모시고 왔다는 것이다. 석영 선생을 만주인들이 '만주왕'이라고 하였다고 한다. 이부인이 통화병원에 40일 간 입원치료하여 나았다는 사실에서 헌신적인 김필순의 독립투쟁활동 정신을 짐작해보게 된다.

우당이 북경에 있을 때인 1919년 봄 무렵에 석오 이동녕, 이광, 조성환, 박용만, 김규식, 김순칠이 북경에 와 우당댁에 들렸다고 이부인은 밝힌다. 우사가 북경에 갔음을 알겠다.

천진에 이미 우당의 형제가 살고 있음을 알 수 있는데, 1924년에 우당의 어린 아들 규창이 심부름으로 천진에 있는 그의 중부 집에 갔다 왔다는 사실이다.

이부인의 결단력 있고 사리 밝은 처신을 기억해, 교훈 삼을만한 일화가 있다. 1925년 2월 북경에서 김달하가 암살됐다고 신문에 났다. 김달하는 의주인으로 마음에 탐욕이 동해 독립군을 귀화시켜 왜놈에게 금전을 받고 하더니 차차 마음이 커짐에 따라 밀정 암살단인 다물단多勿団에 의해 암살된 것이다. 박용만도 그로부터 1년 뒤 같은 혐의로 다물단에 의해 암살된다. 말 많은 세상에서 우당에게도 감시자가 있어서 위험한 상태임을 알게 된 이 부인은 규창을 데리고 일찍 집안 식구 모르게 칼을 간수해 가지고 단재, 심산이 있는 집을 찾아가니 아침 식사 중이었다고 한다.

그들이 머물고 있는 집은 독립운동가 한세량 씨의 집으로 최태연 씨가 함께 있었다.

이부인은 심산, 단재 선생을 바짝 추켜잡고 일일이 들은 말대로 따지며, "너희 눈으로 우리 영감이 김달하 집에 조상 간 걸 보았느냐? 잘못 보는 눈 두었다가는 우리 동포 다 죽이겠다. 우리 집안이 어떤 집안인 줄 알며, 말이면 다 하는가? 우리 영감의 굳세고 송죽 같은 애국지심을 망해 놓으려고 하는 놈들, 김달하와 처음부터 상종한 놈들이 저희가 마음이 좁아서 누구를 물고 들어가려고 하는가? 정말 바로 말 아니하면 이 칼로 너희 두 놈을 죽이고 가겠다"고 하며, 어찌나 분한지 죽을 것 같이 몸부림치며 두 사람을 휘어잡았다. 두 사람은 나중에 "잘못했소. 우리들이 잘못 알고 그랬소" 하며 사죄를 한 것이다.

1925년 여름 이여사가 고국으로 돌아온 것이 우당과는 영이별하게 된다. 우당은 북경생활이 어렵게 되어 이부인이 귀국한 뒤에 천진으로 간 것이다. 천진에서의 생활을 견딜 수 없게 된 우당은 1928년 여름, 규숙과 현숙 두 딸을 천진의 '부녀구제원'에 보내고 성명을 홍숙경·홍숙현이라 고쳤다는 편지를 이부인에게 보냈다. 그런데 그 뒤 10여 일쯤 됐을 때 편지가 또 와서 보니, 상해를 3분의 1쯤 가다 도적을 만나 행장을 다 잃고 할 수 없이 천진에 돌아와(걸어 다닌 것이다) 현아에게 가 보니 저희 형제는 잘 있으나 그곳 편지가 없어 편지한다고 하였다. 이렇게 어려운 가운데 4~5년을 보냈다.

천진에서 규숙을 혼인시키고 현숙을 딸려 보낸 뒤 우당은 상해로 갔는데, 1931년 10월 19일 심양에 사는 규숙으로부터 편지가 와 우당이 대련 수상경찰서에 구속되었음을 안다. 그러던 중 1932년 10월 20일 우당이 서거했다는 전보를 받는다.

그야말로 파란만장했던 우당의 일생은 마감했지만 그 생명력은 이은숙 투사로 이어지고, 아들 규창이 8·15 이후 감옥에서 세상 천지에 나오게 된다. 큰 딸은 우여곡절 끝에 모시던 어머니와 함께 험난한 길로 남으로 왔으나 둘째 딸은 만주의 고혼이 되었으니 이 어찌 한 맺히지 않을 수 있으랴.

1920년 8월에 도산 안창호는 천진의 남개대학 장백령 총장을 찾아가 우리 조선청년들의 취학문제를 협의했고, 그 후 1921년 5월과 6월에도 천진 교민단을 방문하여 국민대표회의를 개최하는 사안으로 박용해·오인석을 만났는데 그 때 교민단에는 박일과 주현칙 등도 활동하고 있었다. 그 뒤인 1922년 2월에 도산은 같은 일로 천진에 갔다. 천진에 조선 교민이 다수 있었음을 짐작하게 한다.

도산이 천진에 가면서 1921년 6월 17일 북경에 들려 박용만·김규식을 만나 국민대표대회 개최에 대하여 회합하였다는 사실을 통해 우사가 북경에 있었음을 알 수 있다.

중국 역사에 이름난 이대조(지금은 이대소로 많이 쓰고 있다)는 하북성에서 태어났으나 천진의 북양법정전문대학을 다녔다. 천진에서 학업을 마치고 일본 와세다 대학에 유학했다. 북경대학 교수로 5·4운동을 지도했으며, 공산주의 이론을 중국에 소개하고 중국공산당 창당에 기여했다. 1927년 장작림 군벌에 의해 처형됐다.

장지락이 도산 선생의 주선으로 다른 네 사람과 같이 천진의 남개대학에 다니려고 왔었다. 그들이 남개대학에 입학하자마자 같은 학교 재단의 남개중학교에서 학생 체육대회가 열려 그 체육대회장에 갔는데, 조선인 학생 김염이 선수로 나가서 다른 선수들보다 훨씬 앞서서 선두로 달려나가고 있을 때, 중국인 학생이 "저 놈 저렇게 잘 뛰는 건이상할 것 없어. 저놈들은 왜구의 주구이니까"라고 큰 소리로 외치는 걸 김염이 듣고서, 쏜살같이 달려가서 소리친 중국학생의 뺨을 후려갈 겼다. "이 더러운 놈아, 조선보다 중국에 왜놈의 주구들이 더 많은 걸 모르느냐!"고 했다. 응원석은 아수라장이 되었고 김염도 얻어맞았다. 이를 지켜본 교사가 김염을 나무랐으나 김염은 물러서지 않았다. 결국 김염은 퇴학당하고 장지락 일행은 남개대학을 다녀보지도 못하고 떠나야 했다.

김염의 본명은 김덕린이다. 1910년 서울 출생으로 항일투사 김필순의 아들이다. 김규식의 처조카다. 북만주 치치하얼에서 소년기를 보냈으며 천진의 남개중학을 중퇴하고 상해에서 영화배우가 되어, 1930년대에 중국의 '영화황제'로 명성을 떨쳤다.

위에 거론한 장지락과 악연으로 장지락이 죽음에 이르게 된 원인을 만드는 이철부가 천진과 인연이 깊다.

이철부(1901~1937)의 본명은 한위건이고, 함경남도 홍원군의 농민가정에서 태어났다. 상해에서 신한독립신문의 기자로 활동하다가 일본에 가 와세다 대학을 나왔다. 1924년 대학을 마치고 〈동아일보〉 기자로 있었다. 1928년 상해로 망명한다. 1932년 천진의 반제동맹 당조서기가 된다. 1935년 12월 18일 천진에서 항일구국대회를 주도하였다.

1937년 7월 연안에서 그와 대립한 데 기인하여 죽음에 이르게 되었던 '아리랑'의 주인공 김산과 화해하고 이철부가 병사한 뒤에 김산도 강생에 의해서 억울하게 처형당한다.

천진에는 항일독립투쟁시기 노동자가 주로 많이 모여 활동하며 중국 관내 각지로 진출했다. 실제 그와 같은 일면을 추측할 수 있는 사실을 문정일의 활동에서 볼 수 있다.

문정일文正一, 본명 리운룡, 1914년 3월 20일(음)~2003년 3월 14일은 함경북도 회령군 동관리 출생으로 1938년 6월 중국 국민당 중앙군관학교 특별반을 이수하고 무한에서 조선의용대에 입대해 1939년 팔로군 낙양판사처 조선의용대 분대장으로 항일독립투쟁했다. 그 시기 문정일이 모집해 그가 이끌어 온 의용대원 지홍성이 있었는데 대원확보에 노력하는 가운데 지홍성이 활동했던 천진에 가서 7, 8명의 청년을 팔로군 근거지로 데려왔다. 당시 청년 의용대원을 모집하기 어려웠던 상황에서 7, 8명은 적은 인원이 아니었다.

문정일은 1940년에서 1941년 사이에 국민당 제1전구 사령부에 주재하면서 조선의용대 성원과 공산당 지하공작자가 태항산 항일 근거지로 가야할 위험에 처하였을 때, 빨리 강을 건너야 할 형편인데도 배를 구할 수 없어서 전전긍긍하는 현장에 어려울 것을 짐작하고 문정일이 달려와 사령부원 신분으로 당장에 배를 배치 받아 모두 무사히 갈 수 있게 해주었다.

그 뒤 요직에서 힘든 일을 많이 하다가 연안으로 가 1945년 연안독립동맹 서기장이 되었고, 군정학교 간부 심사 사업을 담당한 인물이다. 1948년 연변에 가 연변 부전원이면서 연길현장을 겸임하여 치안·숙정 사업을 하다 1949년 3월 13일에 연변 전원으로 활동한 팔로군 전사였다. 얼마 안 있어 동북국 농림부 비서처장으로 있을 때, 1950년 6·25 한국전쟁의 중국인민지원군 후근부 운수처장으로 전임돼 전선·물자 공급 전반을 주관하다가 1951년 중국 인민지원군 사령부 보위부 부부장으로 전선에서 활약하였다.

1953년 중국의 국가민족사무위원회 재정사 부사장으로 중국 각지를 돌며 사업할 때 연변대학을 비롯하여 각지의 민족학교에 재정지원도 많이 하며 현지 기관의 협조로 학교가 잘 되게 노력하였다.

문정일은 중국에서 한창 인민공사 열풍이 불었을 때의 시대상을 그려내는 사실로서 기막힌 현상을 고발하듯 밝혀준다. 1957년 가을 천진시 교외의 한 공사에서 무당 10만 근의 소출을 낸다는 소문을 듣고, 국가민족사무위원회에서 참관단을 조직해 참관을 하고 나서, 문정일은 정상적인 사고를 가지고 이렇게 한심한 일을 해낼 수 있는가 하는 생각을 하게 된 것이다. 이 공사에서는 단위면적당 소출을 높이기 위해 약 20무 논의 벼를 몽땅 뽑아 한 무에 모아놓아서 벼가 어찌나 빼곡하게 섰는지 그 위에 사람이 올라서도 전혀 떨어질 염려가 없는 상태였고, 일광과 통풍이 문제로 밤에는 일광등을 켜 놓고, 또 밤낮 선풍기로 바람을 불어넣는 판이었다는 것이다. 그래도 다른 곳보다는 나팔을 적게 분 셈이었다는 말이다. 얼마나 현실적이지 못한 열병앓이의 시대상인가를 알 수 있게 한다. 이 시기에 너무 가당치 않은 일들(나무를 때어 고철을 녹여 철을 만드는 등)을 각지에서 보게 되어 그 실상을 그대로 가타부타하는 사견 없이 객관적인 보고서를 주위의 만류를 뿌리치며 중앙에 보고하고 숨죽여 그 결과를 기다리고 있었는데, 느닷없이 동료들이 한잔 내야하겠다고 달려와서는 모주석이 잘 썼다고 칭찬하였다는 것이다.

북경의 문정일 집에는 무정의 딸 등연려, 한락연의 아들 한건행, 김약산의 동생, 김신 등이 자주 찾았고, 정율성과 문정일은 연안에서부터 친해져 북경에서는 정율성이 문정일의 집을 일주일에 두 세 번은 들렀다는 것이다.

1976년 12월 정율성이 병원에 있다고 전화가 왔을 때, 정율성의 부인 정설송은 먼저 문정일에게 알려 같이 병원으로 가, 정율성이 세상을 떴을 때는 뒷감당을 문정일이 도맡아 처리하였다는 말이다. 그 신실한 일들을 동지들은 잊지 않고 있다.

문화혁명의 시기에 정율성의 양자와 최림, 조소경, 최광 등 많은 동지의 아들 딸들이 문정일의 집에 와 있었고, 주덕해의 큰 아들 오양송도 있었다. 김염의 여동생 김로, 리재덕 등 많은 동지들과도 수십 년간 변함없이 가까이 지냈다니 그 겨레사랑의 의리를 알 수 있게 한다.

1978년 당시 중국 중앙조직부장 호요방에게 중국 조선족 간부문제를 말하여 각지의 많은 조선족 간부들이 응분의 대우를 받게 개선한 것이다. 1982년 중국 중앙규율검사위원회 위원이었고, 그에 이어 국가민족사무위원회 규율검사조 조장으로 특히 변방지역, 소수민족사회에 출장을 많이 다니며 현실적인 지도와 시정是正에 노력하여 그 인격이 널리 알려지게 활동하였다는 사실은 기억할만한 민족을 생각하는 소신 있는 활동이었다.

천진에는 조선의 독립운동가들이 많이 있었다고 한다. 주로 노동으로 사는 사람들로서 항일투쟁을 하였다고 하는데 구체적인 활동에 대해서는 아직까지 알려지지 않고 있는 실정이다.

유명한 주은래가 천진에서 인생 기초를 다졌다고 할 수 있다.

주은래1898.3.5~1976.1.8는 강소성 회안시 출생이다. 그의 고택에 "전당해모全黨楷模"라는 현판이 걸려 있는데, 이는 1984년 10월 29일 당시 중국공산당 서기 호요방이 방문하여 쓴 것이라고 한다.

주에 대한 평가는 너무나 많다. 채원배는 "주은래는 대단한 사람이다"라고 했고, 1941년 미국의 작가 헤밍웨이가 부인 마사 겔혼 전쟁전문기자와 중경에서 장개석 · 송미령 부부를 만난 뒤에, 비밀리에 주은래와 만나 회담하고 돌아가서 아래와 같은 글을 써 남겼다.

중국에서 가장 위대한 인물은 바로 공산당원 주은래이다. 그는 우리가 중국에서 만난 사람들 가운데 유일하게 좋은 사람이었다. 중국 공산당원들이 모두 그와 같다면 중국의 미래는 분명히 그들의 것이 될 것이다.

주은래는 저장성 동북전선을 시찰하던 중, 조상의 묘소에 들른 길에 〈중국인은 염황의 자손〉이라는 제목의 시를 지어 소흥 사람들에게 보이고, 노신의 강인한 정신을 배워 승리의 그날까지 항전하자고 격려하였다.

주은래는 출생지 회안이 아니라 할아버지의 출생지인 소흥을 고향으로 여겼다. 소흥현이야말로 주 집안의 역사가 배어있는 곳이라고 생각한 것이다. 주은래는 어려서 큰 아버지와 살았는데 큰 아버지가 심양에 살 때 그 곳에서 공부했고, 큰아버지가 직장을 천진으로 옮겨와 천진에서 남개중학을 다녔다. 남개중학은 한림원에 있었고 중앙정부의 고관을 역임한 엄수가 설립하였고 장백령이 교장이었다. 엄수는 1905년 과거제폐지상소에 참여했고 중국 전역에 현대적인 교육기관 설립운동에 힘썼다. 1911년 혁명 후, 여러 고위직에 천거되었으나 모두 거부하고 남개학교 발전에만 전력하였다.

주은래는 4년제의 남개중학에 1913년 입학하여 1917년 6월 졸업생 대표로 고별사를 하였다.

졸업 후 주은래는 일본으로 갔다. 일본에 19개월 체류1917년 7월~1919년 4월하면서 일본이 이상적인 사회와 거리가 멀다는 결론을 내렸다. 일본의 정책은 외적으로는 팽창적이며 내적으로는 억압적인 특징을 지녔다고 판단하여 다시 천진으로 돌아왔다.

천진에서는 배일운동이 한창이었고 마침 5 · 4운동의 시위가 격렬했

■ 천진대학의 북양대학 기념물 중
천진 5·4운동 학생주역 마인초 흉상

다. 1919년 5월 5일 천진학생연합회는 남개중학 광장에서 수천 명의 학생들이 운집한 가운데 애국운동대회를 열고 국토수호·국권회복·매국노처단·고락을 함께해 끝까지 포기하지 않을 것 등의 내용이 담긴 선언문을 낭독하였다.

이러한 애국운동을 계엄사령관인 마량이 산동에서 진압하며 회교구국위원회 회장 마운정 등을 사살하자, 천진의 각계연합회는 마량을 엄격히 처벌하고 계엄을 해제하여 줄 것을 강력하게 요구하였다. 천진학생연합회와 여성애국동지회는 류칭양과 곽융진 등 10명을 북경에 보내 정부에 청원서를 제출하게 하였으나 총통부에서는 모두 체포한 것이다.

전화 오기를 고대하던 주은래는 체포되었다는 연락을 받고 서둘러 장약명 등과 함께 천진의 학생 5~6백 명을 이끌고 북경에 가 총통부 앞에서 노숙하며 체포된 학생들의 석방을 요구하고 구명활동을 전개하였다.

여론이 학생들 편으로 쏠려 그 힘에 밀린 총통부는 학생대표들을 모두 석방했다. 천진으로 돌아오는 기차 안에서 주은래·곽융진·장약명·천사오링 등은 천진학생연합회와 여성애국동지회 지도부가 연합해 하나의 단체를 결성하자고 의견일치를 보았다. 이 단체가 '각오사覺悟社'다. 1919년 9월 16일 초폐암에서 창단식을 가졌는데 이 사건은 5·4운동사에도 중요한 사건으로 역사에 기록되어 있다는 것이다.

일본상품을 수입·판매하는 중국 상인들을 폭로하고 수입상품을 몰수하려는 계획을 세워 조사활동하며, 1920년 1월 29일 수천 명의 학생들이 직예성장 사무실로 행진해 가니, 주은래와 일부 학생들은 성장 사무실을 침입했다 하여 체포되어 감옥에서 6개월을 보낸다.

주은래 등은 남개대학에 등록했었으나 이 사건으로 학교에 다녀보지도 못하고 재적되어 프랑스 유학길에 오른다.

1947년 1월 천진과 상해·남경·항주·우한·중경·곤명·광주와 다른 도시의 50만 학생들이 주은래의 주장을 시위로 화답했다. 5월 15일과 5월 20일에 걸쳐서, 비록 제2차 국공합작 이후 학교 안에 비밀당조직이 존재하기는 했지만, 주은래는 학생들이 국민당 정부에 항의하는 전국적 시위로 그 지지의 힘을 드러낸 데 기뻤고 놀랐다는 것이다.

회안전투 후 세 번째 전투가 1948년 11월부터 1949년 1월 사이에 북경과 천진에서 벌어졌다. 100만 인민해방군이 52만의 국민당 군대와 맞붙었다. 2개월 간의 전투결과 국민당 군대는 죽거나 인민해방군에 합류해 끝났다. 천진은 무력으로 정복되었다.

문화대혁명의 광풍이 몰아치던 당시 모택동은 거의 신인神人이 된 위치에서 의심스러운 자는 모두 숙청하여 살벌한 가운데서 주은래는 지도부 상층에서 유일하게 실각하지 않고 영향력을 행사했다. 주은래가 모의체제를 지탱하여 그가 없었다면 중국은 힘없이 무너졌으리라는 말도 없지 않았다는 것이다.

주은래는 혁명의 대의를 중요하게 여겼고 대의를 위해 물러설 준비가 되어 있었으며 자존심도 접을 줄 아는 처신을 했다. 주은래는 흠 잡을 데 없는 당의 빛나는 역사를 대표하여 '새로운 중국'을 상징하는 인물이 되었다. 주은래는 새로운 국가의 총리가 되어 26년 이상 그 자리에 있었다1949년 10월 2일~1976년 1월 8일.

천진대학에는 주은래를 기리는 기념당이 세워졌고 많은 학자들이 이곳에 모여서 주은래가 위대하게 성취한 일들을 회고했다.

허광평은 1919년 5·4운동 전후에 천진여자사범학교에 다니며 학생 시위로 이미 유명인사가 되었다. 같은 학교의 등영초와 곽융진 등이 다른 여학교 학생들까지 끌어모아 천진여성계 애국동지회를 만들어 활동할 때 허광평은 이 조직의 기관지 '성세주간'을 편집하였다. 동시에 일제 물건의 사용을 반대하는 불매운동의 애국운동에도 참여해서 강연과 각종 선전활동을 활발하게 하였다. 그 허광평이 노신의 교육을 받고자 북경여자사범대학으로 옮겨 가면서 노신과 인연을 맺어 평생 동지이자 내조자로 살게 된다.

동영초 또한 프랑스 유학에서 돌아온 천진 각오사의 동지인 주은래를 찾아가 평생 반려자가 된다.

■ 1943년 겨울 토굴집 앞에서의 주은래와 등영초 부부

　우사 김규식이 영어교수로 재직했던 역사 있는 북양대학은 지금의
천진대학으로 이어져 있다. 우사가 북양대학에 와서 와신상담의 세월
을 살았으리라는 생각을 해보게 된다.

　우사는 그동안 그야말로 온 세계를 다 돌아보아 정세를 정확하게 분
별할 수 있었고 제국주의 열강이 한 도시에 모여 각축하는 유별난 도시
인 천진, 중국 근현대사가 응축되어 있는 천진에서 세계의 축소된 현실
을 보았으리라는 생각을 지울 수 없게 하였다.

천진의 오늘날

중국 정부는 2006년 전인대에서 '천진빈하이신구'를 상해 푸둥의 신구와 같은 '국가종합개혁시험구'로 지정했으며, 이 빈하이신구는 푸둥의 네 배 규모로 천진항과 경제기술개발구·보세구 등이 포함된 면적이 약 2,270㎢나 된다.

중국 정부는 5천억 위안을 들여 도시 전체를 전략적 발전지구로 만들 계획이다. 178㎞의 북경·천진 간의 6~8차선 고속도로 건설과, 123억 위안을 들여 북경과 천진을 잇는 도시열차 철로공사를 추진하고 있다. 북경과 천진 사이의 허브공항 건설계획도 있다.

2005년 10월 현재로 빈하이 신구에 270억 달러의 외자를 유치했고, 세계 500대 기업 중 미국 모토로라, 일본 도요타 자동차 등 106개 업체가 입주했다.

천진에 진출한 한국기업은 1990년대 초 가발·섬유·신발·보일러 등 노동집약적인 중소규모 제조업이었다. 이후 1990년대 중반부터 삼성·현대·엘지·대우 등 대기업이 진출하면서 관련업체들의 동반진출도 이루어졌다.

한국상회의 회장 오수종 북경천해공업유한회사회장과 성중석 천진로봇보일러 회장 등은 260만 달러를 들여 빈하이신구 경제기술개발구 군량성 지역에 한국 상가와 공장 유치를 위한 공단을 조성하고 있다.

대상룡 천진시장은 '향후 3~5년 동안 400억 위안을 투입해 천진항(화물처리량 세계 10위)을 중국 최대 보세무역항으로 키워 북방지역 물류거점으로 만들 방침'이라고 밝혔다.

물류시장 선점 경쟁도 치열해 DHL, Fedex 등 세계적인 물류기업들의 진출이 이어지고 있다. 한국 물류기업으로 한진해운, 현대상선, 대한항공, 아시아나 항공, 삼성-진운 물류 등이 자리 잡았다.

직할시인 천진은 면적 1만 1,300㎢, 인구 1,001만 명(2000년 기준)으로 중국 3대 도시로 꼽힌다.

2006년 1월 기준으로 천진에는 한국동포와 중국동포 각각 4만여 명이 살고 있다. 천진 난카이구 홍강 및 안산서로 주변, 위진로 및 온천호텔 주변, 동려구 리틀스타호텔(옛 서울호텔) 주변에 한국동포와 중국동포들이 동포사회를 이루고 있다. 홍강 및 안산서로 주변에는 동포 약 4천여 명이 모여 살고, 한식당 · 가게 · 중국어학원 등 생활관련 업체가 백여 곳이 있다.

남개대학 · 천진대학이 들어선 위진로 부근에는 동포 약 일만여 명이, 당고개발구에도 4천여 명이 살고 있다. 부자동네라는 매강 지역에는 한국기업주재원을 비롯해 2천여 명이 산다. 한식당 '정동진'과 30여 개 동포업소가 있다.

천진 한국인(상)회는 9개의 본회에 6백여 회원사가 있고, 천진지역 투자기업의 문제점 해결과 현지투자유치, 투자환경개선과 영사관 업무도 취급하는 등 한국동포를 위한 민원해결에 노력하고 있다.

중국동포 단체로는 천진조선족연의회(회장 이창희)가 있다.

중국은 문호를 개방하고 체제를 개혁할 때부터 나라와 경제의 발전 · 향상에 하나의 근본되는 중요한 정책으로 대학에 지원을 아끼지 않았다.

우선해서 지원하는 천진대 · 베이징대 · 청화대 등 9개의 주요 이공계 대학에 각각 연 9백억 위안(2005년 당시로 환산할 때 약 11조2천5백억 원)의 정부지원금이 주어지고 있다.

학문의 전통·세워 인재육성의 실제적인 교육이 학교의 역사에 바탕해서 이어져가도록 제도로 다져나가고 있음을 우리는 참고해서 백년대계가 아침과 저녁이 다르게 논란되고 있는 현실이 교육아니되게 되는 처사 없어야 하겠다고 염려 해야하니…… 참으로 안타깝기만 하다.

우사 김규식의 독립운동길을 되돌아보며

우사는 천진에서 물건판매 일을 하다가 1919년 초에 파리에 갔다. 그 때 강화회의에서 탄원한 여러 항목 중에 '일본이 한국에서 시행했다는 개혁은 형무소 내에서의 개혁과 마찬가지이며, 일본을 위한 것이다' 라는 항목이 있다.

지금 일본인뿐만 아니라 우리나라 일류학자라고 자칭하는 몇 사람은 일본이 있어서 우리 겨레가 살게 된 것처럼 떠벌이고 있는 현실이 새삼스레 떠올라서, 당시를 살아보지 않았으면서 어떻게 학자의 양심으로 당치않은 주장을 하고 있는지……. 한심한 실상에 너무 허망했다.

해방과 독립을 갈망하던 당시, 우사는 그 정세를 판단하기를 일본의 붕괴가 조만간 일어날 것 같지 않으며, 따라서 일본은 중국이 무력을 택하지 않을 수 없을 때까지 계속 자극할 것이다. 어떤 경우이건 조만간 중국은 일본과의 전쟁에 정면으로 맞부딪치게 될 것이라고 판단했다. 이 탁견은 어쩌면 우리의 독립은 중일전쟁에서 결판내야 하니 우리도 투쟁 무장력을 갖추어야 한다는 신념을 알라고 하여 겨레에게 알려주었던 신념의 외침이 아니었던가 하는 그 외침의 메아리가 천진의 북양대학 교정에 울리고 있는 것만 같았다.

우사가 1921년 극동민족대회(1922년 1월 21일~2월 2일 개최)에 가서, 모스크바에서 〈아시아의 혁명운동과 제국주의The Asiatic Revolutionary Movement and Imperialism〉라는 글을 영어로 써서 《공산평론Comnist Review》 1922년 7월호에 발표하였다. 그 글의 요지는 "우리는 종종 극동의 혁명과업과 연관하여 '연합전선' 과 '협동' 의 필요성에 관해 언급해 왔다. 우리가 서유럽과 미국의 자본주의적 힘이 동아시아 전체를 연대착취하기 위해 어떻게 결합했는가를 보았기 때문" 이라고 했다. 그의 세계 인식을 짐작하게 하는 논설을 세상에 공표하여 깨처 일어나 한길로 가자고 민족혼을 불렀던 호소임을 알 수 있게 한다.

　우사는 동 · 서양을 두루 살펴보고 다시 천진에 와서 제국주의 열강이 모여 있으면서 천진을 비롯한 중국 · 조선 · 아시아를 노략질 하는 행태를 살폈을 것이다. 그래서 독립운동전선을 결속시키는 대일전선통일동맹 성립을 주도하고, 미국에 가서 그 독립운동의 힘이 더불어 펼쳐지게 하는 활동을 했다고 짐작해 보게 된다.

　미국에 간 우사가 1933년 7월 18일, 한인예배당에서 열린 '한인 각단체연합환영회' 에서 연설하기를 "조선청년 300만 명과 중국 군사 3,000만 명을 희생해서라도 일본제국주의를 멸망시켜야한다"고 하면서, 그가 주도해서 성립시킨 '한국대일전선통일동맹' 의 결성이 성립된 취지와 배경 등을 미국의 동포에게 소상히 밝혀 힘을 보탤 수 있게 하였음을 다시 생각하게 했다.

　우사는 해방 정국에서 분단으로 가는 민족의 한이 아니 되게 하려는 실천으로 좌 · 우합작과 남 · 북협상을 주도하였다. 평양에 간 일행이 4월 26일에서 4월 30일까지 쑥섬에서 가진 4김 회담, 15인 회담이 열렸을 때, 두 차례 4김 회담과 우사 · 김일성의 2자회담에서 우사가 북에 가기 전에 제시하였던 5원칙을 중심으로 주요 문제를 논의했다. 남·북협상은 이 회담 뿐임을 알아야 한다. 남·북협상은 우사가 4월 3일에 지적한 대로 통일을 위한 제1차 작업이었는데, 당시로서는 분단정부가 들어서더라도 통일이 조만간에 이루어질 수 있을 것이라고 생각하였던 점도 상기할 필요가 있다고 가르쳐 주는 역사학자의 옳은 교훈을 명심해야 바른 인생길을 가는 슬기를 터득하게 되지 않을까 한다.

우사 김규식의 독립운동길은 민주의 자주독립, 통일의 완성길이다. 나는 지금 우사의 독립운동길인 민주주의의 자주독립과 통일의 길을 찾아 가고 있는 중이다.

참고문헌

가스통 루르 글·요한손 그림, 이주영 옮김, 《러·일전쟁 제물포의 영웅들》, 작가들.

강만길·심지연 지음, 우사 연구회 엮음(2000), 《우사 김규식 생애와 사상 1》, 한울.

고게쓰 아쓰시 지음, 박인식·박현주 옮김(2006), 《침략 전쟁》, 범우.

고영자 지음(2006), 《청일 전쟁과 대한제국》, 탱자출판사.

기시모토 미오·미야지마 히로시 지음, 김현영·문순실 옮김, 《조선과 중국 – 근세 오백 년을 가다》, 역사비평사.

김규식 지음, 황건·우사연구회 고쳐 옮김, 우사연구회 엮음(2000), 《양자유경》, 한울.

김성룡 지음(2005), 《불멸의 발자취》, 북경민족출판사.

김형직 주필(2004), 《격정세월·문정일 일대기》, 북경민족출판사.

님 웰즈·김산 지음, 송영인 옮김(2005), 《아리랑》(개정 3판), 동녘.

리핑(力平) 지음, 허유영 옮김(2005), 《저우언라이 평전》, 한얼미디어.

바르바라 바르누앙·위창건 지음, 유상철 옮김(2007), 《저우언라이 평전》, 베리타스 북스.

서중석 지음(2001), 《신흥무관학교와 망명자들》, 역사비평사.

서중석 지음, 우사연구회 엮음(2000), 《우사 김규식 생애와 사상 2》, 한울.

小島晋治·丸山松幸 著(2006), 《中國近現代史》, 岩波新書.

신성곤·윤혜영 지음(2006), 《한국인을 위한 중국사》, 서해문집.

진순신 지음, 조양욱 옮김(2006), 《청일전쟁》, 세경.

민두기 지음(1997), 《중국초기혁명연구》, 서울대학교출판부.

아이리스 장 지음, 윤지환 옮김, 《역사는 힘 있는 자가 쓰는가》, 미다스북.

에드가 스노우 지음, 허재봉 옮김, 《에드가 스노우 자서전》, 김영사.

역사비평 편집위원회(2006), 《역사 용어 바로 쓰기》, 역사비평사.

요시자와 세이치로 지음, 정지호 옮김(2006), 《애국주의의 형성》, 논형.

요시자와 세이치로(吉澤誠一郞) (2002), 《천진의 근대(天津の近代)》, 나고야대학출판회.

이에나가 사부로 지음, 현명철 옮김(2005), 《전쟁책임》, 논형.

이원규 지음(2006), 《김산평전》, 실천문학사.

이은숙 저서(1975), 《가슴에 품은 뜻 하늘에 사무쳐(서간도 시종기)》, 인물연구소.

이은자 지음(2002), 《의화단운동 전후의산동》, 고려대학교출판부.

이태복 지음(2006), 《도산 안창호 평전》, 동녘.

林賢治 지음, 김진공 옮김(2007), 《인간 루쉰》, (주)사회평론.

정동영편화시장론(2007), 《개성역에서 파리행 기차표를》, 랜덤하우스.

차한필 지음(2006), 《중국 속에 일어서는 한민족》, 예문서원.

한영우 선생 정년기념론총간행위원회(2003), 《63인의 역사학자가 쓴 한국인물사 열전 3》,
　　　돌베개.

현대일본학회 지음(2007), 《일본정치론》, 논형.

후지무라 미치오 지음, 허람린 옮김(1997), 《청일전쟁》, 소화.

10 백두산(白頭山)
Baekdusan

김수진 (우사 김규식의 셋째 손녀)

| 에필로그 | 민족의 성산에 올라 할아버지를 생각하다

■ 백두산 천지

독립운동길의 감회

        2006년의 여름은 내게 잊을 수 없는 추억을 남겨 주었다. "우사 김규식의 독립운동길 따라가다" 에 동참하여 중국대륙의 도시 20여 곳을(1, 2차 합쳐서 25박 26일) 동·서·남·북으로 횡단하는 동안, 처음 도착한 서안의 '진시황릉' 과 '병마용 박물관' 을 시작으로 몽골의 '울란바토르' 를 거쳐 마지막 지역인 '천진' 까지, 더위도 잊은 채 열심히 따라다녔다.

    이동 중 버스 안에서 들었던 교수님들의 무궁무진한 강의는 살아 있는 역사책이라고 표현하고 싶었다. 사람은 아는 만큼 보고, 능력만큼 받아들인다고 했던가? 일제 강점기, 김규식金奎植, KiuSik Kimm 할아버지가 독립운동 하던 당시의 투쟁무대였던 중국의 시대상황과 독립투쟁사 등의 역사 강의를 들을 때면, 평소 우리 역사를 잊고 살아온 내가 한심하게 느껴졌다.

    그러나 이번 여행으로 느낀 바가 있어 집에 돌아온 후, 우사연구회에서 엮은《우사 김규식 생애와 사상》5권과 그 외에 몇 권을 숙독할 기회를 얻게 되어 감사하게 생각한다.

백두산에 올라 나의 할아버지 김규식을 생각하다

        2006년 8월 14일 새벽 5시, 우리 일행은 연길에서 출발해 백두산 등반길을 재촉했다. 사실 등반이라기보다는 백두산 천지를 답사한다는 표현이 더 적당할 것이다. 연길은 1년 중 8월 중순이 가장

■ 백두산의 두만강 발원지

더울 때이며, 기온이 섭씨 38도까지도 올라간다는 현지 가이드의 설명
이 있었다. 그러나 해발 2,744m의 천지 부근에서는 가벼운 긴소매 정도
의 옷차림이 좋다고 한다.

　연길에서 백두산 아래까지는 버스로 약 4시간 30분 정도 걸린다고
한다. 가이드의 설명도 듣는 둥 마는 둥, 흔들리는 버스 안에서 내 마음
은 자꾸 두근거렸고 헤아릴 수 없는 슬픔과 벅찬 감정에 빠져 들었다.

　'나에게 생명을 주신 할아버지……. 그분 김규식이 어떤 분이었기에 오룩십 년의 세월이 흐른 지금 할아버지의 발자취를 좇아, 그 뜻을 헤아리고자 후세들이 이렇게 나섰는가요…….'

내게 생명을 주신 또 한 분, 조은애趙恩愛 할머니에 대해 가끔 생각할 때가 있다. 조은애 할머니는 우리 아버지 김진동金鎭東, Phillip을 낳으신 할아버지의 첫 부인이시다. 미국에서 공부하고 돌아온 김규식 할아버지는 27세 되던 1906년, 같은 새문안교회 교인이며 과거에 군수郡守를 지낸 조순환의 15세 된 무남독녀 조은애 양과 화촉을 밝혔다. 정신학교 합창대의 축가 속에 새문안교회에서 이루어진 결혼식은 사모관대紗帽冠帶 차림의 신랑이 족두리 쓰고 연지를 찍은 신부와 혼례를 치르는 전통적인 의식이었다고 한다. 결혼 후, 김규식 할아버지는 부인을 정신학교貞信學校에 입학시키고, 신문화를 배우고 익히게 하였다고 한다.

1912년에 진동을 낳고 단란한 가정을 이루었으나, 조 할머니는 당시 불치병으로 알려져 있던 폐병으로 인해 1917년에 작고하였다(《김규식의 생애》 47쪽 참조). 그때 나이가 26세였다.

'불쌍한 나의 할머니…… 무남독녀였기에 친척도 없는 할머니……. 그이름 아무도 입에 올리지 않지만, 저만은 할머니의 명복을 빌겠습니다…….'

조은애 할머니는 장남 진동의 장래를 염려하여 임종 전에 남편에게 "당신에게 좋은 여자를 소개해 줄 테니 꼭 김순애金淳愛 언니와 결혼하라"고 부탁했다고 한다. 두 분은 서로 정신학교 동창관계에 있었다고 한다(《김규식의 생애》 52쪽 참조). 김순애 할머니는 할아버지를 훌륭히 내조했음은 물론 독립운동에도 적극적으로 참여하신 분이다.

■ 백두산 올라가는 매표소

'할아버지와 두 분 할머니의 명복을 빕니다…….'

날씨가 흐려져 비가 흩뿌리고 있었다. 장백폭포 아래
쪽 삼거리에서 다시 봉고로 갈아타고 천지를 향해 올라갔다. 우산꼭지
는 낙뢰를 맞을 위험이 있어 모두 비닐판초를 사 입었다. 봉고를 타고
이리구불 저리구불 가파른 산등성이 길을 따라, 천지를 향해 올라가는
동안 날씨가 개어, 맑고 푸른 하늘과 백두산 아래 펼쳐진 시원한 풍경
을 마음껏 볼 수 있었다. 그러나 그것도 잠시, 봉고가 종점에 이르자 다
시 날씨가 찌푸려 자욱한 안개가 끼고 바람도 세어졌다.

'천지야, 백두산 16개 봉우리들아, 시원하게 모습을 드러내 주렴'

 하고 빌어 봤지만 날씨는 개이지 않았다. 마음속에서 할아버지와의
대화는 계속된다.

 '할아버지, 수진이가 왔어요.'

 안개에 둘러싸인 바위에 앉아, 할아버지 산소를 찾는 마음으로 할아
버지를 추모한다.
 시간은 과거로 되돌아가서 1950년 12월 10일, 백두산맥이 뻗어 내린
바로 저 아래, 만포라는 곳, 백두산을 향한 곳, 백두산 아랫자락 만포는
할아버지가 돌아가신 곳이다.

■ 백두산 입구 단체사진

■ 장백폭포로 가는길

　숨이 끊어지던 순간까지도 이 나라 이 땅…… 평생 그토록 염원하던
통일을 생각하셨을 할아버지 김규식……. 압록강변의 혹독한 겨울추
위 속에서 돌보아 주는 가족도, 약도 없이 병고에 떨었을 할아버지 김
규식…….

그 모습을 상상하면 눈물이 흐르다 못해 몸에 전율이 흐른다. 평범한 인간이 누릴 수 있는 평탄한 인생길을 마다하고, 조국에 평생을 바친 마지막이 너무나 비참했기 때문이다. 미음조차 제대로 못 드신 채로 혹심한 추위와 숨 가쁜 기침에 만신창이가 된 마지막 순간까지, 할아버지는 무엇을 바라셨을까. 빨리 나아서 따뜻한 가족 품에 안기길 바라셨을까…….

마지막 순간까지 토해낸 할아버지의 바람은 '우리민족의 통일독립이요, 우리민족의 번영' 이었을 것으로 확신한다.

《우사 김규식 생애와 사상》 2권에 다음과 같은 글이 실려 있다.

> 12월 초 우사의 병세가 위태롭다는 소식에 요인들은 그의 병실로 달려갔다. 일행은 우사의 병실에 들어가면서 귀에 익은 기침소리에 가슴이 철렁했다. …… 권태양이 옆에서 우사를 간병하였다.

■ 백두산 오르며 내려다 본 정경

결국 우사는 자신이 소생할 수 없다고 생각했는지"이런 동족상잔의 전쟁을 가져오게 된 것을 누구 탓할 것이 아니다. 삼천만의 잘못이다. 특히 민족의 지도자들이 이걸 막아내지 못하고 남·북의 통일도 되지 못하여 결국은 동족상잔인 전쟁을 가져오게 되었다. 어떻게 하든지 민족통일을 해야 되고 전쟁을 끝내야 한다"고 유언하듯 하시며 눈언저리에 이슬이 맺히셨다고…….

"나는 식민통치 때부터 민족해방을 위한 독립운동과정에 투신하였다. 그 뒤 해방 후에도 일관되게 민족통일을 주장했다. 통일되어야 임시정부가 수립될 수 있었기 때문에 그것을 위해 좌·우합작운동을 추진했고, 민족통일을 위해서 38선을 넘어 북에까지 갔는데 민족의 대단힘, 민족의 통일을 이루지 못하고 전쟁의 와중에 병으로 누워 소생의 길이 없다."

"내가 살아온 생애는 하나부터 열까지 나라와 민족의 독립과 통일을 위한 것뿐이었다. 한 걸음 한 발자국을 걷고 옮길 때도 언제나 머릿속에는 그 생각뿐이었다고 해도 과언이 아니다."

"나는 갈라진 국토와 민족의 통일을 위해 남과 북, 좌익과 우익의 합작과 통일을 주장해왔고, 그것의 실현을 위해 그 누구보다도 앞장서 노력해 왔으며, 앞으로는 더 노력해서 기필코 민족의 통일을 이룩하고야 말겠다는 것이 신념이자 의지였는데, 이렇게 되었으니 안타깝기만 하다."

"내가 일어나지 못하고 이대로 쓰러지면 조국통일의 완성은 누가 해줄 것인가. 우리는 반드시 통일을 해야 해. 남도 북도 같은 민족이고 좌익도 우익도 같은 민족이다. 조상과 핏줄이 하나인 민족이 왜 통일을 할 수 없겠는가. 반드시 할 수 있다는 신념을 가지고, 꼭 해야 한다는 의지와 책임감을 가지는 것이 무엇보다 중요하다."(《우사 김규식 생애와 사상》 2권, 339쪽)

할아버지의 마지막 말씀이 머리를 맴돈다. 6 · 25전쟁이라는 참담한 동족상잔의 현장을 보고 피를 토하고 싶은 심정이었을 것이다.

일제 강점기부터 민족해방을 위한 독립운동에 투신하여 해방 후에도 일관되게 민족통일을 주장하신 할아버지······. 민족통일정부만을 추구해 왔기에 좌 · 우합작운동을 추진하셨고, 남 · 북협상을 주도하셨으며, 돌아가시는 순간까지도 부르짖으셨던 것은 오직, 반드시 이루어야 할 민족통일 이었던 것이다.

하늘 가까운 곳, 할아버지가 돌아가신 백두산 정상에서 나는 할아버지의 얼굴을 떠올렸다. 그리고 이렇게 속삭였다.

'할아버지, 하느님 곁에서 편히 쉬고 계세요.
우리 모두 언젠가는 하늘나라에서 다시 뵐 수 있겠죠?
돌아가신 1950년 12월의 겨울은 얼마나 추웠을까요?
또 병고에 얼마나 고통스러우셨으며 외로우셨을까요?
옆에서 보살펴 주셨을 신상봉, 권태양 비서님께 감사드립니다.

■ 백두산 삼지연에서 호수설명(상), 백두산 삼지연 숲길(하)

생각하면 너무나 마음이 아픕니다.

할아버지 덕분에, 모든 애국지사님들 덕분에 저희는 광복된 조국 땅에서 이렇게 풍요롭게 지내고 있습니다.

그리고 할아버지의 고귀한 정신을 기리는 분들이 아직 많습니다.

할아버지의 나라 사랑, 민족 사랑의 마음을 닮은 분들이, 아직도 이 땅에 많습니다.

미국에서 공부하셨고, 미국에 영주하셔서 편히 살 수 있었던 분이, 중국으로 망명하셔서, 강단에서 학생들이나 가르치면서 편히 살 수도 있었던 분이 개인의 안녕보다는, 본인이 가진 능력 이상을 조국의 독립운동에 바친 그 노고와 열정을 우리 민족은 잊지 않습니다.

국내에서, 경신학교와 Y.M.C.A.에서, 새문안 교회에서, 젊은 청년들을 가르치고 일깨우신 일들을 우리민족은 잊지 않습니다.

민족자주독립운동을 하느라 동분서주 중국대륙을 누비고, 한 가닥 희망을 안고 파리 강화회의로, 상해에서 몽골 사막을 거쳐 모스크바까지 다녀오신 것도 잊지 않습니다.

해방 후 온전한 통일을 이루고자 병고를 무릅쓰고 남·북회담 참석차 북에 다녀오신 것도 잊지 않습니다. 그것이 할아버지의 마지막 나라 사랑, 몸부림이었던 것도…….

할아버지……. 언제 또 찾아뵐지 기약할 수 없으나, 모든 염려 내려놓으시고 쉬시기 바랍니다.'

안개 낀 정상에서 기념사진도 찍고 두 팔 벌려 호흡도 해 보았다. 갈색과 노란색을 띤 화산석이 주를 이루고, 회색과 검은 화산석도 눈에

■ 안개 낀 백두산 장백폭포 가는 길에서

떠었다. 한반도에서 기후가 가장 변덕스
럽다는 백두산이기에, 한순간에 그 모습
을 보여줄지 모른다고 기대했으나 천지와
봉우리들은 뿌연 안개 속에서 좀처럼 모
습을 드러내지 않았다.

마침내 아쉬움을 뒤로하고 다음을 기약
했다. 백두산은 항상 우리 마음속에 상징
적으로 존재하고 있는 것을……. 우리들
의 할아버지와 선조님들이, 목 터져라 부
르고, 때로는 목이 메어 눈물지으며 불렀
을 애국가. 그 가사처럼, 동해물과 백두산
이 마르고 닳을 리는 없을 것이다. 다만, 백
두산이 우리 민족의 영산인 만큼 장백산이
아닌 백두산으로 계속 불리고, 동해물도
일본해가 아닌 동해 그대로 국제사회에서
통용되기 바랄 뿐이다.

다시 장백폭포 쪽으로 내려왔다. 장백
폭포를 가까이에서 보니, 정말 주위의 시
원한 경관과 어우러져 마음이 탁 트이는
듯 했다. 전체 기념촬영을 하고 흐르는 물
에 손도 씻어 보았다. 이번 여행의 모든
일정이 순탄하기를…… 앞으로의 모든 일
이 잘 풀리고 '우사연구회'의 발전이 있
기를, 흐르는 물에 기원했다.

■ 백두산 장백폭포- 상, 백두산 온천물의 흐름(달걀이 삶아짐) – 하

도중에 인삼장수가 있었다. 백두산 정기를 받은 인삼은 또 얼마나 우리 몸에 좋을까 하여 몇 뿌리 샀다. 역시 그 맛과 향이 우리 한국의 인삼 맛과 같았다. 한반도 저 꼭대기 백두산의 인삼 맛과 저 아래쪽 금산의 인삼 맛이 같은 이유는, 산맥과 땅 덩어리가 한 덩어리로 이어져 내린 땅에서 재배된 것이기 때문이 아닐까!

'우사 김규식의 독립운동길 따라가다' 라는 제목처럼 가는 곳마다 할아버지가 우리와 함께 하신다는 느낌을 받은 것은 나만의 느낌이었을까? 아니, 우리 일행 모두 같은 느낌을 받았을 것이라고 생각한다. 하늘에서 할아버지가 내려다보시고 많이 행복해 하셨으리라.

해방이 되고 끔찍한 6·25사변이 지나고, 가족과 민족이 갈라져 5~60년의 세월이 지난 지금, 남과 북이 걸어 온 두 갈래 길은 양쪽 국민의 생활에 엄청난 차이를 가져왔다.

■ 두만강의 숭산진(덕화리) : 백두산 정계비 세울때 목극등과 동행한 조선관리(고위직) 정계비 세운곳에 가지않고 머물고 목극등과 젊은이만 갔다가 만난 곳(건너편이 북한)

■ 도문(건너편 산 아래 마을이 북한의 남양)

    남한사회는 일반국민이 자유롭게 해외여행을 하고 풍요가 넘쳐, 해
외유학이니 아동비만이니 풍요에서 오는 과소비가 문제가 되고 있고
다이어트Diet니 웰빙Well Being이니 하며 삶의 질을 높여 더 잘살아 보자는
데에 국민의 관심이 초점을 맞추고 있다. 반면, 북한국민은 해외여행은
커녕 외신뉴스도 자유롭게 시청하지 못하기 때문에 나라 밖 소식도 모
른 채 이념의 냉전시대가 종지부 찍은 지 이미 오래인 줄도 모르고, 모
든 것을 김일성 수령과 김정일 국방위원장의 은덕으로 돌린다. 눈부신
현대문명의 덕은커녕 의식주의 가난에서 벗어나지도 못한 채, 살아가
고 있는 것이 마음 아프다.

사람이 혼자서는 살 수 없듯이 국가 또한 국제사회의 질서 속에서 서로 협력하는 가운데 하나 된 민족의 번영을 이루는 그것이 우리민족의 과제가 되어야 될 터인데……

언젠가는 통일을 이루어야 한다는 것이 우리 민족이 풀어야 할 숙제라면 우리국민 모두가 현명해져야 한다. 그래서 우리 민족 전체를 위한 생각이 세계역사의 줄거리를 만들고, 남·북한 모두 상처를 최소화하면서 이웃나라와 국제사회에서도 인정과 박수를 받을 수 있는 통일방안을 마련하는 길이 되었으면 하는 바람이다Win Win Game.

우리 국민 누구나 이러한 마음가짐을 갖고 있다면 서두르지 않아도 어느새 통일의 문턱에 다다르지 않을까 생각한다.

■ 백두산 설경

"고故 송남헌 회장님. 해방 후인 1946년 2월, 30대의 젊은 애국청년이 '우사 김규식'의 비서로서 인연을 맺어 1950년 9월 18일 김규식 할아버지가 납북될 때까지, 측근에서 모든 것을 보아왔고 그 후에도 일편단심 '김규식 박사 비서 송남헌'으로 남아 언론의 인터뷰에 응해주시던, 역사의 증인이셨던 회장님.

'우사연구회'를 조직하시고, 《우사 김규식 생애와 사상》을 펴내시는 등 김규식 할아버지의 사상이 그대로 고故 송 회장님의 고귀한 사상으로 뿌리내려, 옳은 뜻을 알리려는 노력들은 우리나라 젊은이들에게 '민족의 바른 좌표'를 제시하려는 애국자적 노력이라고 생각합니다. 고 송남헌 회장님의 명복을 빌며 깊은 감사를 드립니다.

■ 장백폭포에서 단체사진

김재철 우사연구회 회장님. 고 송남헌 회장님을 만난 순간부터 함께 '우사연구회'를 조직하시고,《우사 김규식 생애와 사상》을 펴내시며 함께하신 나날들……. 송남헌 회장님이 출판기념회를 못보고 돌아가신 것을 못내 애석해 하시던 김재철 회장님의 모습이 지금도 눈에 선합니다. 지금까지 '우사연구회'를 물심양면으로 이끌어 오신 김 회장님. 개인주의에 빠지기 쉬운 현실사회의 젊은 후세들에게 보다 깊이 있는 민족애와 애국심을 심어줄 수 있도록, 제2의 '우사 김규식 전기'에 힘을 더해주시는 청풍인清風人 김재철 회장님을 평생 기억할 것이며 직계 유족의 한사람으로서 진심으로 감사드립니다"

참고문헌

우사연구회 엮음,《우사 김규식 생애와 사상》, 한울.
이정식,《金奎植의 生涯》, 신구문화사.
이명화,《김규식의 생애와 민족운동》, 독립기념관.

　　　　　진정한 애국자로서 통일독립운동 전선의 선봉에 서서
참된 뜻 세워 일관되게 나라와 겨레 위해 일생을 살았던 역사의 인물,
우사 김규식을 선양하기에 골몰하는 김재철 회장의 주선과 회원의 열
성으로 역사길에 나섰다.

　"우사 김규식의 독립운동길 따라가다"에 뜻 있는 회원 24명이 참가
하여 그 넓은 대지의 천하를 돌아본 역사 탐사는 참 뜻있는 삶을 체험
한 보람으로 남았다.

　편리한 교통수단을 이용하며 안락한 숙소에서 쉬어자고 별미의 영
양식을 섭취하는 가운데 곳곳의 특색 있는 전통을 익히며 문명을 생각
하는 지성인들이었는데, 독립운동시기로부터 그렇게 오랜 세월이 흐르
지 않은 지금, 옛 세월 10년이 오늘 하루 맞잡이로 변화무상하게 발달
한 편리에 습관이 배어 있는 육신의 피로를 고통스럽게 참아내는 기색
을 감지하면서, 독립운동전선활동에 목숨 걸었던 선열들이 겪었을 삶
을 짐작하기도 어려웠다.

　지금 편집자가 바라보는 일본은, 선진문명국으로 서구문화권에 끼
어들고자 해서 전쟁으로 가까운 이웃나라와 민족을 살육하고, 일찍이
약소국 침략의 근성 있는 강국과 어울려 역시 그들이 원인된 동족상쟁
의 전쟁특수로 경제 강국이 되었다. 그런 나라인 반면 그들에게 짓밟혔
던 우리 민족은 삶의 질곡에 얽매여 지금도 분단의 역사를 고민하며 살
고 있다. 이러한 사실을 부정하면서 가당치 않게도 미개함을 사람되게

깨우쳐 주었고 문명을 알게 가르쳐 덕을 베풀었다고 소리치며, 우사의 지적처럼 자본주의 국가가 연대하여 착취하였던 옳지 못한 역사를 반성 없이 써내고 있다. 가소롭게도 침략자들의 문물 덕분에 입신했다고 하는 지식의 기능인 되어 그들의 우의를 내세우는 유식자가 세력을 키우려 기를 쓰는 우리의 현실에서, 참으로 내일을 가늠하기 어려운 나날의 반복으로 남의 세상살이를 하며 맹목으로 지새우는 사회현상을 보게 돼 너무 안타깝고 한심한 역사현상을 실감할 수 있는 역사배인 길이었다.

진정 기억하여 그 뜻을 온 세상에 펼쳐내야 할 과업으로서 답사길 내내 뇌리에 떠오르는 상념이 있었다. 고 송남헌 회장께서 창립하신 우사 김규식 연구회를 세상에 드러내어 절실한 통일을 달성할 수 있게 노력을 다하겠다는 다짐이 있어야 옳다는 환청이 끊이지 않아 괴로우면서도 힘없는 자신이 원망스럽기도 했다.

여기 자신의 세상을 힘 있게 살고자 노력하는 우사 연구회원 여러분께서 땀 흘려 그려낸 생기 있는 글을 묶어 펴내는 회원의 기쁨이 오래 남으리라고 편집자는 확신한다.

남 못지않은 문필을 익혔고 누구보다 참되게 세상을 통찰·분별하면서 다른 사람의 삶에 힘이 되어주는 분들인데……. 사정이 뜻 같지 못하여 다음 기회로 글쓰기를 미루게 된 이현행 선생(공기업 대표), 박원기 선생(전 화순군문화원장), 구환우 선생(전 화순농협조합장), 이경일 선생(언론인), 정정옥 선생(도예가), 김진우 학생(대학원생), 김우석 선생, 김준상 군과 그 외 분들의 마음을 이 문집에 담아 함께 기억할 수 있기 바라서 기록하는 심사를 모두가 이해하여 주리라고 믿는다.

오래 기다리면서도 기쁘게 이 번잡한 일거리의 문집을 맡아 출판하는 논형의 소재두 대표와 직원 여러분의 끈기 있는 인내와 살펴보고 또 검토하는 정성을 다해 본때 있는 문집으로 출간하니, 여러 사람들이 즐겨 읽고, 참으로 읽어 얻은 역사의 앎이었다고 널리 알려지기 고대하는 간절한 염원이다.

차례나 1·2권으로 글을 나눠 싣게 된 내용은 탐사길에서 보는 눈을 바로하여 역사를 알고 사물을 읽어보라고 앞에 나서서 가르쳐 주었던 학자의 배움 있는 글을 각 권 앞에 싣고 다음부터는 되도록이면 답사길의 차례대로 지역마다 각기 다른 필자가 독립된 글을 실어, 어느 글을 읽어도 좋게 하였다.

계획에 차질생겨 다음 기회로 미룬 3차의 유럽길이 미구에 열리리라 기대하며 이어서 4차의 미국 쪽을 돌아서 우사의 행적을 온전히 드러낼 수 있기를 고대하여 마지 않는다.

글을 쓰는 그 마음, 그 고뇌의 노력은 써 보아야 느낄 수 있는 사리를 알고, 글 속에 담겨진 필자의 뜻을 읽을 수 있는 독서는 진실된 인격을 배양케 함을 다시 생각하여, 읽고 쓰는 실력자가 많아지기를 바라면서 우사 김규식의 역사길이 열리기를 바라는 간절한 소망이다.

백두산 장군봉(상상봉)에서

　외롭게 힘겨운 세상을 꿋꿋이 살면서 참된 일에 정력적으로 매진하
는 우사 김규식 연구회장의 건강과 안녕을 회원 모두가 한 마음으로 기
원하며 감사드림을 편집자로서 대필한다.

2007년 7월
우사 김규식연구회 사무국장
장은기

김규식과 한국 근현대사

1881년 1월 29일(음력 12월 28일, 고종 18년) 부 김지성(金智性, 일본에서 신식 교육을 받아 진보사상에 감화를 받음)과 모 경주 이씨의 3남으로 출생. 장남 규찬(奎贊)은 백부 우성(友性)의 양자로 입양되어 규식이 실제 맏이가 됨.

1882년 5월 22일	한 · 미수호통상조약 체결.
1883년 6월 15일	동래부에서 민란 일어남.
1883년 7월 25일	한 · 일통상장정 세관세칙 일본인어채범죄조규 일본인 간행리정 조약 조인.
1883년 11월 26일	한 · 영수호통상조약 및 한 · 독수호통상조약 조인.
1884년 6월 26일	한 · 이수호통상조약 조인.
1884년 7월 7일	한 · 로수호통상조약 조인.
1884년 12월 4일	갑신정변 일어남.
1885	부 김지성, 유배당함.
1885년 4월 5일	미 북장로교 선교사 언더우드, 아펜젤러 제물포 도착.
1886년	모 경주 이씨 사망(부 김지성은 유배 중이었음).
1886년 5월 11일	언더우드, 고아학교 설립.
1887~1891년	병 앓는 우사(尤史)를 언더우드(Dr. Horace G. Underwood, 元杜尤) 목사 양육 맡음.
1891년	부 유배지에서 돌아옴.
1891년 여름	조모 사망.
1891~1894년	부 · 조부와 함께 살며 한학(漢學) 수학(修學).
1892년	부 김지성 홍천에서 사망.
1894년	갑오농민혁명(청 · 일 전쟁의 발단이 됨), 갑오경장(갑오개혁).
1894년 가을	• 조부 · 큰형 사망.
	• 관립영어학교(영국인 허치슨(Hutchson), 교장) 입학.
1896년 초	위 학교 5개 반 중 최상급의 1반에서 수석으로 졸업. 조선인 식품점의 영업점원.

1896년 4월 7일	최초의 한글신문을 창간. 한·영문 일간지를 발행한 제이선(Philip Jaisohn, 서재필) 박사의 독립신문사 영어 사무원 겸 회계를 맡음.
1897년	도미 유학. 버지니아 주 르녹대학(Roanoke College) 예과에 입학.
1898년	1년간의 예비과정을 준우 등으로 마침.
1898년 10월 8일	학내 '데모스테니언문학회(Demosthenean Literary Society)' 토론 '영·미 동맹은 미국이 유리할 것이다'에서 반대 토론자로 참여.
1898년 12월 10일	위 토론 '흑인 교육은 남부에 유익하다'에 찬성 토론자로 참여.
1899년 3월 11일	위 회의 '미국은 군비를 강화해야 한다' 토론에 찬성토론자로 참여.
1900년 5월	대학 잡지에 '한국과 한국어'를 소개하는 글을 '한·중·일어'와의 관계에서 영어·프랑스어·독일어·라틴어·산스크리트어(梵語) 등을 인용하여 발표함.
1900년 6월	학내 강연대회에서 1등. 위 '데모스테니언문학회' 부회장.
1901년 5월	〈인류문화의 비밀-낙관주의〉라는 연제의 강연으로 2등. 그 문학회 회장.
1901년 6월~7월	매사추세츠주 노스필드의 학생대회에 의친왕과 함께 참석.
1902년 2월	• 대학 잡지에 〈동방의 서광(The Dawn in the East)〉이란 연설문 발표.
1902년	• 영·일 동맹 체결
1903년 5월	대학 잡지에 〈러시아와 한국 문제〉라는 글을 발표. 러·일전쟁에서 일본이 승리하여 그 영향이 한국에 미치게 됨을 예견함.
1903년 6월	• 르녹대학 졸업. 평균 91.67점으로 3등. • 르녹대학을 서병규에 이어 두 번째로 졸업하는 미국대학의 학사로 졸업기념 연설자 5명 가운데 한 사람으로서 졸업연설을 함. • 졸업연설 〈극동에서의 러시아〉는 대학 잡지에 발표되고, 《뉴욕 선(New York Sun)》지에 전재됨.
1904년 2월 8일	러·일전쟁 발발.
1904년 2월 23일	한·일의정서 조인.
1904년	우사 프린스턴(Princeton)대학원 장학금 받음. 귀국함.
1904~1910년	YMCA 초대이사 겸 서기. YMCA 학교 교사. 교육간사 겸 중학교장.
1905년 1월 18일	르녹대학에 〈근대의 세바스토플리의 함락〉이라는, 여순항이 일본군에게 함락됨을 보고 크리미아전쟁을 끝나게 한 '세바스토플리 군항 함락'에 비교한 글을 보내 대학 잡지 5월호에 실림.
1905년 8월 5일 ~ 9월 5일	포츠머스 회의에 참석하여 '조선문제'를 변론하려고 상해에 가서 자금과 황제의 밀서를 가지고 뒤따라올 다른 밀사들을 기다렸으

	나 오지 않아 석 달 동안 허송세월하던 중 이미 9월 5일 포츠머스 조약 체결로 러 · 일전쟁이 종결되어 11월 7일 귀국함.
1905년 11월 17일	을사보호조약 체결
1906년 5월 21일	정신여학교를 졸업한 조은애(趙恩愛) 여사와 새문안교회에서 혼인함. 신부는 새문안교회 교인이며, 과거 군수를 지낸 조순환의 무남독녀였음.
1907년	장남 진필 출생하였으나 6개월 후 사망.
1907년	우사, 도쿄 세계학생기독교연맹대회에 한국대표로 참가.
1908년 11월 16일~26일	언더우드 목사가 거행한 세례 문답식에 참가.
1910년 5월 29일	• 새문안교회 헌당식.
	• 우사는 새문안교회 교인의 대표로 봉헌사 함. 이때 축가를 작사했고 영국 성서공회의 버시(F. G. Versey)가 작곡함.
	• 준공한 현재의 새문안교회의 건축위원회 위원으로서 우사의 공로가 가장 컸다고 당시의 〈조선선교 취지(Korea Mission Field)〉에 보도됨.
1910년 8월 29일	일본에 한국이 병합됨.
1910년 12월 18일	새문안교회 완성 후 두 번째 장로가 됨.
1910~1913년	• YMCA 학생부 담당 간사(교사 겸).
	• 조선기독교대학(현 연희대학교) 교수로 봉직.
	• 경신중학교 교감(John D.wells Training School).
	• 호레이스 G. 언더우드 박사 개인비서로 근무.
1911년 10월 10일	신해혁명.
1911년 12월 4일	경기 · 충청 노회의 서기.
1911년~1912년	• 105인사건(데라우치 총독 암살음모 조작 사건) 발생.
	• 일제, 교회탄압 시작.
1912년	차남 진동(鎭東) 출생.
1912년 2월 1일	전국주일학교연합회 집행위원과 부위원장에 선출됨.
1912년 9월 1일	조선예수교장로회 총회(평양)에서 우사 영문으로 보고함.
1913년 봄	도쿄 외국어학교 영어교수와 도쿄제국대학교 동양학과의 장학금을 주겠다는 총독의 제의 거절.
1913년 11월	• 중국 상해로 망명.
	• 경남 진주의 갑부 정상환이 여비를 주었다고 함. 오스트레일리아의 중국 화교들에게 조선인삼을 팔러 간다는 구실로 여권 얻음.

	• 상해에서 단재에게 영어 가르치며 '민족운동을 통일·통합된 투쟁'으로 만들기 위해 노력함. 호를 서호(西湖)라 함.
	• 손일선(孫逸仙, 孫文), 황광강(黃光强), 진영사(陳英士), 고유균(顧維鈞) 등 중국의 여러 혁명지사와 친교 맺음.
	• 실패로 끝난 1913년 제2혁명 중에는 냉귤(冷橘) 장군의 군대에 우사도 합류하여 방부(邦阜)까지 갔으나 서주부(徐州部)에서 내려온 장훈(張勳)의 군대에게 패배하여 제2혁명에 종지부를 찍음.
1913년 12월 17일	상해의 박달학원 설립, 우사 영어교수.
1914년 8월	• 제1차 세계대전 일어남(7월 28일, 오스트리아가 세르비아에 선전포고). 가을 외몽고의 우르가(庫倫)에 가서 군사훈련학교를 세울 목적으로 이태준(李泰俊) 박사와 유동열(柳東說) 장군(당시 소령), 서왈보(徐曰輔)와 같이 갔고, 우사가 변장하고 압록강을 건너 의주까지 가 자금을 모집했으나 실패하여 뜻을 이루지 못하고, 우르가에 머무는 동안 러시아 상업학교에서 영어를 가르치며 개별적으로 러시아인들에게 영어 개인교수를 함.
	• 미국인과 스칸디나비아인들의 무역상사인 몽고물산회사에서 회계 겸 비서로 일함.
1916년	상해·천진 및 홍콩의 미국-스칸디나비아계 큰 회사인 Myer & Co, Ltd.의 장가구 부지배인으로 입사.
1917년 11월 7일	러시아 10월혁명 발발. 레닌이 이끄는 볼셰비키가 러시아정부 장악.
1917년 12월	전 러한족중앙총회 조직.
1917년	부인 조은애(趙恩愛) 여사 사망.
1918년 1월 8일	• 미국 대통령 윌슨이 민족자결·무병합무배상, 비밀외교 배척, 국제조직의 확립 등을 내용으로 하는 14개항의 평화원칙 발표 (패전국 독일의 식민지 재분할에 관해서).
	• 레닌의 민족자결원칙은 식민지문제 해결을 통해 세계 사회주의 혁명을 달성하려는 목적에서 제정 러시아 치하에 있던 1백여 피압박민족에 대한 민족자결원칙이었다.
1918년 3월	우르가로 진동과 사촌누이 김은식과 같이 가 Myer & Co, Ltd.의 새 지점을 개설하여 지배인이 됨. 얼마 있다가 천진으로 와 Fearon Daniel Co, Inc.(미국계회사)의 수입부에 입사, 중국 각지에 델코전구 판매·설치함.
1918년 7월 12일	• 미국인 친구 알렌 그린랜드(J. Allen Green Land)에게 보낸 편지

에서 만주지방에 가서 땅을 개척하고 목장을 시작할 계획임을
밝힘.

• 신규식의 동제사(同濟社)에 가담함.

1918년 11월 11일   세계 30여 개국이 참전했던 제1차 세계대전이 영·불 등 연합국
과 독일 사이에 체결된 휴전조약으로 끝남.

1918년 11월   미국 윌슨 대통령의 비공식대표인 찰스 크레인이 중국 방문에서
파리강화회의의 중요성을 역설함을 들은 몽양 여운형은 그를 면
담함.

1918월 11월 28일   우사는 파리강화회의에 가 조선문제를 전 세계에 폭로, 항변할 결
심을 하고 여운형, 유격환, 장덕수, 서병호 등 30여 명으로 조직한
신한청년당의 외교 책임자가 됨

1919년 1월 18일   파리강화회의 개최(제1차 세계대전을 종결짓는 일련의 공식강화
조약들이 체결됨).

1919년 1월 19일   김순애(金淳愛, Stella S. Kimm) 여사와 남경에서 결혼. 김 여사는
1912년 의사인 오빠 김필순(金弼淳)을 따라 중국 흑룡강성으로 망
명해 있다가 1918년 오빠가 죽고서 형부 서병호가 있는 남경으로
감. 장가구에서 사망한 첫아내의 아들(진동=필립, 당시 9세)은 이
태준 박사와 함께 우르가에 남겨둠.

1919년 2월 1일   우사 파리강화회의에 신한청년당의 대표로 참가차 상해 출발.

1919년 3월 13일   • 파리 도착
• 파리강화회의에 가서 펼치는 대표의 활동을 세계에 널리 알리
는 국내의 시위운동을 선동하기 위해서 김순애 여사는 부산, 대
구, 평양 등지를 돌아 만주로 망명하였으며, 또 다른 젊은이들을
조선(김철, 선우혁, 서병호)·일본(장덕수)·만주(여운형)·시베
리아(여운형)로 파견하여 시위·선동을 하게 함. 동시에 일본에
서 2·8독립선언을 하는 하나의 동기가 되었음.

1919년 3월 1일   전 조선민족이 3·1독립만세시위운동을 일으킴.

1919년 4월 10일   파리《공보국 회보(Circulaire)》제1호 출간.

1919년 4월 13일   대한민국 상해임시정부 수립. 우사 임정 외무총장.

1919년 5월 4일   일본에게 산동반도를 할양하도록 한 베르사유조약의 결정을 거부
하는 중국인의 분노가 폭동과 5·4운동을 촉발시킴.

1919년 5월 12일   • 우사는 파리강화회의에 〈한민족의 일본으로부터의 해방과 한국
의 독립국가로의 복귀에 관한 청원서〉와 〈한민족의 주장〉을 정

식으로 제출하면서 '신한청년당 · 대한국민회 · 대한민국임시정부' 대표 김규식으로 서명함.

- 우사가 작성, 제출한 탄원서는 20개 항목임. 일본의 한국침략과 그 학정의 부당성을 논박한 35쪽으로 된 인쇄물을 만들어 회의에 참석한 여러 나라 대표에게 배포함.

1919년 6월 28일	• 독일이 베르사유조약에 조인.
	• 파리강화회의에서 전승연합국들 사이에 식민지 재분할함.
1919년 8월 6일	파리 한국공보국(우사 주관), 외국기자 클럽 연회. 80여 명 참석. 대표적 인물로 프랑스 하원 부의장 샤알즈 르북(Charels Lebucq)이 사회 봄. 한국포병학교 교수를 지낸 프랑스 재건국장 빠예(General Payeur) 장군, 한국공사대리를 지낸 러시아 참사관 군즈버그(Baron de Gunzburg) 경, 프렌댱(M. Frandin) 전권대사, 국회의원 마린(Louis Marin), 전 모스크바 시민의회 의장 미노(Joseph Minor), 북경대학 교수 이유영(Li Yu Ying), 파리 주재 중국총영사 라오(Lao) 등. 이때 프랑스어로 된 〈한국독립선언서〉와 조오지 드크록(George Ducrocq)이 쓴 《가난하나 아름다운 한국(Pauvre et Douce Coree)》이라는 책과 작은 한국의 깃발을 기념품으로 줌. 또 김규식은 한국의 지리와 역사를 말하고, 한국에는 평화가 없으며 한국인은 독립을 원한다는 강연을 함.
1919년 8월 9일	우사 파리를 떠남.
1919년 8월 22일	워싱턴 DC에 도착. 이승만 박사가 제이슨(Jaison)박사와 헐버트(Hulbert) 박사와 법률고문 돌프(Dolph)의 도움을 받아 조선의 입장을 주장하는 운동을 하며 구미위원부를 세워 우사는 그 초대위원장이 됨.
1919년 9월 6일	우사 임정 학무총장.
1919년 9월~1920년	• 9월말까지 미국 서부 각지를 순회하여 워싱턴 위원부와 국민회의가 협력할 수 있도록 교민들을 찾아다니며 설득하고 독립공채를 판매해 3주 만에 약 5만 2천 달러를 모금해 임정 재무부장 이시영(李始榮)에게 송금함.
	• 우사 〈극동정세(Far Eastern Situation)〉, "일본은 중국, 시베리아, 한국의 인적 자원을 이용, 영 · 미 각국에 무력으로 대항할 수도 있을 것" 이라는 글을 집필 발표함.
1920년	신경통 투병 끝에 뇌종양 의문 있어 월터리드병원에서 뇌수술 받음.

1920년 10월 3일	미국을 떠나 하와이에서 필리핀 경유 선편을 기다리느라 한 달 가량 머물고, 오스트레일리아에 들러 그 나라 수상(William Hughes)과 만남.
1921년 1월 18일	상해 도착.
1921년 1월 27일	상해 인성학교의 환영식에서 연설, "복잡한 임시정부 내부사정에 관련하여 우리가 반성하고 합하여 책임을 다해야 한다"고 함.
1921년 4월 25일	구미위원부 위원장 사임.
1921년 4월 29일	• 임정 학무총장 사임.
	• 상해에 남화학원(南華學院) 설립. 서병호와 중국사람 몇 명과 함께 중국에 들어오는 조선청년들에게 영어 가르침.
	• 일본수상 하라 다카시가 암살당해 황태자 히로히토가 섭정이 됨.
1921년 5월 19일	국민대표회의 기성 · 촉성회 조직, 우사 조직위원.
1921년 5월	중 · 한호조사 창설.
1921년 11월	• 모스크바 극동민족대회에 참가하기 위해 여운형, 김시현(金始顯), 나용균(羅容均), 정광호(鄭光好)와 상해 출발. 장가구(이 여정에서 우사의 친우 미국인 교수의 아들 콜맨의 도움을 받음)-몽골-고비사막을 횡단하여 이르쿠츠크에 도착함.
	• 자유시사건(흑하사변)의 재판에 배심원 자격으로 몽양과 같이 참관.
1921년 11월~1922년	• 2월까지 '워싱턴회의' 결과 태평양에 관한 4개국 조약이 체결되고(1921. 12. 13), 영 · 일동맹은 폐기됨.
	• 중국에 관한 9개국 조약이 체결되고(1922. 2. 6), 주요 열강들의 해군력을 제한하는 5개국 조약이 체결됨(1922. 2. 6).
	• 상해, 장사, 무한, 광주 같은 데서 중 · 한호조사가 건립되자 우사 참여 간부로 활약함.
	• 워싱턴회의에 중 · 한호조사 명의로 '한국의 절대적인 독립보장' 등의 11개항의 요구사항 제출함.
1922년 1월 21일 ~ 2월 2일	모스크바 크레믈린궁에서 개막한 극동민족대회에 참가, 수석대표 · 집행위원회의장 · 각국대표 144명의 참가인원 중 한국 대표 56명의 대표 단장으로 개회연설에서 "한국은 농민을 주력(主力)으로 일본제국주의에 항쟁하는 민주주의 혁명을 해야 한다"고 함. 〈아시아 혁명운동과 제국주의(The Asiatic Revolutionary Movement and Imperialism)〉라는 영문을 《공산평론Commist Review》 1922년 7월호에 발표.

1922년 4월 19일	한족국민대회 예비회의 개최.
1922년 5월 말	몽골 경유, 상해로 옴.
1922~1927년	상해 윌리엄즈대학의 학장 겸 교수(나중에 총장).
1923년 1월~ 3월	92차례의 국민대표회의 개최. 우사 창조파 국민위원과 외무위원장.
1923년 5월	상해 프랑스조계에서 열린 한·중호조사 창건 2주년 기념회에서 우사 사회, '3·1정신과 5·4정신' 발양으로 민족자강을 위해 분투하자고 호소함.
1923년 6월 7일	창조파 전문 18조의 '한국임시헌법' 제정 발표.
1923년 8월 20일	김규식 등 창조파 일행 노르웨이 상선편으로 상해를 출발해 연해주 블라디보스토크에 8월 30일 도착. 모스크바에서 온 '제3인터내셔날'의 밀사를 만나 조선독립운동에 대한 지원을 교섭했으나 성공하지 못함.
1923년 9월 24일	국민위원 김규식과 이청천의 공동명의로 〈코민테른 극동국꼬르뷰로 의장에게 제출하는 비망록〉에서 국민위원회 조직의 정당성을 강조하고 창조파의 생각을 정리함.
1923년 11월 24일	김규식·윤해(尹海)의 〈개조와 창조 그룹, 분열의 원인과 그 결과〉 보고서 작성.
1923년	• 애국운동에 기여한 공로로 모교 르녹대학에서 명예 법학박사(LL.D.)학위 수여. • 장녀 한애(韓愛) 출생.
1924년 1월	• 코민테른의 창조파 국민위원을 국경 밖으로 추방하여, 5월에 블라디보스토크를 떠나 만주를 경유하여 상해로 옴. • 차녀 만애(晩愛) 출생.
1925년	삼녀 김우애(尤愛, Pauline Wuai) 출생(웰즈리대학 졸업, 미시건대학 대학원에서 화학 전공).
1925년 1월 23일~26일	자 〈동아일보〉에 〈반성과 단결의 필요〉논문 발표. 러시아외상 카라한과 일본외상 요시자와 간에 일·러어업협정 체결, 부대·비밀협정으로 시베리아 등지의 한국독립운동자들을 국외로 추방해주기를 일본이 요구하여 한국독립운동자들을 추방.
1926년 3월	민족유일당운동 단체인 민족당 주비회 결성에 적극 역할.
1927년 2월	• 유자명(柳子明), 이광제(李光濟), 안재환(安載煥), 중국인 목광록(睦光錄), 왕조후(王滌垕), 인도인 간타싱 비신싱 등과 남경에서 '동방 피압박민족연합회' 조직. 우사 회장으로 추대됨. 기관지

《동방민족》을 중국어 · 영어 · 한국어로 월간으로 간행함.

• 우사 무창, 한구에서 북벌군에 합류하여 나중에는 유진화(劉振華) 부대의 일원으로 북경 거쳐 통주(通州)까지 올라감.

1927년 4월	〈전민족적독립당 결성 선언문〉을 발표하고 한국유일독립당 상해 촉성회 집행위원이 됨.
1927년 7월 5일	《연합》지에 영국과 미국을 배척하는 기사 투고, 체포명령이 내려짐.
1927년	차녀 만애 사망.
1928년	삼남 진세(鎭世) 출생.
1929년~1933년	천진 북양대학 영어교수.
1930년	장녀 한애 사망.
1931년 9월 18일	만주사변, 일본군이 봉천(奉天)철도를 폭파시키고 이를 빌미로 중국군 공격, 동북지역 점령.
1932년 1월	• 일본은 만주국이란 괴뢰국 세우고 '상해사변'을 일으킴. • 우사 조선혁명당 최동오와 상해로 가 한국독립당 이유필을 만나 조선독립의 완성과 중국의 실지회복을 위하여 '중 · 한연합회 조직' 꾀함.
1932년 4월 29일	상해 홍구공원(현 루쉰공원) 윤봉길(尹奉吉) 의사 의거.
1932년 10월 12일	대일전선통일동맹 주비위원회 결성.
1932년 11월 10일	한국 대일전선통일동맹 결성대회. 한국광복동지회 대표 김규식, 상해 한국독립당 대표 이유필(李裕弼), 김두봉(金枓奉), 송병조(宋秉祚), 등북지역 조선혁명당 대표 최동오(崔東旿), 유동열(柳東說), 조선의열단 대표 한일래(韓一來), 박건웅(朴建雄), 상해 한국혁명당 대표 윤기섭(尹琦燮), 신익희(申翼熙) 등과 함께 조직.
1932년 겨울	동시에 통일동맹과 중국의 자위대동맹이 결합한 중 · 한민중대동맹(中 · 韓民衆大同盟)을 성립시킴.
1933년 1월	대일전선통일동맹과 중 · 한민중대동맹의 대표로 3차 도미, 5개월간 미국을 순회하며 중국 및 한국교민과 미국인, 각 대학, 단체 모임, 민간협회 등을 상대로 극동의 상황을 설명하여 통일된 투쟁노선을 다짐. 중 · 한민중대동맹 미주지부를 결성함.
1933년 여름~1935년	남경 중국 최고의 군사학부인 남경중앙정치학원의 영어강의 담당.
1933년 9월 16일	조선혁명간부학교(교장 김원봉) 제2기생 입학식에 참석해 '세계정세와 민족혁명의 전도'에 대한 강연을 함.

1934년 3월 1일	한국대일전선통일동맹 제2차 대회에서 미국국민총회 대리 대표로 집행위원을 맡아 활동함. 이때 기존 5개 단체 외에 하와이대한인국민회, 재미대한독립당, 하와이대한인동지회, 재뉴욕대한인교민단, 재미재한인민국총회가 우사의 활동으로 동맹에 추가 가입함.
1934년 4월 12일	대일전선통일동맹 중앙집행위원회 상무위원 김규식, 송병조, 김두봉, 최동오, 윤기섭, 윤세주의 이름으로 각 독립운동단체에 대동단결체 조직에 관한 방안과 그 강령 및 정책초안 제출요구 통고문을 발송.
1935년 6월 20일	남경 금릉대학 대례당(大禮堂)에서 유일당 조직 예비회의, 남만의 조선혁명당 등 9개 단체대표 18명 참석.
1935년 7월 4일	• 한국 민족혁명당 창립대회 : 대한독립당 대표 김규식, 의열단 대표 김원봉, 윤세주(尹世冑), 이춘암(李春岩), 한국독립당 대표 조소앙, 김두봉, 이광제, 신한독립당 대표 이청천, 윤기섭, 신익희, 조선혁명당 대표 최동오, 김학규(金學奎)가 참석하여 기존의 각 정당 해산 선포. 김규식 국민부장, 김원봉 서기부장, 김두봉 조직부장, 이청천 군사부장. ※ 국내의 민중에 대해서는 조선 민족혁명당으로, 중국 쪽에 대해서는 한국 민족혁명당으로, 해외 여러 나라에 대해서는 Korean Revolution Association으로, 당내에서는 '민족혁명당' 이라 부르기로 함. • 우사 임정 탈퇴(임정 내분과 통일전선 형성 노력 미진에 불만?).
1935년~1942년	성도와 아미산의 국립 사천대학 영문학과 교수, 나중에 외국어 문학과 과장.
1937년 7월 7일	중 · 일 전면 전쟁.
1937년 12월 12일	일본군 '남경학살' 자행.
1938년	국립 사천대학 출판부에서 *An Introduction to Elizabethan Drama* 간행.
1938년 10월	조선민족전선연맹, 한구에서 조선의용대 창설.
1941년	민족혁명당 임시의정원 참가 준비.
1941년 12월 7일	일본군이 진주만의 미국함대 공격.
1941년 12월 8일	미국과 영국이 대일 선전포고, 일본군이 필리핀과 홍콩 침략.
1941년 12월 11일	독일과 이탈리아 대미 선전포고.
1942년	우사 임정 국무위원.

1942년 10월 11일	• 한 · 중문화협회 설립대회. 중경 방송빌딩에서 4백여 명의 한 · 중 저명인사 참석. 중국측은 위우임, 풍옥상, 진과부와 중공당의 주은래, 곽말약 참석.
	• 한국측은 명예이사로 이승만, 서재필, 조소앙.
	• 이사장 손과(손중산의 아들, 국민정부 행정원장).
	• 상무이사 김규식, 박순, 오철성(국민당 비서장), 주가화(국민당 조직부장), 손과와 주은래, 대회에서 연설.
1942년 10월 25일	제34회 임시의정원 회의. 김원봉, 왕통(王通), 유자명, 김상덕(金尙德), 손두환(孫斗煥), 김철남(金鐵男) 등 23명이 새로 의원으로 당선됨으로써 '전 민족적인' 의정원 구성.
1943년 1월 20일	• 우사 임정 선전부장.
	• 〈새한민보〉에 우사 담화 발표. "일체의 과거사를 다 쓸어버리고 임시정부에 충성을 다하기로 결심하였다"는 내용.
1943년 2월 22일	조선민족혁명당(김규식 주석)과 한국독립당 통일협회 및 조선민족당 해외위원회를 통합하여 "조선민족해방을 주장하는 정치연맹으로 강화"하고 우사 중앙집행위원회 의장(주석)이 됨.
1943년 3월 12일	우사 미주에 있는 동포들에게 중국 국제방송을 통하여 영문으로 방송(1943년 10월 6일자로 신문 〈독립〉에 한글로 번역 게재).
1943년 8월 5일과 8월 24일	조선민족혁명당 주석 · 임시정부 선전부장 직함으로 중경에서 미국 하와이, 쿠바, 멕시코, 기타 지역에 있는 동포들에게 중국의 국제방송을 통해 〈조선혁명당의 전후 계획〉을 방송함. 그 방송 내용을 미국에서 발행된 신문 〈독립〉이 1944년 3월 8일자로 게재함.
1943년 4월 12일	우사 임정수립(21주년) 기념강연회에서 중국어로 "조선의 독립은 세계평화와 연계되어 있고, 앞으로의 희망은 크다"고 강연.
1943년 7월 26일	장개석, 오철성을 김구, 김규식, 조소앙, 이청천, 김원봉이 접견하고 "국제 공동관리 반대, 중국의 한국자주독립 지원"을 요망.
1943년 7월	민족혁명당 제9주년 기념문에 통일전선 임시정부 성립을 발표.
1943년 8월 24일	• 우사 민족혁명당 주석 명의로 국민당 비서장 오철성에게 "민족혁명당 강령은 국민당의 삼민주의와 부합되어 항일투쟁뿐만 아니라 전후 건국 · 극동평화에 기여할 한 · 중 합작을 지속할 것"임을 밝히는 공한 보냄.
	• 중국 근대 비극시 《완용사 Wan Yung Tze》(An English Versified Translation of a Chinese Tragic Poem) 출판.

1943년 11월 22일	카이로회담. 루즈벨트, 처칠, 장개석, 일본의 무조건 항복과 전후 동아시아의 안정에 관한 연합국정책 논의.
1943년 11월 28일	테헤란회담. 루즈벨트, 처칠, 스탈린, 전후 유럽의 안정 논의.
1943년 12월 19일	한·중문화협회 주최 강연회에서 우사 모든 힘을 다하여 조선의 자유와 독립을 위하여 분투하자고 함.
1943년 12월 21일	방송 좌담회에서 같은 내용 방송.
1944년 3월 19일	우사 〈전후 극동에 있어서의 조선〉이라는 연제로 서반구를 향하여 영문 연설.
1944년 4월	임시정부 약헌 개정. 우사 부주석 취임.
1944년 4월 19일	〈독립〉신문에 3월 19일 방송된 〈전후 극동에 있어서의 조선〉 번역 게재.
1944년 7월 3일	• 김구, 김규식 임정내각 명의로 장개석에게 중국정부가 한국임정을 정식 승인해 주기를 요청. • 《실용영문작법 Hints on English Composition Writings》(The Chungwha Book Co., Ltd.)출판.
1945년 2월 4일~11일	처칠, 루즈벨트, 스탈린, 얄타회담.
1945년 4월~6월	샌프란시스코회의, 유엔헌장 초안 50개국에 의해 조인됨.
1945년 7월 17일 ~ 8월 2일	포츠담선언, 일본에게 무조건 항복 제안.
1945년 8월 6일~9일	미군 비행기, 히로시마와 나가사키에 원자폭탄 투하.
1945년 8월 8일	소련이 대일 선전포고.
1945년 8월 10일	일본천황 히로히토 항복.
1945년 8월 15일	해방. 임정특사로 미국파견계획 좌절.
1945년 9월 2일	일본이 무조건 항복 문서에 조인, 제2차 세계대전 종결.
1945년 10월 10일	영문시집 《양자유경 The Lure of the Yangtze》 집필 완료. 《상용영어 Chengtu English Weekly》 2권 출판.
1945년 10월 29일	중경, 한·중문화협회 설립 3주년 기념 및 임정요인 귀국환송회에서 우사 중국에 감사하고 한국건국사업에 대한 계속적 원조 요청.
1945년 11월 23일	우사 임정요원 제1진으로 32년 만에 귀국.
1945년 11월 25일	우사 새문안교회에서 〈교회도 통일하자〉는 주제로 연설.
1945년 11월 28일	우사 기독교남부대회(정동교회)에서 〈자기를 정복하고 의(義)의 나라건설〉이라는 제목으로 연설.
1945년 12월 19일	서울운동장에서 임시정부 개선환영대회.

1945년 12월 27일	모스크바 3상회의 결정 발표. 5년 간 신탁통치 결정에 충격 받음.
1945년 12월 28일	임정의 긴급 국무회의, 〈4개국 원수에게 보내는 결의문〉 채택 발표(김구, 김규식 명의). 임정 반탁운동 전개. 탁치반대국민총동원위원회 설치(각계 대표 70여 명).
1946년 12월 30일	• 새벽, 한민당 수석 총무 송진우(宋鎭禹) 피살.
	• 탁치반대국민총동원위원회 76명의 중앙위원 선임
1946년 1월 2일	임정 내무부 '군정 각 기관을 자주적으로 운영한다' 는 국자 1호와 2호 발표.
1946년 1월 3일	좌익측 3상회의 결정지지 표명.
1946년 2월 1일	비상국민회의 개최. 우사 외무위원.
1946년 2월 13일	비상국민회의 최고 정무위원 28명 중 1인.
1946년 2월 14일	남조선 대한민국 대표 민주의원 발족, 우사 부의장.
1946년 2월 18일	민족혁명당 탈퇴, 주석 사임 성명서 발표.
1946년 3월 1일	공정보도를 요망하는 성명서 발표와 기자회견, 3·1정신을 기리는「기미독립선언 기념사업회」고문 취임.
1946년 3월 19일	민주의원 의장직을 겸임.
1946년 3월 20일	미·소공동위원회 개최. 우사 "미·소공위는 반드시 성공해야 한다" 고 기자회견.
1946년 3월 24일	미·소공위에 대처하기 위한 접흡단(接洽團, 교섭단) 구성, 단장.
1946년 5월 3일	기독교청년연합회 임시총회에서 〈미소공위에 대하여〉로 강연.
1946년 5월 8일	1차 미·소공위 결렬.
1946년 5월 12일	서울운동장에서 열린 독립전취국민대회에서 "단정은 분열된 전제정치와 민족상잔의 비극을 맞을 것" 이라 연설.
1946년 5월 25일	좌·우합작을 위한 1차 모임. 한국사지협회(韓國史地協會) 발기인.
1946년 6월 18일	원세훈(元世勳), 좌·우합작운동 경과에 대한 담화 발표. 좌·우합작위원회 보강.
1946년 6월 20일	민전 사무국장 이강국(李康國), 좌·우합작과 남·북통일의 원칙 발표.
1946년 6월 22일	덕수궁에서 좌·우합작 모임.
1946년 6월 30일	미 군사령관 하지 좌·우합작 적극지지 찬동한다는 특별성명 발표.
1946년 7월 22일	좌·우합작 예비회담.
1946년 7월 25일	덕수궁에서 좌우합작 제1차 정례회담. 민전합작 5원칙 제시.
1946년 7월 29일	민전 좌·우합작 5원칙 정식 발표. 민주의원 우측 8원칙 발표,

	좌·우합작 제2차 정례회의 유회. 좌·우합작운동 정돈. 북한측 공산당, 신민당 합당으로 북조선노동당 발족.
1946년 8월 19일	우사와 몽양 합작논의.
1946년 8월 24일	군정 법령 제118호로 미군정 '과도입법의원' 창설 제정 확정. 하지 사령관 좌·우 양 대표에게 '애국적인 통일에 매진하라'는 격려 편지 보냄.
1946년 8월 28일	우사 댁으로 백남운, 장건상 방문.
1946년 8월 29일	우사의 좌·우합작 실현을 바라는 성명 발표.
1946년 10월 1일	대구 10월항쟁 발발.
1946년 10월 4일	우사 좌·우 대표 7원칙 합의.
1946년 10월 7일	우익대표 5명과 좌익대표 장건상, 박건웅과의 최종합의를 우사·몽양 명의로 발표. 오후에 우사 중앙방송국에서 7원칙에 대한 방송.
1946년 10월 9일	원세훈 등 대거 한민당 탈당.
1946년 10월 16일	우사〈입법기관의 성격에 대한 성명서〉발표 및 기자회견. 몽양, 백남운, 강진의 사회노동당 발족 선언.
1946년 10월 18일	우사 임시정부 수립을 위한 미·소공위의 속개를 요청하는 내용의 성명서 발표.
1946년 10월 23일	10월항쟁 대책에 대한 우사의 한·미공동위원회 구성 제의에 따라 조·미 공동소요대책위원회 구성 제1차 회합.
1946년 10월	김병로, 원세훈, 김약수 등 김규식 중심의 새 조직작업.
1946년 11월 7일	조·미 공동위원회는 공보부 특별발표로 악질적인 통역과 일부 관리들의 불법행위, 경찰행정을 검토하였음을 밝힘.
1946년 11월 18일	조·미공동위원회 토의내용을 발표함(경찰에 대한 반목, 통역의 폐단, 군정관리의 부정 등과 복리를 방해하는 선동자들에 대한 조사결과). 우사는 입법의원에서 그 해결책을 마련하고자 함.
1946년 12월 11일	남조선 과도입법의원 예비회의.
1946년 12월 12일	남조선 과도입법의원 개원. 우사 의장으로 피선.
1946년 12월 21일	우사 군정청 회의실에서 "과도 입법의원은 …… 좌·우는 물론 남·북과 연합 연결된 총선거에 의한 입법기관으로서 임시정부를 수립하려 한다"고 기자회견.
1946년 12월 22일	우사 민중동맹 결성.
1947년 새해 아침	우사 신년사에서 "자주정신으로 단결해야 한다", 좌·우 합작만이 임시정부 수립해서 민족을 도탄에서 구할 수 있는 노선임을 강조.

1947년 1월 6일	박건웅 의원 외 12명의 연명으로 입법의원에 정치범을 석방하여 건국과업에 공동참여토록 하자는 건의안이 제출되어, 우사는 적극·시급히 처리해야 한다는 개인의견을 소상히 역설함.
1947년 2월 24일	조선적십자사 창립대회에서 임시의장 선출됨.
1947년 3월 1일	입법의원 의장으로서 우사 기념사, "좌·우와 남·북의 단결 즉 합작으로 정부수립"을 강조한 바 "3·1정신으로 통일독립국가 세우자"고 역설함.
1947년 5월 13일	신병치료차 미 육군병원에 입원 중 5월 17일의 공위 재개를 앞두고 "통일국가 건설의 기회를 잃지 말자"는 내용의 담화 발표.
1947년 5월 21일	2차 미소공위 속개.
1947년 5월 24일	3당 합당을 반대한 인민당, 신민당 산류파가 중간좌파 성격의 근민당 결성.
1947년 6월 24일	미군정의 초청으로 귀국하여, 서재필 박사 귀국환영 준비회의 위원장으로 선출됨.
1947년 7월 2일	우사의 노력으로 친일파·민족반역자처벌특별법이 입법의원 통과했으나 군정장관이 서명하지 않음.
1947년 7월 3일	미소공위가 재개되자 우사는 정당, 사회단체를 규합하여 시국대책협의회 결성.
1947년 7월 19일	근민당 당수 몽양 여운형(呂運亨) 피살.
1947년 9월 17일	마샬 미 국무장관 한국문제 '유엔' 이관 언명.
1947년 9월 26일	좌·우합작위 회의실에서 4단체 연락위원 합의로 조선민족자주연맹 준비위원회 구성 합의.
1947년 10월 1일	14개 정당, 5개 단체 및 개인이 참가해 민련 결성준비위 발족. 위원장 김규식.
1947년 10월 4일	민련 제1차 회의.
1947년 10월 8일	민련 제2차 회의. 각 부서 결정. 발전책 토의.
1947년 10월 15일~16일	민련 중앙집행위, 엄항섭, 조경한, 조소앙이 남·북 요인회담 제의.
1947년 10월 18일	미·소공위 제 62차 본회의에서 미측 수석대표 브라운 소장 고위업무 중단 제의.
1947년 10월 21일	스티코프 소련대표 서울철수 발표하고 평양으로 철수.
1947년 11월 4일	각 정당협의회 구성(한독당, 국민당, 민독당, 사민당, 인민공화당, 민주한독당, 민중동맹, 신진당, 조선공화당, 보국당, 청우당, 조선민주당).

1947년 11월 12일	김규식, 홍명희 등 각 처장 참집해 정치위원회 개최, 민련의 선언, 규약 초안 가결.
1947년 11월 14일	유엔총회 남·북을 통한 총선거안 결의.
1947년 11월 23일	민련 준비위원회 전체회의 선언, 강령, 정책 통과.
1947년 12월 15일	좌·우합작위원회 해체 선언.
1947년 12월 20일~21일	경운동 천도교강당에서 민족자주연맹 결성대회. 의장 김규식, 부의장 김붕준, 홍명희, 원세훈, 이극로, 김성규(정당 15, 사회단체 25, 개인 참여).
1948년 1월 8일	유엔 한국위원단 내한.
1948년 1월 9일	민족자주연맹 상무위원회에서 각 부서를 결정.
1948년 1월 23일	유엔 한국위원단 북한 입경 거부 통고.
1948년 1월 27일	유엔 한국위원단에 남·북협상안 제시.
1948년 2월 4일	제1차 민족자주연맹 중앙집행위원회에서 중앙상무집행위원 김붕준 외 14명 선출.
1948년 2월 16일	백범 김구와 우사 김규식 연서, 김일성, 김두봉에게 남·북지도자회담 제의서한 발송.
1948년 2월 19일	백범 김구와 우사 김규식 연서, 김일성, 김두봉에게 남·북지도자회담 제의서한 발송.
1948년 2월 19일	유엔 소총회에서 조선임시위원단 의장 메논은 민족자주연맹과 김규식 중간노선의 남·북통일에 대해 설명.
1948년 2월 26일	유엔 임시총회, 선거감시가 가능한 지역에서의 총선거안 가결.
1948년 3월 2일	김구, 김규식, 홍명희, 행동통일 숙의.
1948년 3월 3일	우사 유엔 소총회 결의는 민족분열과 국토양단을 영구화하는 결정이라 반대하며, 오직 통일독립 일로로 매진한다는 성명 발표.
1948년 3월 12일	남한 단독선거를 반대하는 7거두 성명.
1948년 3월 25일 밤	평양방송은 4월 14일부터 '전 조선 제정당·사회단체대표자연석회의'를 평양에서 개최하니 남조선 정당과 사회단체의 참석을 제의한다고 방송.
1948년 3월 27일	우사의 사택 삼청장으로 김일성, 김두봉 연서의 서한 도착.
1948년 3월 31일	우사는 북의 제안에 대한 입장을 백범과 같이 정리하여 그 감상을 발표. '감상'은 우사의 성격을 표현함.
1948년 4월 1일	우사, 김구, 홍명희, 김붕준, 이극로 등과의 회의석상에서 우리의 손으로 독립을 전취해야 하고, 남·북협상만이 유일한 독립노선

이니 10차, 1백여 차가 계속되더라도 성공할 때까지 분투 노력하겠다고 함.

1948년 4월 3일	통일독립운동자협의회 결성식장에서 남·북 협상 진의를 연설.
1948년 4월 8일	출발, 10일 귀환. 안경근(安敬根), 권태양(權泰陽)을 평양에 특파하여 진의 타진.
1948년 4월 14일	• 문화인 108명 〈남·북협상을 성원함〉이라는 지지성명 발표(성명서 끝에는 '서울서 108유지는 자서함'이라는 서명이 있음).
	• 민족자주연맹의 정치·상무 연석회의. 우사 제시된 6개항을 4개항으로 수정(우사는 북에 이용당하지 않으려고 한 원칙이어서 북에서 수락할 수 없으리라는 내심에서 제시한 조건이라고 함).
1948년 4월 19일	• 김구, 북으로 출발.
	• 권태양, 배성룡(裵成龍) 협상 5개 원칙을 가지고 재차 평양에 감. 밤에 김일성의 5개항 수락 통지(북에서 암호로 방송).
	• 모란봉극장에서 56개 정당·사회단체 대표 625명이 참가해 연석회의 개최.
1948년 4월 22일	우사 민족자주연맹의 16명 대표단과 같이 북행.
1948년 4월 25일	우사 남·북 정당·사회단체지도자를 위한 초대연에서 인사말(연설).
1948년 4월 26일	우사 남·북요인회담에만 참석.
1948년 4월 30일	남·북 정당, 사회단체지도자협의회 통일 달성 가능성 협의결정서 공동서명하여 발표. 4인회담에서 연백 수리조합의 송수 재개, 북의 송전 재개를 약속 받았으나 5월 12일 재차 단전·단수.
1948년 5월 4일	일행 평양 출발, 5일 서울 귀환.
1948년 5월 10일	선거. 우사는 불반대, 불참가 원칙 표명.
1948년 5월 14일	재차 양 김씨에게 해주회의 참가 제의에 반대 표명.
1948년 6월 29일	제2차 남·북지도자협의회 개최.
1948년 7월 19일	양 김씨는 북한의 선거는 4월의 약속 위반이라고 비난 성명.
1948년 7월 21일	양 김씨 중심의 통일독립촉진회 발기회 및 결성대회.
1948년 8월 5일	통일독립촉진회 제1차 상무위원회.
1948년 8월 25일	북한 최고인민회의 대의원 선거.
1948년 9월 23일	통일독립촉진회측은 유엔 한국임시위원단에게 유엔 총회에 내는 서한 전달의뢰.
1948년 9월 27일	삼청장으로 우사를 찾아온 임시위원단에 의해 서한 유엔 총회에 전달.

1948년 9월 29일	또 한 통의 서한은 임시위원단에게 전달.
1948년 11월 20일	국가보안법 국회 통과.
1948년 12월 1일	국가보안법 공포.
1948년 12월 14일	우사 "완전 자유를 얻을 때까지 더욱 성의적인 분공합작(分工合作)이 청요(請要)된다" 고 기자회견.
1949년 7월 30일	민족진영 강화대책위원회 준비위원회 제1차 회합.
1949년 8월 2일	민족진영 강화대책위원회 준비위원회 결성.
1949년 8월 20일	민족진영 강화대책위원회 창립총회에서 우사 의장으로 피선.
1949년 8월 30일	민족진영 강화대책위원회 제2차 총회(14개 정당대표 27명 참석).
1949년 10월 1일	모택동 중화인민공화국 선포(국민당 대만으로 감).
1950년 1월 25일	민족진영 강화대책위원회 상무위원회.
1950년 5월 30일	총선거에서 남·북협상에 참가한 인사 압도적으로 당선.
1950년 6월 25일	한국전쟁 발발 (1950~1953)
1950년 9월 18일	북행길에 비서 신상봉(辛相鳳)과 권태양 동행.
1950년 12월 10일	• 만포진 부근 별오동에서 서거. • 미국의 일본점령 끝남. 영국이 중화인민공화국 승인.
1951년 4월	맥아더 원자폭탄 사용을 옹호한 후 한국에서 사령관직 사임.
1951년 9월 8일	샌프란시스코에서 대일강화조약 조인(48개국 참가).
1953년 7월 27일	한국 휴전협정 조인.
1954년 3~5월	• 디엔 비엔 푸를 포위한 베트남 공산당군에게 프랑스가 항복. 두 개의 정권 등장. • 미국과 일본이 미사일 상호방위협정 체결. 미국 중화민국(대만)과 상호방위조약 체결.
1954년 9월	동남아시아국가연합(ASEAN) 창설 위한 마닐라협정 체결.
1960년 4월 19일	4월혁명(이승만 정권 타도).
1961년 5월 16일	군사 쿠데타(박정희).
1965년	싱가포르 공화국으로 독립.
1967년	동남아시아국가연합(ASEAN) 결성.
1971년	중화인민공화국 유엔에 복귀.
1972년	7·4 남북공동성명.
1972년 10월	유신헌법 제정 공포.
1975년	하노이 정권 베트남 통일.
1980년 5월	5·18광주민주항쟁.

1983년 9월 1일	소련군, 한국 민간항공기 KA003기를 격추.
1987년 6월 29일	6·29선언.
1989년 8월 15일	우사 건국공로훈장 중장 추서(정부).
1989년 12월 21일	우사연구회 발기인 총회. 우사연구회 창립.
1990년 3월 26일	언론회관(프레스센터)에서 우사연구회 창립기념 학술발표회. 영문 시집《양자유경》 1천 부 출판.
1991년 11월 21일	우사 외 14인의 '납북독립유공민족지도자 추모제전' 행사를 광복회 주최로 국립묘지 현충관에서 거행하고 곧 국립묘지 애국지사 묘역 선열 제단에 위패 봉안.
1998년 8월 21일	우사연구회, 청풍인《세헌》게재용 원고 제출.
1998년 11월 17일	송남헌 우사연구회장, 우사 전기 발간 발의, 김재철 부회장 동의. 발간준비 사무국장 장은기.
1999년 3월 17일	항정에서 전기간행 원고 강만길, 심지연, 서중석 교수께 집필의뢰. 전기 3권, 송남헌 회장 회고록 1권,《양자유경》개역 수정판 출간 결정.
2000년 1월 12일	도서출판 한울과 출판 계약.
2000년 6월 13일~15일	김대중 대통령 평양 방문, 김정일 국방위원장과 회담. 남북공동선언 발표.
2000년 7월 20일	《우사 김규식-생애와 사상》 전기 3권,《송남헌 회고록》 1권,《양자유경》영문시집 1권으로 모두 5권을 출판함.
2000년 8월 3일 12시	각 일간지 문화부기자 간담회. 인사동 '하연' 서중석 교수 '우사 전기' 와 '우사의 일생' 에 대하여 해설함.
2000년 8월 5일	• 각 일간신문에 '우사 전기' 출간소개 특집기사가 남. • 동아일보(5일), 문화일보(8일), 중앙일보(9일), 경향신문(10일), 한겨레신문(10일), 조선일보(16일), 대한매일, 세계일보, 국민일보 등.
2001년 1월	미국 거주 우사 삼녀 우애 사망
2001년 2월 14일	한국일보사의 '41회 백상출판문화상' 저작상으로《우사 김규식 생애와 사상》이 선정되어 도서출판 한울(대표 김종수)에 시상함.
2001년 2월 20일	• 송남헌 우사연구회장 별세 • 중앙일보에 '삶과 추억' (강민석 기자)이란 송회장 영면에 대한 글 남.
2001년 4월 12일	신라 김씨 연합 대종원에 '우사 전기' 요약원고 회보게재용으로 제출.

2001년 9월 14일	'우사 김규식 박사의 생애와 사상' 학술회. 강원도 향토문화연구회 홍천 행사에 김재철 회장, 장은기 사무국장 참가.
2001년 12월 4일	'우사 김규식 추모제전, 애국활동 재조명' 강원도 주관, 보훈처, 광복회 후원 행사에 김재철 회장, 장은기 사무국장 참가(정신여고에서 열림).
2002년 7월 하순	대한민국 학술원에서 '우사학술연구도서'로 우사 전기 2권《남북협상》(서중석 지음, 우사연구회 엮음)을 한울에서 구입 보급함.
2003년 3월 7일	학술발표회와 출판기념회. '언론재단 기자회견장'에서 개최함.
	– 주제 : 우사 김규식의 통일독립운동
	– 주제발표 : 사회 김재경 교수, 발표 강만길, 서중석, 심지연 교수
2003년 9월 20~27일	백두산 국제학술회의(백두산 베개봉 호텔) 김재철 회장, 장은기 사무국장 참가.
	– 주제: 일제의 아시아 침략과 조선 민족의 반일투쟁사
	– 주최: 정신문화연구원(현 한국학중앙연구원, 장을병 원장), 중국 연변대학교 민족연구원(최문식 원장), 조선사회과학자협회(최상순 당사연구소 부소장)
2003년 9월 25일	평양 애국열사능원 우사 김규식 묘소 참배(김재철 회장, 장은기 사무국장).
2004년 6월 2~5일	남 · 북 공동학술회의 참가(김재철 회장, 장은기 사무국장)
	– 주제: 근현대사, 항일민족운동의 역사적 경험과 일본의 우경화
	– 주최: 정신문화연구원(현 한국학중앙연구원), 조선사회과학자협회, 연변대학교 민족연구원
2004년 8월 20일	중국 · 한국 · 북한 공동학술회(김재철 회장 참가)
	– 주최: 한국국사편찬위원회, 중국사회과학원(김우종 선생 주선), 조선사회과학원
2005년 1월 21일 22시	KBS 1TV 인물현대사 "김규식" 편(3부작 3편) 방영(담당PD 김정중)
2005년 4월 13일	광복 60주년 대한민국임시정부 대강연회에 우사김규식연구회 명의 후원회원 참가.
2005년 4월 25일	프랑크푸르트 도서전시회(독일)에 한울출판사《우사 김규식 생애와 사상》의 영문요약목록 제출 전시.
2005년 7월 20일	김재철 회장의 주선 노력으로 김우종(전 흑룡강성 당사 연구소장) 선생 편으로 2004년 말경 전한 우사의 사진을 북한의 최상순(당사연구소 부소장) 선생께 전해드려 우사 묘비의 사진이 바뀐 실상을

	한국학중앙연구원 이서행 교수가 촬영해 옴.
2006년 3월 10일	KBS 1TV '인물현대사' '우사 김규식' 방영원판을 입수하여 통일 뉴스(인터넷 신문사)의 협조로 CD제작, 회원에게 배부함.
2006년 3월 15일	우사 차남 진세 선생의 요청으로 KBS 1TV 인물현대사 '우사 김규식' 원작을 황건 선생께 의뢰하여 영문으로 번역해 CD제작한 제품을 4월 13일 진세 선생께 보내드림.
2006년 6월 16~24일	1차 "우사 김규식의 독립운동길 따라가다"의 답사. - 단원: 장은기 사무국장(단장) 외 22명의 회원 참가 - 답사지: 서안, 연안, 성도, 중경, 남경, 항주, 소흥, 소주, 상해
2006년 8월 13~28일	2차 "우사 김규식의 독립운동길 따라가다"의 답사. - 단원: 장은기 사무국상(단징) 외 22명의 회원 참가 - 답사지: 연길(용정), 백두산, 발해유적지(상경용천부 · 경박호 · 해림), 하얼빈, 대경, 치치하얼, 만주리, 장춘, 심양, 대련, 여순, 몽골, 북경, 장가구, 천진.
2006년 9월 30일 ~10월 4일	대한민국임시정부기념사업회의 "재국애국지사 후손 성묘단" 평양 방문에 우사 차남 진세 선생, 우사 손녀 수진, 손녀사위 심재원 선생, 우사연구회 김재철 회장, 장은기 사무국장 참가.
2006년 11월 29일	"우사 김규식의 독립운동길 따라가다"의 길에 참여한 회원 향정에서 모임. "인물현대사" CD, 답사기행 중의 녹음 CD를 배부하고 답사기행 원고 제출 촉구.
2007년 6월 8일	사무실 이전. 구, 신문로 2가 89-22 신문빌딩 802호실에서 신, 종로구 신문로 2가 1-220번지 "우사 김규식 연구회".
2007년 7월 30일	《우사 김규식 통일 · 독립의 길 가다》의 답사문집 1 · 2권을 논형 출판사에서 펴냄.

(작성자 : 장은기)

서중석
- 1948년 충남 논산 출생. 서울대학교 국사학과를 졸업, 연세대학교에서 석사, 서울대
- 학교 박사학위. 1979~1988년까지 동아일보사 기자로 재직.
- 현재 성균관대학교 사학과 교수. 역사문제연구소 소장, 일본교과서바로잡기운동본부 공동대표, 제주4·3사건 진상규명 및 희생자 명예회복위원회 위원.
- 대표저서로는 《한국현대민족운동사연구 1, 2 역비》, 《조봉암과 1950년대(상, 하)》(1999), 《신흥무관학교와 망명자들》(2001), 《우사김규식2 남북협상-김규식의 길, 김구의 길》(2001), 《배반당한 한국 민족주의》(2004), 《이승만의 정치 이데올로기》(2005) 등 다수.

정혜순
- 1950년 서울 출생. 정신여자 중·고등학교, 이화여대 의류직물학과 졸업, 2000년 중앙대에서 교육행정 석사.
- 현재 정신여중 교장으로 재직.

박지웅
1977년 전남 목포 출생. 전남대학교 정치외교학과를 졸업, 북한대학원대학교 석사과정을 수료(석사학위논문을 작성 중).

박찬숙
1979년 충북 충주 출생. 서강대학교 독어독문학과를 졸업, 북한대학원대학교 석사과정.

신양선
- 1948년 서울 출생. 연세대학교 도서관학과, 연세대 교육대학원 역사학과 졸업, 동국대학교대학원 문학박사(한국사).
- 현재 정신여고 도서관장.

성창권

- 1980년 충남 연기 출생. 2006년 한국외국어대학교 정치외교학과 졸업.
- 현재 북한대학원대학교 재학 중.

김갑수

- 1939년 인천 강화 출생. 중앙대학교 상학과를 졸업, 연세대학교 경영학 석사, 경기대학교 경영학 박사학위. 국립세무대학 회계학 교수 역임, 교육부 교육과정심의위원, 한국회계정보학회 부회장, 서울시교육청 고등학교평가위원 역임.
- 현재 우사연구회 감사, 상지대학 등에 출강 중.
- 대표저서로는《상업부기》(1997),《세무회계》(2000),《회계원리》(1998) 등.

전태국

- 1947년 서울 출생. 서울대 문리대 사회학과 졸업, 동 대학원 사회학과 문학 석사, 독일 프랑크푸르트대 사회학 박사. 강원대 사회과학대학장 역임.
- 현재 강원대 사회학과 교수, 한국사회학회 회장.
- 대표저서로《지식사회학》(1997),《국가사회주의의 몰락》등.

장은기

- 1936년 전북 완주 출생. 전주고등학교, 농협대학 졸업(1회). 초등학교 교원, 완주군 연구농가(독농가), 한국농업문제연구소 연구위원, 성화플라스틱공업(주) 품질관리·기획부장 역임.
- 현재 우사김규식연구회 사무국장.
- 엮은 책으로《남정 주석균 논총(상·하)》(1988),《우사김규식 생애와 사상(1질 5권)》(2001) 등.

김수진

1945년 중국 상해 출생. 서울여대 식품가공학과 졸업. 우사 김규식의 셋째손녀.